문사철의 석학, 근대 지성의 멘토

석전 박한영

문사철의 석학, 근대 지성의 멘토

석전 박한영

임혜봉 지음

민족사

어둡고 힘든 시절, 시대의 큰 빛이었던
석전 박한영 스님

석전 박한영 큰스님을 일제강점기 조선불교계에서는 '조선 제1의 불학강사(佛學講師)'라 칭하였다. 당시 조선에 거주하던 일본 불교인들은 석전 스님을 '조선 불교계의 제1인자'라고 하면서 높이 평가하였다.

내가 석전 박한영 큰스님의 전기를 처음 쓴 것은 『종정열전』에서였다. 이 책에서 박한영 큰스님의 약전(略傳)을 본 큰스님 문중의 후예 한 분이 내게 학술적으로 심도 있게 큰스님의 본격적인 전기를 쓰라는 제의를 하였다. 이를 수락하고 수년 동안 스님에 관한 자료를 심층적으로 조사·수집하여 심혈을 기울여 집필한 것이 '영호정호 대종사 일생록' 『석전 박한영』(신아출판사, 2016, 전 873면)이다.

이 책은 양이 방대하고 학술적으로 쓰여 내용이 난삽한 편이다. 그런데 이번에 불자나 학생 등 일반인이 읽기 쉬운 석전 박한영 스님의 전기가 필요하다고 판단해 다시 간추려 새로 쓴 책이 '문사철의 석학, 근대 지성의 멘토' 『석전 박한영』이다.

석전 스님은 1895년 순창 구암사에서 강의를 시작한 이래 여러 사찰과 광성의숙·고등불교강숙·개운사의 불교전문강원의 강주로 수많은 학인들을 지도하였다. 그뿐 아니라 중앙학림의 학장, 중앙불교전문학교의 교장으로 재직하면서 역시 많은 후학들에게 가르침을 베풀었다.

스님은 교계의 여러 잡지와 신문에 끊임없이 글을 써서 게재하였고 『해동불보』라는 불교 잡지는 직접 편집·발행인이 되어서 매월 많은 글을 썼다. 스님은 당대 저명한 시인 묵객들과 교류하면서 산벽시사(珊碧詩社)의 동인으로서 활발하게 시회(詩會) 활동을 하였다.

스님은 금강산·지리산·한라산·묘향산·백두산 등 우리나라의 명승지를 두루 여행하면서 상당한 분량의 기행시를 지었다. 또 스님은 여러 사찰의 상량문·중건비문·사리탑명·승려들의 영찬(影贊)과 행략(行略: 짧은 전기)들을 무려 64편이나 지었고, 석림 수필 또한 21편을 썼다.[스님의 산문은 『석전문초』(법보원, 1962)에 수록되어 있다.]

스님은 많은 시를 지었는데 그 작품은 석전 스님의 한시집인 『석전시초(石顚詩抄)』(동명사, 1940)에 598편이 수록되어 있다.(다른 사람의 시 6편을 합하면 총 604편)

이 시집은 육당 최남선이 석전 스님의 고희를 기념해 만들어드린 책인데, 육당은 이 시집의 원판을 멀리 상해까지 가서 제작했다. 스님은 대단한 다독가여서 모으신 장서가 4만여 권이나 되었는데 동국대 도서관에 기증한 일부를 빼고는, 육이오 전쟁 때 장서와 추사의 서화 등을 소장하고 있던 순창 구암사가 소실되면서 그 많은 귀중한 서책과 서화들이 모두 불타버렸다. 애석한 일이 아닐 수 없다.

구한말에서 일제강점기의 어렵고 힘든 시절에 살았던 석전 스님은 시대의 험난함에도 불구하고 치열한 구도열정으로 일생을 시종하였다. 스님은 조선불교 선교 양종의 교정(1929)이자 개운사 조실이었으며 대원 강원의 강주였던 시절에도 강원의 학인들과 똑같이 일찍 일어나 매일 새벽 좌선을 하고 학인들에게 강의를 한 후 20리 길을 걸어 중앙불교전문학교에 출근하여 교장인데도 직접『선문염송』과 유식학 등을 학생들에게 가르쳤다.

석전이 강원과 불교전문학교의 교재로 편찬한 책이 여러 권이다. 불교학의 이론인 인명학과 유식론을 비롯하여『계학약전』·『대승백법』·『팔식규구』·『정선치문집설』·『선문염송 및 설화』 등이 있다. 또 스님은 난해하기로 유명한 최치원의『사산비명(四山碑銘)』을 연구하여『정주사산비명(精註四山碑銘)』(1931)을 완성해 출간하기도 하였다.

어떤 일본 승려는 석전 스님을 '조선의 마지막 학승'이라 칭하기도 하였지만 앞에서 언급하였듯이 석전 스님은 매일 새벽마다 좌선을 하는 선승이었다. 스님은 일제강점기 조선 제일의 불학 강사(佛學講師)였을 뿐만 아니라 선(禪)에도 조예가 깊었고 당대의 뛰어난 시인·서화가·묵객들과 시회(詩會)에서 시를 지으신 시인이었다.

사람마다 삶이 힘들고 어렵기 마련이다. 힘겹게 인생을 사는 불자와 젊은이들이 그 어둡고 혼란했던 한말과 일제강점기에도 꿋꿋하게 학문과 수행에 정진했던 석전 큰스님의 전기를 읽고 삶의 어떤 긍정적인 실마리와 좋은 계기가 되기를 기대한다.

2019년 마지막 날인 12월 31일 새벽, 석전 스님의 치열한 일생에서 인생의 어떤 의미를 찾을 수 있기를 기원한다.

2019년 12월 31일
이천 사음동 황샛골에서
우곡(愚谷) 임혜봉(林慧峰) 쓰다.

차례

·
·
·

1부

석전의
출가와 구도

石顚釋鼎鎬

세속의 삶

석전 박한영 출가시

애타는 노모 뒤로 하고 석문을 넘었지.
출가하여 효도하겠다며 부처님 앞에서 통곡하였네.
못 다한 효도 부끄러워 풍목을 읊조렸지.
서산 향해 머리 조아리니 눈물이 앞을 가리네.

震老眞成跨石門…진로진성과석문
出家存孝哭慈尊…출가존효곡자존
愧吾不逮嘆風木…괴오불체탄풍목
稽首西山眠欲昏…계수서산면욕혼

석전 박한영 스님은 70세에 완주(전주) 봉서사로 가면서 어머니
가 계시던 어릴 적 고향 산천을 바라보며 출가할 때의 심정을 위
와 같은 감동적인 시로 읊었다.

석전(石顚) 박한영(朴漢永)은 조선 왕조 제26대 임금인 고종 시대 때인 서기 1870년 음력 8월 18일(양력 9.14) 전라북도(全羅北道) 완주군(完州郡) 초포면(草浦面) 조사리(鳥沙里) 창뜸 마을에서 탄생하였다. 아버지는 박성용(朴聖埇), 어머니는 진주 강씨(姜氏)였다. 본관은 밀양이고 아버지는 박한영이 18세가 되기 전에 돌아가셔서 어머니와 누이동생과 함께 살았다.

박한영의 출생지인 완주군 초포면 조사리는 구한말 전주군 회포면(回浦面) 지역으로 현재(2018)는 전북 완주군 삼례읍 하리 조사 마을이다. 그가 태어나 유년 시절 살았던 '조샛마을'은 속칭 '창뜸'이라고도 하는데, 이 명칭은 조선시대에 세금으로 곡식을 받아 보관하던 운현궁의 관가 창고[官倉]가 있었기 때문에 생긴 지명이었다.

어린 시절 소년 박한영은 남녘 다리 위를 맨발로 뛰어다녔고 시냇가에는 늙은이들이 곧잘 낚시를 드리우거나 그 주위를 서성이며 거닐곤 하였다. 박한영의 고향 마을은 수량이 풍부한 만경강이 흘러 해마다 풍년이 들었고 시냇가에는 비비정(飛飛亭)이라는 정자가 있었다.

비비정에서는 마을사람들이 곧잘 막걸리를 마셨고 정자 먼발치에는 갈매기와 해오라기가 노닐며 오가고 있었다.

박한영이 훗날 자신의 집안 얘기를 쓴 시에 의하면 그의 조상은 신라 박씨의 후예인데 어느 땐가 그의 선조가 전주 인근에 정착해 살았다고 하였다. 그가 쓴 시에는 조상을 미화하는 어떤 구절도 늘어놓지 않고 할아버지와 아버지는 단지 질박하게 농사를 지으며 살아왔다고 하였다. 그의 시구로 볼 때, 그의 조상 가운데는 역사적으로 유명한 인물도 없었고 높은 벼슬살이를 한 사람도 없었으며 학문과도 별로 관련이 없는 평범한 집안이었던 것으로 짐작된다.

그의 고향 들녘에는 풍년이 들고 그 풍광은 아름다웠지만 그의 집안은 매우 가난했다. 해가 바뀌고 새해가 돌아와도 그의 어머니는 설빔도 새로 해 주기 어려웠다. 어느 해인가, 그의 어머니는 밤새 아들의 옷을 말리고 다시 솜을 두어 꾸미고 다려서 새해 아침에 입혀 주었다. 박한영은 훗날 제자인 운성승희(雲惺昇熙) 스님에게 이런 얘기를 들려주며 어머니의 뜨거운 사랑을 회상하곤 하였다고 한다.

비록 그의 집안은 가난했으나 소년 박한영은 여덟 살 때부터 인근 용전 마을 뽕나무 숲속에 있는 서당에 가서 글공부를 하였다. 박한영은 1877년 2월 향리의 서당에 『백수문(白首文)』을 끼고 가서 배웠다. 『백수문』이란 중국 후량 사람 주흥사가 하루 밤 사이에 『천자문(千字文)』을 짓느라 머리털이 허옇게 세었다 하여 『천자문』을 달리 이르는 말이다.

한학을 익히던 어린 시절의 소년 박한영은 총명하고 부지런하였다. 그는 밤낮으로 문장과 시를 암송하는 등 글공부에 열중하여 서당의 스승 임(林) 훈장은 박한영에게 "기특(奇特)하구나." 하고 자주 칭찬을 하였다. 그는 서당에서 공부할 때 접장(接長)을 하였다. 접장이란 서당 안에서 학력이 우수한 학동(學童) 중에서 훈장을 대신하여 학동들을 지도하던 사람을 일컫는 말이다. 요즘 말로 하면 교수를 돕는 조교에 해당할 것이다. 서당에서 열심히 공부하던 청소년 박한영은 어느 날 문득 공부를 마치기도 전에 뜻을 잃어버리고 고민에 빠졌다. 박한영이 실의에 빠진 것은 당시의 시대 상황과도 무관하지 않은 것으로 보인다.

그가 서당에서 공부하던 1880년대의 구한말은 외세의 침탈이 자행되고 안으로는 민씨 척족들의 세도정치로 지배층이 부패하여 백성들이 도탄에 빠져 있었다. 그는 시대의 암울함에 절망하였고 또 10대 청소년의 예민한 사춘기의 불안한 정서로 실의에 빠졌다. 그는 방황했다. 마음은 훨훨 날아다니는 산새처럼 자유로워지고 싶었으나 현실은 고삐에 매인 송아지인 양 그를 구속하였다.

박한영은 훗날 그때의 심경을 '떠도는 수초(水草)나 나부끼는 나뭇잎처럼 스스로 마음이 어지러웠다.'라고 표현하였다. 청소년 박한영은 무엇을 해야 이로운 것인지 몰랐고 장차 생계를 어떻게 해결해야 할지도 알 수 없었다. 방황하는 그의 혼은 삶의 지향점을 찾아 헤매 다녔다. 그는 훌훌 털어버리고 멀리 떠나고 싶었으나 자애로운 어머니를 거스를 수 없는 효심이 그의 발목을 잡았다. 하지만 그에게는 무언가 탈출구가 절실하게 필요했다.

물 위의 풀잎처럼 떠돌다 19세에 출가

열아홉 살의 앳된 청년 박한영은 구름처럼 떠돌았다. 그는 지나는 길에 위봉산 위봉사에서 이틀을 묵었다. 박한영은 그 절에서 어떤 스님의 법문을 듣고 불교에 대한 신심이 생겼다. 그는 법문을 들은 것이 계기가 되어 고민을 거듭하다가 마침내 출가하기로 결심하였다.

박한영은 19세 때인 1888년(고종 25년) 봄에 위봉산 산내 암자인 태조암(太祖庵)으로 출가하여 금산대영(錦山大營) 선사를 은사로 하여 스님이 되었고 정호(鼎鎬)라는 법명(法名: 승려 이름)을 받았다. 출가하는 사람들이 대개 그러하듯이 머리를 깎고 승려가 되고자 세속의 집을 떠나려면 많은 번민을 할 수밖에 없다. 청년 박한영 역시 자애로운 어머니와 이별하고 스님이 되고자 집을 떠나는 것은 괴로운 일이었다.

훗날 박한영은 출가할 무렵의 심경을 다음과 같은 감동적인 출가시(出家詩)[1]로 읊었다.

----

1 박한영 한시집, 『석전시초(石顚詩抄)』, 동명사(東明社), 1940, 196쪽.

박한영의 효심 어린 출가시

애타는 노모 뒤로 하고 석문을 넘었지.
출가하여 효도하겠다며 부처님 앞에서 통곡하였네.
못 다한 효도 부끄러워 풍목을 읊조렸지.
서산 향해 머리 조아리니 눈물이 앞을 가리네.

震老眞成跨石門…진로진성과석문
出家存孝哭慈尊…출가존효곡자존
愧吾不逮嘆風木…괴오불체탄풍목
稽首西山眠欲昏…계수서산면욕혼

박한영의 출가시는 슬프고 애절하다. 어머니를 향한 효심이 행
간에 구절구절 배어 있다. 늙은 어머니는 출가하고자 집 떠나는
아들을 애끓는 마음으로 바라보며 서 있고 아들은 슬퍼하는 어머
니를 두고 사립문을 나서면서 괴로워하였다. 떠나는 아들은 출가
하여 삶의 진리를 밝히는 수행자가 되는 것이 효도라며 애써 자
신을 위안했지만, 끝내 부처님 앞에서 통곡하였다.

첫째 행의 '석문(石門)'이라는 낱말은 부처님을 뜻하는 석씨(釋
氏)의 가문(家門), 즉 불교를 의미한다. 따라서 '석문을 넘었다'는
구절은 승려가 되고자 출가하였다는 뜻이다.

제3행에서 박한영은 출가하여 수행자가 되는 것이 곧 효도라

석전 박한영의 출가 사찰, 태조암(위)
사미승 시절을 보낸 무랭이절(현재 수왕사. 완주군 소양면)(아래)

고 하였지만 막상 승려가 되어서는 제대로 효도하지 못한 것이 부끄러워 '풍목을 읊조렸다'라고 하였다. '풍목'이란 나무가 고요하고자 하나 바람이 불어 멈추지 아니하듯, 효도를 하고자 하지만 이미 부모님이 살아계시지 않는 것을 은유하는 사자성어 '풍목지비(風木之悲)'에서 나온 말이다.

읽는 이의 심금을 울리는 이 출가시를 쓴 것은 일흔 살의 노령에 완주 봉서사(鳳棲寺) 가는 길에 고향을 바라보면서 지었다. 그가 70세의 노령에 이 시를 썼음에도 불구하고 구절구절마다 출가 당시의 고뇌 어린 심정과 어머니에 대한 지극한 효심이 애절하게 드러나 있다.

박한영이 출가하여 '정호'라는 스님 이름을 받은 절은 태조암이었다. 태조암은 전북 완주군 소양면 대흥리 추줄산(崷崒山)에 있는 위봉사 소속의 산내 암자이다. 이 암자는 1866년 남화(南華) 스님이 중건했고 1873년에 도봉(道峯) 스님이 중수했다.

태조암의 행자 정호는 암자의 잡다한 일을 하면서 절의 관습을 익히고 불교의 기본 소양을 배웠다. 그는 도량석·종성(鍾聲)·조석예불문·「반야심경」 등을 독송하고 암송하였다.

박한영은 본래 '놀라운 총기'를 가지고 있었다. 즉 그는 뛰어난 기억력을 가지고 있었는데 박한영의 제자 운성(雲惺) 스님은 스승 박한영의 '비상한 기억력'에 대하여 이렇게 말하였다.

"한번 들으면 즉시 소화하고 기억하는 놀라운 총기이다. 일람첩기(一覽輒記: 총명해서 한 번 보면 잊지 않는다는 말)라는 말이 있지만 한 번 본 것은 잊는 법이 없으셨다. 경의 대문은 말할 것도 없고 고인의 문집이나 학설에 대하여 그 모두를 소화하고 기억하시는 듯 보였다. 당신께서 보신 것은 모두 기억 속에 간직하셨다가 필요한 때에 필요한 만큼 얼마든지 내놓으셨다. 뜻만 아니라 문장의 구절까지 세세히 열거하시는 것을 보았다. 당대의 석학이라 하던 정인보 선생이나 최남선 선생이 스님을 존경하고 자주 찾아온 것도 우리 스님의 그 놀라운 학문에 있었던 것은 말할 것도 없다."[2]

박한영은 향리 서당에서 한학을 이미 공부했고, 제자 운성이 말했듯이 한 번 보면 잊지 않는 '일람첩기'의 비상한 기억력을 가지고 있었으므로 조석예불문·종성·「반야심경」 등 불교의 기초적인 소양을 익히는 것은 어렵지 않았을 것이다. 그리고 그는 송경(誦經: 경전을 외워서 암송하는 것) 시험도 쉽사리 통과했다. 그래서 그는 사미계(沙彌戒)도 일찍 받았다. 사미는 7세 이상 20세 미만의 출가한 남자로 10계를 받은 스님이다. 사미승이 받아서 지켜야 할 열 가지 계문[十戒]은 ① 중생을 죽이지 말라. ② 훔치지 말라. ③ 음행하지 말라. ④ 거짓말 하지 말라. ⑤ 술을 마시지 말라. ⑥ 꽃다발을 쓰거나 향수를 바르지 말라. ⑦ 노래하고 춤추며 풍류 잡

2 운성, 「우리 스님, 석전 박한영 스님」 불광(佛光), 통권 86호, 1981.12, 61쪽.

히지 말고 가서 구경하지도 말라. ⑧ 높고 넓은 평상에 앉지 말라. ⑨ 때 아닌 때에 먹지 말라. ⑩ 금·은이나 다른 보물을 가지지 말라 등 열 가지이다.

이는 남자인 사미승이 지켜야 하는 사미계 열 가지인데 여승이 받는 사미니계도 그 내용은 똑같다. 사미계는 정식 스님인 비구(比丘)가 되기 전에 받는 계이다. 이제 행자 박한영은 사미계를 받은 사미승 정호(鼎鎬) 스님이 된 것이다.

그런데 사미승 정호는 은사인 금산 화상과는 뜻이 잘 맞지 않았다. 그 무렵의 심경에 대하여 그는 "낙락(落落)하여 뜻이 맞지 않아 수년 동안 공문(空門)을 지켰다[落落意亂合 數載守空門]."[3]라고 술회하였다.

이처럼 은사와 뜻이 잘 맞지 않자 사미승 정호는 승려 신분증인 도첩(度牒)을 받자 곧 무랭이절로 옮겨갔다. 무랭이절은 지금의 완주군 구이면 원기리(完州郡 九耳面 元基里) 모악산(母岳山) 기슭에 있는 수왕사(水王寺)의 속칭이다. 당시에는 수왕암(水王庵)이라 칭하였다.

박한영이 사미승 때 머물렀던 무랭이절은 그곳의 샘이 호남 제일의 명천(名泉: 이름난 샘)이라 하여 수왕암이라 불리다가 근래에 수왕사로 바뀌었다. 사미승 정호는 무랭이절에서 강원의 사미과(沙彌科)와 사집과(四集科)에 해당하는 불교 내전(內典: 불교 안의 각

---

3 『석전시초』 16쪽.

종 경전과 교과) 공부에 힘을 쏟았다.

　사미과에서 이수해야 할 과목은『사미율의(沙彌律儀)』·『조석
송주(朝夕誦呪)』·『반야심경(般若心經)』·『초발심자경문(初發心自警
文)』·『치문(緇門)』 등이다.『사미율의』는 사미승이 지켜야 할 10계
와 기본적인 사찰 예절에 관한 것이다. 조석송주는 도량석(道場釋)
과 종송(鍾頌) 그리고 아침저녁의 예불문 등이다. 도량석은 새벽예
불 전에 도량을 깨끗이 하는 의식인데, 새벽 일찍 도량을 돌면서
신묘장구대다라니·사방찬(四方讚)·도량찬(道場讚)·참회게(懺悔
偈) 등을 목탁을 두드리며 읊는다. 도량석을 하는 스님은 새벽에
다른 스님이 새벽예불을 하러 오기 전에 도량석을 해야 한다. 종
송은 아침저녁 예불 시 법당 안에서 종을 치며 독송하는 게송이
다.

　『반야심경(般若心經)』은 6백부 반야부 경전 중 가장 짧은 경전이
지만 불교의 지혜인 반야에 관한 핵심 경전이다.『초발심자경문』
은 고려의 지눌(知訥) 스님이 지은「계초심학인문(誡初心學人文)」과
신라의 원효(元曉) 스님이 지은「발심수행장(發心修行章)」 그리고
고려의 야운(野雲) 스님이 지은「자경문(自警文)」 셋을 후세에 합하
여 한 권의 책으로 만든 것인데, 사미승이 반드시 배워야 한다.

　『치문』은『치문경훈(緇門警訓)』의 준말이다. '치문'은 먹물 옷을
입은 스님 또는 그들의 세계를 일컫는 말이다.『치문경훈』은 중국
원(元)나라의 지현(智賢)이 지은 10권의 책인데 명(明)나라 때 승려
여근(如巹)이 속집(續集) 1권을 증보하였다. 이 책은 승려들에게 경

책(警責: 정신을 차리도록 꾸짖음)과 교훈이 될 만한 글들을 모은 것이다.

사미승은 사미과를 배운 뒤에는 사집과를 공부해야 한다. 사집과에서는 『도서(都序)』·『절요(節要)』·『선요(禪要)』·『서장(書狀)』을 배운다. 『도서』는 『선원제전집도서(禪源諸詮集都序)』의 약칭이다. 『선원제전집』은 본래 예부터 전해오는 선(禪) 계통의 언구(言句)·게송(偈頌) 등을 모은 101권으로 된 책이었는데, 본문은 완전히 없어져 현재까지 전혀 알려져 있지 않다.

『도서』는 이 책에 대한 전체적인 서문이다. 즉 101권으로 된 본문은 완전히 사라지고 전체적인 서문만 남은 것이 『도서』이다.

『절요』에는 고려시대 큰스님 보조 지눌(普照知訥, 1158~1210)이 지은 『법집별행록절요병입사기(法集別行錄節要并入私記)』의 약칭이다. 이 책은 중국의 규봉종밀(圭峰宗密)과 하택신회(荷澤神會) 등의 주장을 인용·비판하여 정혜쌍수(定慧雙修)를 말한 책이다. 1권 1책으로 되어 있다.

『선요』는 『고봉화상선요(高峰和尙禪要)』의 약칭이다. 이 책은 1권 1책으로 되어 있는데 중국 송나라 때 천목산(天目山) 서봉에 주석하면서 선풍(禪風)을 드날려 수백 명의 제자를 길러낸 고봉원묘(高峰原妙, 1238~1295)의 선에 관한 법문을 모아 엮은 책이다. 우리나라에서는 고려 말부터 유통되어 강원 사집과의 주요한 선 관련 교재가 되었다.

『서장』의 정식 책 이름은 『대혜보각선사서(大慧普覺禪師書)』인데 줄여서 『서장』이라고 한다. 중국 송나라 때 선승인 대혜종고(大慧宗杲, 1089~1163) 선사의 편지를 모은 책이다. 42인의 편지 62장(狀)으로 편집되었는데, 큰 뜻[大旨]은 삿된 소견을 물리치고 바른 견해를 갖게 하는 데 있다. 대혜 선사는 "마음이 곧 부처요, 다시 따로 부처가 없다. 부처가 곧 이 마음이요, 다시 따로 마음이 없다."라고 하였다.

사미승 정호는 출가한 이래 태조암과 무랭이절에서 2년 동안 강원 사미과와 사집과 과목을 독학으로 공부하였다. 정호 스님이 무랭이절에서 혼자 공부하던 중 자칭 '일장춘몽(一場春夢) 도인'이라는 노인을 만나 이야기를 나누었다. 일장춘몽 도인은 삶을 분석하여 인간의 일생을 논하면서 사미승 정호에게 탱자나무 숲같이 구애가 많은 곳을 얼른 벗어나 멀리 가서 공부하라고 권하였다. 이에 힘을 얻은 사미승 정호는 스물한 살에 더욱 공부와 수행에 매진할 뜻을 굳건하게 세웠다. 1890년 어느 봄날, 21세의 사미승 정호는 단단히 결심을 하고 모악산 무랭이절을 떠났다.

강원에서 사교과 · 대교과 공부

백양사 운문암에서 사교과 공부

그가 찾아간 곳은 장성 백양사 운문암(雲門庵) 강원(講院)이었다. 운문암은 전남 장성군 북하면 약수리 백양사(白羊寺)의 산내 암자였다. 그곳에는 불교의 교학(敎學)과 선(禪)에 밝고 특히 계율을 엄격히 실천하는 명망 높은 율사(律師)이자 강학(講學: 불교학 강의)에도 뛰어난 환응탄영(幻應坦永, 1847~1929) 스님이 강원을 열어 학인을 가르치고 있었다.

박한영은 훗날 환응 대사가 입적하자 대사의 사리탑 비문을 쓰면서 환응 대사에 대해 이렇게 추모하였다.

아, 대사[환응 스님]는 입산한 70년 동안 그림자가 세속에 물들지 않고 세상살이에 눈을 돌리지 않았으니, 아무도 산 밖에 나와서 다니는 것을 보지 못하였다. 그러하기를 수십 년이 되었는데도 그 모습이 위풍당당하여 바라보면 아무도 감히 가까이 가지 못했다. 그러나 가까이 가보면 아주 온화하여 차근차근히 가르치기를

게을리 하지 않았다. 이는 마치 백 가지 조화로운 향기 속에 앉아 있는 것 같았다.[4]

사미승 정호는 1890년 운문암에서 환응탄영 대사에게 사교과 (四教科)를 배웠다. 그는 환응 대사로부터 사교과를 배울 때 매우 치열하게 공부하였다. 강원의 사교과에서는 『능엄경(楞嚴經)』·『기신론(起信論)』·『금강경(金剛經)』·『원각경(圓覺經)』을 이수해야 한다.

『능엄경』은 10권으로 된 경전이다. 이 경은 '무한하게 크고 무상 최극(無上最極)의 절대적인 깨달음을 성취한 부처가 되기 위해 닦는 보살들의 완전무결하고 견고무비한 육도만행의 수행법을 말한' 경전이다.

『기신론』은 통상 『대승기신론(大乘起信論)』이라 불리는데, 대승불교의 개요서(概要書)로서 명성이 높은 논서이다. 옛날부터 중국·한국·일본 불교계에서 활발하게 읽혔다. 일반적으로 마명(馬鳴) 작(作), 진제(眞諦: 499~569) 역(譯: 1권)으로 전해지지만 실차난타(實叉難陀, 652~710)가 번역한 다른 책도 있다.

『금강경』은 『금강반야바라밀경(金剛般若波羅蜜經)』의 약칭이다. 이 경은 관념에 집착하지 않고 마음을 일으켜 실천하는 지혜의 완성을 설하고 있다.

『원각경』의 정식 명칭은 『대방광원각수다라요의경(大方廣圓覺修

---

4 박한영, 「도솔산 환응당 대사 사리탑명 병서」, 『석전문초』, 법보원, 1962, 19~20쪽.

多羅了義經)』이다. 이 경은 대승(大乘) 원돈(圓頓)의 교리를 말하고 있어 중국·한국·일본 선종에서 중시되어 널리 독송·연구 되었고 수많은 주석서(註釋書)가 만들어져 불교 수행의 길잡이가 되었다. 『원각경』은 문장이 유려하고 사상은 심원하며, 철학적·문학적으로 뛰어난 경전이다.

박한영은 환응 대사 문하에서 사교과를 공부할 당시 자신의 모습을 훗날 이렇게 읊었다.

한여름 『능엄경』 읽노라고
쌍계루에도 내려가지 않았네.

一夏讀楞嚴 …일하독능엄
不下雙溪陲[5]…불하쌍계수

시구에 쓰여 있듯이 사미승 정호는 사교과의 중요 과목인 『능엄경』을 공부하는 데 열중하여 한여름에도 백양사 입구에 있어, 운문암에서도 멀지 않은 쌍계루(雙溪樓)에도 내려가지 않았다.

그가 환응 대사 밑에서 사교과를 공부한 기간은 봄부터 가을까지 5~6개월가량이었던 것으로 보인다. 사미승 정호가 사교과 과목 중 시편에서 확인된 것은 『능엄경』뿐이다. 나머지 『기신론』·『금

<hr>

5 박한영, 「빗속에 눈발 속에[坐雨暎雪]」, 『석전시초』, 동명사, 1940, 17쪽.

강경』·『원각경』의 이수 여부는 알 수 없지만 짐작컨대 일람첩기하는 비상한 총기로 사교과에 해당하는 과목 전부를 집중적으로 공부하여 사교과 수업을 끝냈던 것으로 보인다. 왜냐하면 그는 그해(1890년) 가을 대교과를 배우러 선암사로 떠난 것으로 볼 때 사교과는 모두 공부한 것으로 생각되기 때문이다.

순천 선암사 강원 대교과

사미승 정호가 1890년 가을 음력 8월에 대교과를 공부하고자 찾아간 조계산 선암사(仙巖寺)에는 함명(函溟)·경붕(景鵬)·경운(擎雲)이라는 뛰어난 고승 세 분이 주석하고 있었다.

당대의 강백(講伯: 강사의 존칭)이었던 함명태선(太先, 1824~1902)은 당시 선암사 강원의 강주(講主)였던 경운 스님의 법조(法祖: 법의 할아버지)였고 경붕익운(益運, 1836~1915)은 경운 스님의 법부(法父: 법의 아버지)였다.

박한영이 선암사에 간 1890년 가을 무렵에는 함명과 경붕은 강석에서 은퇴하였고 경운 스님이 강주가 되어 강원의 학인을 지도하고 있었다. 그가 선암사 강원에 대교과 공부를 하러 갔을 때의 광경에 대해 훗날 그는 다음과 같이 감개 깊게 회고하였다.

승선교(乘仙橋)를 지나 처음 석문(石門)에 들어가니 저녁종이 산에 푹 잠겨 있고 등불이 막 켜지기 시작하였다. [선암사]절 안에 많은 스님들이 운집해 있었고, 가사 장삼에서 향내가 풍겼다. 맨 처음 그곳에 갔을 때 훌륭한 영산법회(靈山法會)에 왔음을 완연히 느꼈다. 지금까지 그때의 모습이 눈에 선하다. 선사(先師: 경운 스님)의 춘추는 만 40세였다. 경운 스님의 강의는 소나무에 비 떨어지는 듯해 듣는 사람으로 하여금 뜻을 스스로 알도록 했다.[6]

이 비문에 의하면 사미승 정호는 선암사에 처음 가서 그곳이 훌륭한 영산법회라는 것을 완연하게 느꼈다면서 찬탄하고 있다.

박한영은 만 40세의 장년이었던 경운 대사의 '소나무에 비 떨어지는 듯해 스스로 뜻을 알게 하는' 강의를 들으며 대교과 공부를 하였다. 당시 그곳에는 제봉(霽峰)·금봉(錦峰)·재민(在敏)·찬의(贊儀)·진응(震應) 스님 등이 같은 대교과의 도반 학인으로 함께 공부하였다.

강원 대교과에서는 『화엄경(華嚴經)』·『십지론(十地論)』·『선문염송(禪門拈頌)』·『경덕전등록(景德傳燈錄)』 등을 이수해야 한다.

『화엄경(華嚴經)』은 대승불교의 중요한 경전인데, 본래의 경 이름은 『대방광불화엄경(大方廣佛華嚴經)』이다. 광대하고 넓은 부처님의 세계, 깨달음의 세계를 잘 장엄된 온갖 꽃이 핀 꽃밭에 비유한 경전이다. 이 경은 불타발타라(359~429)가 번역한 60권 『화엄

---

6 박한영, 「조계산 경운당대사 비음기」, 남도불교문화연구소 편, 『선암사』, 승주군, 1992, 26쪽.

경』과 실차난타(652~710)가 번역한 80권 『화엄경』이 있는데 내용은 동일하다.

또 당나라 때 반야(般若) 스님이 「입법계품」만 번역한 40권 『화엄경』도 있다. 학자들은 『화엄경』이 성립된 것은 대략 4세기경이고, 결집된 장소는 중앙아시아로 추정한다.

『십지론』은 『화엄경』의 「십지품(十地品)」을 해석한 것이다. 인도의 세친(世親)이 『화엄경』의 「십지품」을 별도로 번역한 것을 『십지경(十地經)』이라 하는데, 이 경전을 다시 해석한 책을 『십지경론(十地經論)』이라 하고 이를 줄여서 『십지론』이라 한다.

『선문염송』은 30권으로 된 방대한 책인데, 고려 때 선승인 혜심(慧諶, 1178~1234)이 편찬한 선(禪)의 공안집이다. 화두(話頭) 1,125칙(則)과 각각의 칙에 대한 짤막한 해설과 게송 등을 모아 엮은 책이다.

『경덕전등록』은 중국 선종(禪宗)의 역사서인데, 30권으로 되어 있다. 중국 송나라의 도원(道原) 스님이 진종(眞宗) 황제의 연호인 경덕(景德) 1년(서기 1004년)에 지었다. 하여 『경덕전등록』이라는 책 이름이 붙여졌다. 이 책에는 과거칠불(過去七佛: 지난 세상에 출현한 일곱 부처, 즉 비바시불·시기불·비사부불·구류손불·구나함모니불·가섭불·석가모니불 등 7분의 부처님)에서 인도의 28조사(祖師), 그리고 5가(五家: 선종의 다섯 분파) 52세에 이르기까지 불법(佛法)을 이어온 1,712인의 행적, 스승과 제자의 인연, 깨달음에 관한 문답, 어록 등을 집대성한 기록이다. 『경덕전등록』은 중국 후당(後唐) 때(952

년) 문등(門燈)이 지은 중국 선종의 역사서인『조당집(祖堂集)』(20권)
과 쌍벽을 이루고 있다.

이 두 저서는 선종의 역사와 깨달음을 성취한 선승들의 구도
역정 및 그 계기를 알려면 반드시 공부해야 하는 중요한 문헌이
다. 앞에서 언급한 혜심 선사의『선문염송』에는 선의 화두 1,125
칙이 수록되어 있어서, 선에 대해 공부하려면 선종 역사서인『경
덕전등록』과『조당집』과 함께 이 세 가지 저술을 반드시 공부하지
않으면 안 된다.

1890년 가을부터 2년 동안 선암사 강원 대교과의 가르침을 박
한영에게 베푼 경운원기(擎雲元奇, 1852~1936) 스님은 속성이 김씨
이고 영남 웅천(지금의 경남 진해시 웅천동) 출신으로 17세에 출가하
여 선암사 대승강원에서 경을 공부했다. 후에는 스승 경붕의 강석
을 물려받아 선암사를 당대 강학의 중심지로 만들었다.

박한영이 금봉과 진응 등 강원 도반들과 경운 스님에게 대교과
강의를 듣던 시절, 누각 남쪽에서는 매화와 영산홍이 피어 그 향
기를 풍기고 있었다. 박한영은 21세 때인 1890년 가을부터 23세
인 1892년 여름까지 경운 스님의 강석에서 만 2년 동안 치열하게
공부한 끝에 마침내 대교과를 졸업하였다. 그런데 박한영의 강원
이력(수업 내력)을 보면 매우 특이한 점이 있다.

이능화(李能和, 1869~1943)의『조선불교통사(朝鮮佛敎通史)』에 의
하면, 한말 강원의 수업 연한은 10년을 원칙으로 하였다. 즉 사미
과 1개년과 2개년이 걸리는 강원 과정을 이수하지 않고 사교과에

진학하였다. 그는 4개년이 걸리는 사교과 과정을 5~6개월 공부해 마쳤고 3개년이 걸리는 대교과는 2년 만에 졸업하였다.

이에 관해 다시 설명하면 박한영은 사미과와 사집과의 3개년이 소요되는 과정을 독학으로 공부해 사교과에 들어갔다. 또 그는 통상 4개년이나 수업 받아야 할 사교과를 5~6개월 만에 끝내고 바로 대교과에 입학하였다. 대교과에 들어가서는 통상 3개년이 걸리는 수업 연한을 2년 만에 조기 졸업하였다. 일반적으로 보통 사람이 10년 동안 수업해야 졸업할 수 있는 강원 사미과에서 대교과까지의 과정을 2년 5~6개월 만에 마쳤으니 박한영은 그 기간을 4분의 1로 단축한 셈이다.

이를 보건대 박한영은 제자 운성이 말했듯이 일람첩기하는 뛰어난 기억력과 총명함을 지녔기 때문에 통상 10년이 걸리는 강원의 전 과정을 단 2년 반 만에 끝내고 졸업하였다. 그의 이러한 강원 이력으로 볼 때 박한영은 전무후무한 비범하고 출중한 천재였다고 말해도 전혀 무리가 아닐 것이다.

금강산의 절차탁마

박한영은 입산 출가한 지 4년째가 되는 스물세 살이 되는 여름에 강원 대교과를 졸업하였다. 졸업 직후인 그해(1892년) 음력 7월 30일, 선암사에서 '대선(大選)' 법계를 받았다.

조선 세종 때 불교 종파를 통폐합하여 선종(禪宗)과 교종(敎宗) 두 가지로 정비하였다. 그래서 법계도 선·교 양종으로 나누어 수여하였다.

선종: 대선(大選)→중덕(中德)→선사(禪師)→대선사(大禪師)→도대선사[都大禪師: 판선종사(判禪宗事)]

교정: 대선(大選)→중덕(中德)→대덕(大德)→대사(大師)→도대사
[都大師: 판교종사(判敎宗事)]

박한영은 대선 법계를 받음으로써 사미승을 면하고 비로소 승단의 정식 승려인 비구(比丘)가 되었다. 그의 은사 금산 화상이 금강산으로 가면서 제자 박한영에게 함께 가자고 하여 그는 바람 속에 천릿길을 따라나섰다.

그는 처음 금강산으로 가게 된 사정을 이렇게 시로 읊었다.

나의 은사가 금강산으로 갈 때
봄바람 속에 천릿길을 따라나섰지.

吾師歸枳怛 …오사귀지달
春風千里追[7]…춘풍천리추

위의 원시에 나오는 '지달(枳怛; 기도로 읽음)'이라는 단어는 금강
산을 뜻한다. 옛날부터 금강산은 '글로 써도 다할 수 없고 그림으
로 그려도 얻을 수 없다[書不盡畵不得]'고 하는 천하명산이었다. 박
한영은 처음 가서 본 금강산의 기기묘묘(奇奇妙妙)한 풍광에 매료
되었다. 그러나 그는 곧 풍광의 도취에서 깨어나 절차탁마(切磋琢
磨: 옥돌을 갈고 닦는 것처럼 도덕과 학문 기술을 갈고 닦음)하는 데 심혈
을 기울였다. 그는 금강산에서 붓글씨를 익히고 시작(詩作) 공부에
몰두하였다.

7 박한영, 「빗속에 눈발 속에[坐雨暎雪]」, 『석전시초』, 동명사, 1940, 17쪽.

서예의 스승 벽하 조주승

박한영은 당시 서예와 시를 공부한 것에 대하여 이렇게 표현하였다.

글씨는 벽하(碧下)에게 배우고
시는 고환의 풍을 닮으려 했다.

書曾問碧下 …서증문벽하
詩淑古懽風[8] …시숙고환풍

여기에 등장하는 벽하(碧下)는 조주승(趙周昇, 1854~1903)을 가리킨다. 『매천야록』을 지은 황현(黃玹, 1855~1910)이 구한말의 3대 서예가로 손꼽은 사람이 조주승·송일중(宋日中, 1632~1712)·이삼만(李三晚)이다.

고환(古懽)은 김택영(金澤榮)·황현과 함께 구한말 3대 시인으로 불리던 강위(姜瑋, 1820~1884)의 호이다. 당대의 3대 서예가 중의 한 사람이었던 조주승에게 붓글씨를 배웠으므로 훗날 포광(包光) 김영수(金映遂, 1844~1967)는 박한영을 '서법(書法)도 겸통한 희세의 대종장'이라고 찬탄하였다.

---

8 박한영, 「불석담예(拂石譚藝)」, 『석전시초』 19쪽.

박한영이 서예를 배운 조주승은 전북 김제 출신으로 어려서부터 총명하고 글씨 쓰기를 즐겼다. 그는 진(晉)·당(唐)·송(宋) 나라 여러 대가들의 글씨를 보고 감탄하여 '한 점 한 획인들 서법에 헛되지 않으리라' 하고 다짐하였다. 그는 일찍이 석정(石亭) 이정직(李定稷, 1841~1910)의 문하에 들어가 10여 년 동안 문(文)·시(詩)·서(書)·난(蘭)·죽(竹) 그리기 등을 익혔고, 시조 읊기, 거문고 연주 등의 예능도 수련하여 깊은 경지에 이르렀다. 그래서 세상 사람들은 조주승의 재능을 사절(四節: 시·서·그림·음악)이라 칭송하였다.

고종 임금의 아버지인 흥선대원군 이하응(李昰應, 1820~1898)은 조주승의 난과 대나무 그림을 보고 '창란벽죽(蒼蘭碧竹)'이라 찬탄하였다. 몽인(夢人) 정학교(丁學敎, 1832~1914)는 조주승을 중국 당나라 때의 유명한 서예가인 구양순(歐陽詢, 557~641)에 비했고, 황현은 조주승과 이삼만 세 사람을 '천년 조선의 서단(書壇)을 빛낸 필원(筆苑)'이라고 격찬하였다.

조주승은 일찍이 중국 북경과 남경에 3년간 유람하면서 이름난 중국 학자들과 어울리고 글씨와 그림의 대가들과 교류하였으며 귀중한 서화들을 수집해 귀국하였다. 그러나 그의 서화는 1894년 동학농민혁명 때 병화를 입어 완주군 구이면 원기리 와동의 자택과 함께 소실되고 말았다.

유점사에서 고종 19년(1882) 화재를 입어 중수 불사를 할 때 주지 우은(愚隱) 스님이 조주승에게 대웅전 편액 글씨를 써달라고 부탁하였다. 조주승은 6개월 동안 편액 글씨를 연습하였는데, 그렇게 연습한 글씨가 창고에 가득하여 주지스님이 감격하여 눈물을 흘렸다는 일화가 있다.

조주승은 유점사 대웅전의 편액 글씨를 쓴 이래 자주 금강산을 왕래하였으므로 박한영은 그에게 서예를 배울 수 있었다. 박한영은 조주승의 아들 심농(心農) 조기석(趙沂錫, 1876~1935)과도 친한 친구였다.

시(詩)의 스승 고환 강위

박한영은 3천여 수의 시를 쓰고, 산벽시사(珊碧詩社)의 동인들과 활발하게 시회(詩會) 활동을 하였으며 시집 『석전시초』에 579수의 시를 남긴 당대의 이름 높은 시승(詩僧)이었다.

앞의 시구에서 보았듯이 박한영은 '시는 고환의 풍을 닮으려 했다'라고 하였다. 이로 볼 때 박한영의 시문학 스승은 고환 강위라 할 수 있다. 그런데 강위의 생몰 연대(1820~1884)를 보면 박한영이 직접 강위에게 시를 배울 기회는 없었다. 왜냐하면 강위가 세수 65세로 작고할 때(1884) 박한영은 15세로 향리 서당에서 공부하고 있었기 때문이다. 출가 전에는 고향을 떠난 적이 없는 완주 초포면의 시골 소년이었던 박한영은 살아 있을 때의 강위는 만난 적이 없었을 것이다. 박한영은 금강산에서 조주승에게 서예를 배우고 시를 습작하는 과정에서 강위의 시풍을 본받고자 노력하였다.

박한영 시문학의 스승이라 할 수 있는 강위는 특히 비분강개가 서린 격조 높은 율시(律詩)를 잘 썼고 이건창(李建昌, 1852~1890)과 황현의 시풍을 열어준 공이 있다.

강위의 호는 고환(古懽)·추금(秋琴)·자기(慈屺)였고 본관은 진주였다. 그는 경기도 광주의 곤궁한 무관 집안 출신이었다. 강위는 14세에 상경하여 영의정을 지낸 정원용(鄭元容) 집의 문객이 되어 손자 정건조(鄭健朝, 1823~?)와 함께 수학하면서 병·형·전·곡(兵刑錢穀: 군사·형벌·돈·곡식) 등 각 방면의 학문을 닦았다. 그는 24세에 과거 볼 뜻을 버리고 경학(經學) 공부에만 몰두하기로 작정하고 민노행(閔魯行, 1782~1848, 문신, 학자)을 찾아가 가르침을 받았다.

4년여의 배움 끝에 스승 민노행이 죽자 그의 유촉(遺囑: 죽은 이의 부탁)으로 추사 김정희(金正喜, 1786~1856)의 귀양지를 따라다니면서 사사(師事)하였다. 그래서 강위는 추사의 고족(高足: 가장 뛰어난 제자)으로 꼽힌다. 1873년에는 정건조를 도와 서생으로 연행사(燕行使: 청나라에 파견되는 사신)를 따라가 청나라 문인들과 교유하고 『북유일기(北遊日記)』를 남겼다. 1876년 강화도 조약이 체결될 때는 필담(筆談)을 책임졌다. 1880년에는 수신사 김홍집의 서기로 수행하여 일본 중국의 개화파 인사들이 조직한 흥아회(興亞會)에 참여해 그들과 교유하면서 개화사상을 접하기 시작하였다.

2년 뒤 1882년 김옥균·서광범 등 개화파 관료들이 일본에 파견될 때 강위는 제자인 변수(邊遂)와 함께 이들을 수행하였다. 강위는 1883년 박문국(博文局)에서 우리나라 최초의 신문 『한성순보(漢城旬報)』를 간행하였다. 이 신문을 발행하면서 강위는 국한문 혼용의 기사 작성에 착수하여 뒷날 1886년에 『한성주보(漢城週報)』로 바뀐 후 국한문을 혼용하는 데 많은 공을 세웠다.

강위는 경륜가(經綸家)로서의 포부가 있고 문장력까지 갖춘 뛰어난 인재였으나 집안이 한미하여 제대로 등용되지 못한 불운한 인물이었다. 그러나 그는 시인으로서 명성이 높아 시단의 맹주(盟主)로서 남긴 업적이 매우 컸다. 강위가 맹주로서 주도하였던 육교시사(六橋詩社)는 1870년대 말에 결성된 시문학 동인 단체이다.

'육교(六橋)'란 청계천 하류로부터 여섯 번째 다리인 광교(廣橋)의 별칭이다. 육교시사는 광교 부근 중인층 시인들이 강위를 맹주로 하여 결성한 음사(吟社: 시 읊는 단체)인데, 요즘 말로 하면 시 동인회이다. 육교시사의 동인들은 변진환·김석준·배전·김재옥·지운영·박승혁·김한종·황윤명·백춘배·이명선·성혜영·이용백·박승혁·변휘·변정·유영표·난타(蘭陀) 이기(李琦)·고영철·고영주·고영선·현은·김경수·김득련·이전 등인데 대부분 의역중인(醫譯中人)·기술 중인 등으로 중인 신분이었다. 육교시사 시 동인 가운데 지운영·지석영 형제는 맹주 강위의 제자로 자처하였는데, 동생 지석영은 종두법(種痘法: 천연두의 예방법)을 수입해 시행한 개화인으로 국사교과서에 기록되어 있다.

박한영 시문학의 간접적인 스승으로서 영향을 미친 강위는 시인으로서의 명성은 드높았으나 경륜가로는 등용되지 못하는 불운함을 겪어야 했다. 박한영은 강위의 뛰어난 시작품과 그의 왕성한 육교시사 활동에 많은 영향을 받았다. 그래서 박한영은 강위의 시풍을 닮으려 노력했고 강위의 육교시사를 본받아 1920년대부터 산벽시사의 시동인 활동에 적극 참여하기도 하였다.

은사 금산 스님 입적

박한영이 금강산에 간 다음해(1893)에 은사 금산 스님이 석왕사(釋王寺)에서 입적(入寂: 죽음을 불교적으로 표현한 말)하였다.

박한영은 은사스님을 따라 금강산에 갔다가 이어 함경남도 안변에 있는 설봉산(雪峯山) 석왕사로 옮겼다. 그런데 그곳에서 은사가 입적하자 그는 은사의 다비식을 치르고 다시 금강산 신계사로 왔다. 박한영은 신계사의 산내 암자인 보운암(普雲庵)에 머물렀다. 그는 다시 금강산에 와서 건봉사(乾鳳寺)와 명주사(明珠寺) 등지를 다니면서 경전 연찬(研鑽: 학문이나 사물의 이치를 깊게 연구함)에 주력하였다. 이는 강원 대교과 졸업 후 계속 공부하는 수의과(隨意科)에 해당한다. 강원 대교과가 오늘날의 학부과정이라면 수의과는 대학원에 해당한다. 수의과에서는 『법화경(法華經)』 등 여러 경전과 『인명론(因明論)』·『비니(毘尼)』 등을 교재로 하여 스스로 연찬한다.

박한영은 금강산에 온 이래 안변 석왕사, 고성 건봉사, 양양 명주사, 금강산 신계사와 유점사 등지의 강주들을 찾아다니며 『법화경』·『열반경』·『유마경』·『지장경』 등의 여러 경전과 『인명론』·『유식론』·『구사론』 등의 불교 학문 및 계율 등에 관하여 스스로 연찬하였다. 박한영은 2년가량 수의과에 해당하는 불교 공부를 하다가 갑오년(1894) 가을 다시 조계산 선암사로 내려갔다. 선암사에 머물면서 연찬에 주력하던 박한영은 학인스님들로부터 귀가 번쩍 뜨이는 소문을 들었다. 순창 구암사(龜巖寺)에 선(禪)·율(律)·경학(經學)에 밝고 강학에 뛰어난 설유처명(雪乳處明, 1858~1903)이라는 훌륭한 스님이 있다는 얘기였다.

설유처명 대사의 법맥을 잇다

향학열과 탐구심이 그 누구보다 강했던 26세의 청년 승려 박한영은 구암사의 훌륭하다고 소문이 자자한 그 스님을 직접 만나고 싶었다. 박한영은 1895년 봄, 설유 스님이 주석하고 있는 순창 구암사를 향해 떠났다. 구암사는 전북 순창군 복흥면 봉덕리(全北 淳昌郡 福興面 鳳德里) 영구산(靈龜山)에 있다. 이 절은 신라 선덕여왕 3년(634)에 숭제(崇濟) 스님이 창건하였고 추사 김정희가 한때 공부하였던 사찰이다. 절 입구에 거북과 흡사한 바위가 있어 '거북바위 절'이라 부르는데, 조선 중기까지는 이름이 알려지지 않은 보잘것없는 절이었다.

구암사가 명성을 떨치게 된 것은 조선 후기의 대강백 설파상언 (雪坡尙彦)과 백파긍선(白坡亘璇, 1767~1852) 스님이 주석하면서부터였다. 화엄학(華嚴學)에 정통해 '화엄종주(華嚴宗主)'라 불렸던 설파 대사는 18세기 중엽 구암사에서 1천여 명의 스님들에게 강의하였고, 백파 대사는 구암사를 조선 후기 불교 강학의 중심으로 자리 잡게 하였다.

박한영이 구암사에 간 1895년 봄, 그곳엔 '화엄십지이구지보살

(華嚴十地離垢地菩薩)'이라 추앙받던 설파의 9세 법손이고 백파의 6세 법손인 설유처명 스님이 학인들에게 내전을 가르치고 있었다.

설유 스님은 '화엄십지이구지보살'이라 칭해지며 존경받았는데, '화엄십지(華嚴十地)'는 『화엄경(華嚴經)』에서 보살(菩薩: 구도자)이 수행과정에서 거치는 열 가지 단계를 가리킨다.

박한영은 이구지보살의 경지에 이른 설유 대사에게 선·율·『화엄경』과 『선문염송』 등을 다시 더 깊이 공부하였다. 설유 대사의 가르침을 받으면서 박한영은 구암사 강학의 내력에 대해서도 자세히 알게 되었다. 그는 설파와 백파, 그리고 그 후예들에 대해 이렇게 평하였다.

설파와 백파는 잘 가르쳤으나
다음은 옹졸하여서
위태로운 다리를 건너감과 같았네.

兩坡(雪坡白坡)唱導齊
傳次在蒭躬
正若危橋[9]

박한영은 설파와 백파 대사의 가르침은 높이 평가하였으나 그

9 박한영, 「지팡이 따라가며 소나무 흔들어보며[拄錫搖松]」, 『석전시초』 17쪽.

외의 구암사 강사들에 대해서는 "옹졸하고 위태로운 다리를 건너는 것 같다."라고 혹평하였다. 그는 설유 대사에게 직접 배운 후 "설유에 의해 비로소 '화장찰해(華藏刹海)'의 문이 열렸다."라고 찬탄하였다. 여기서 말하는 '화장찰해'라는 말은 '연화장세계(蓮華藏世界)'를 뜻한다. 이 연화장세계는 우주의 중심에 있다고 하는 비로자나불(毘盧遮那佛)의 정토이다. 비로자나불은 진리 그 자체 또는 진리를 있는 그대로 드러낸 우주 그 자체를 의인화한 부처이다.

요약하자면 박한영은 설유 대사의 가르침에 의해 비로소 진리의 세계에 들어가는 문이 열렸다는 것이다. 설유 대사는 강의만 잘하는 것이 아니라 그 통찰력 또한 탁월하였다. 설유는 학인들에게 반드시 천하서를 필독하고 천하의 학자들과 교유해야 한다면서 그렇지 못하면 불가(佛家)의 풍화(風化)가 위축된다고 설파하였다.

박한영은 삼장강설(三藏講說: 경·율·론의 강의)에 뛰어나고 탁월한 안목을 지닌 선지식 설유 대사의 사법[嗣法: 법(진리)을 이음] 제자가 되기로 결심하였고 설유 역시 훌륭한 자질을 가진 박한영에게 기꺼이 법을 물려주고자 하였다. 박한영은 구암사에서 설유 대사에게 가르침을 받는 도중인 1895년 8월 15일 선암사에 가서 중덕 법계를 받았다. 그리고 그해 가을, 26세에 법사(法嗣: 법의 스승) 설유 대사에게 향을 올리고 대중에게 널리 알리는 염향사법(拈香嗣法) 의식을 치르고 설유의 법을 이었다. 스승 설유 대사는 법을 이은 제자 정호에게 영호(映湖)라는 법호를 내려주었다. 이로써 출가한 지 7년 만에 박한영은 영호정호(映湖鼎鎬)라는 법호와 법명을 가진 이 땅의 여법한 사문이 되었다.

일찍이 추사 김정희는 백파 대사에게 '석전(石顚)·만암(曼庵)·다륜(茶輪)'이라는 세 가지 호를 지어 보내면서 문하에 '식도리자(識道理者: 불교의 진리를 깨친 사람)'가 나오면 나누어 주라고 하였다. 그런데 백파 대사는 살아 생전에 이 세 가지 호를 아무에게도 주지 않고 입적하였다. 그래서 설유 대사가 이 호를 나누어 주었는데, '석전'이라는 호는 영호정호에게, '만암'은 백양사의 송종헌(宋宗憲, 1876~1957) 스님에게, '다륜'은 익진(翼振, ?~1901) 스님에게 주었다. 이로써 박한영은 '석전'이라는 또 다른 아호(雅號)를 갖게 된다.

박한영은 당대의 뛰어난 학승이자 저술가이고 또한 이름 있는 시인이었기 때문에 당시 불교계와 사회에서는 주로 '석전'이라는 아호로 널리 불렸다. 그리고 일제강점기에는 호적에 기재되어 있는 본명으로 불리는 경우가 많아 '석전 박한영'이라 호칭되는 게 보편적이었다. 따라서 이제부터는 여기서도 스님에 대한 호칭을 '석전'을 주로 사용하고 경우에 따라 '영호정호' 또는 본명인 '박한영'을 사용하고자 한다.

1975년 영호 대종사 문파에서 작성한 법맥첩(法脈牒)에 의하면 석전 박한영(영호정호)의 법맥은 고려 말 태고보우(太古普愚, 1302~1382) 국사로부터 헤아리면 다음과 같다.

석전 박한영(영호정호)의 법맥

태고보우(太古普愚)—환암혼수(幻庵混修, 1320~1392)—구곡각운(龜谷覺雲)—벽계정심(碧溪淨心)—벽송지엄(碧松智嚴, 1464~1534)—부용영관(芙蓉靈觀, 1485~1571)—청허휴정(淸虛休靜, 1520~1604)—편양언기(鞭羊彦機, 1581~1644)—풍담의심(楓潭義諶, 1592~1665)—월담설제(月潭雪霽, 1632~1704)—환성지안(喚醒志安, 1664~1729)—호암체정(虎巖體淨, 1687~1748)—설파상언(雪坡尙彦, 1707~1791)—퇴암태관(退庵太瓘)—설봉거일(雪峰巨日)—백파긍선(白坡亘璇, 1767~1851)—도봉국찬(道峰國粲)—정관쾌일(正觀快逸)—백암도원(白巖道圓)—설두유형(雪竇有炯, 1824~1889)—다륜익진(茶輪翼振)—설유처명(雪乳處明, 1858~1903)—영호정호(映湖鼎鎬, 1870~1948)

이 법맥은 구암사 설유처명 대사에게 염향사법하고 법제자가 된 후의 법계이다. 불교의 법맥은 은사의 계보를 따르지 않고 법을 이은 법사(法師)의 법맥에 의해 계승된다. 석전은 은사와 법사가 달라 법사였던 설유처명의 법맥을 이은 것이다.

법사 설유처명

석전의 법사인 설유 대사의 첫 법명은 혜오(慧悟)인데 후에 처

명으로 바꾸었다. 설유는 법호이다. 성은 배(裵)씨이고 본관은 달
성(達城)이다. 충남 공주 어은동(漁隱洞)에서 출생하였다. 아버지는
세엽(世曄), 어머니는 고령 박씨였다. 어려서 가숙(家塾: 가족이나 친
족끼리 세운 글방)에서 시와 예를 배웠다. 향리의 노인들이 장차 큰
그릇이 될 인재라 하였다. 1872년 15세에 부모를 여의자 홀로 구
름 따라 멀리 노닐다가 설봉산 석왕산에 이르러 도운(道雲) 스님
에게 출가하여 완명심주(玩溟心周) 대사로부터 구족계를 받았다.
이 때 나이가 16세였다. 이듬해에 은사 도운 스님을 따라 호남으
로 가서 영구산 구암사에 훌륭한 법회가 있다는 소식을 듣고 설
두유형 대사에게 수학하였다.

　다음해에 은사 도운이 죽자 유형 대사를 은사로 삼아 공부한
지 10여 년 만에 마침내 사형 다륜익진의 법을 이었다. 설두 대사
가 입적한 후 강석을 이어받아 20여 년 만에 수백여 명의 후학들
을 지도했다. 1895년에 강석을 제자 영호정호에게 물려주고, 1903
년 음력 12월 26일 세랍(세속 나이) 46세 법랍 31세로 입적하였다.
설유 대사는 평소 "근세에 우리 불교문화가 날로 위축됨은 학인이
내전만 공부하고 널리 세학(世學: 세상 사회의 학문)을 통하지 못하
므로 대방가(大方家)들과 교유할 수 없기 때문이다. 반드시 천하서
(天下書)를 읽고 필히 천하사(天下士)들과 교유해야 한다."라고 설
파하였다. 이러한 연후에야 스님들이 세상을 이끄는 스승이 되고
여론도 불교의 가르침을 따를 것이라고 하였다. 만약 이렇게 하지
못하면 우물 안 개구리 신세를 면하지 못할 것이라고 하였다.

설유 대사는 시문에도 조예가 깊어 당시의 명사인 황매천(黃梅泉)·기송사(奇松沙)·정운람(鄭雲藍) 등과 깊이 교유하였다. 저술로는 문집인 『설하집(雪下集)』이 있으나 간행되지는 않았다.

석전은 훗날 법사인 설유 대사의 행적에 대하여 쓴 글을 『조선불교총보』 제15호(1919. 5. 20. 79~82쪽)에 발표하였고, 이 글은 후에 『석전문초』에 수록되었다.[10] 설유 대사의 부도나 탑비는 전하지 않고 있으며, 단지 서기 2012년 설유의 후손들이 고창 선운사에 기증한 『설옹문하족보권단』과 『불조종파』 각 1권이 선운사 성보박물관에 보관되어 있다.

---

10 박한영, 「영구산 처명대사 행략」 『석전문초』, 172~175쪽.

구암사에서 개강

석전은 1895년 가을, 26세에 법사 설유 대사의 법을 잇고 스승의 강석을 물려받아 구암사에서 개강하였다. 포광 김영수는 석전이 설유 대사의 강석을 물려받아 개강한 일에 대하여 이렇게 기록하였다.

> 사(師: 석전 박한영)는 설유 화상에게 염향사법한 다음날 구암사에서 개당(開堂: 개강)하니 팔로학인(八路學人)이 운집하기 시작하여 종풍(宗風)을 대양(大揚: 크게 휘날림)하기에 지(至: 이르다)하였다.[11]

포광의 이 기록에 의하면 석전 박한영이 설유 화상의 법맥을 잇는 염향사법 의식을 치른 바로 다음날 구암사에서 개강하니 팔도의 학인들이 몰려들기 시작하여 종풍을 크게 떨쳤다고 하였다. 석전은 개강한 다음해인 1896년 8월 1일, 장성 백양사에서 '대덕(大德)' 법계를 받았다. 석전은 구암사 강원에서 3년 동안 학인들을

---

11 김영수,「고 태고선종 교정 영호화상 행적」,『석전문초』 243쪽.

지도한 후 1899년 30세에 경남 산청 대원사(大源寺)의 강청(講請: 강의를 해달라는 요청)을 받아 구암사를 떠났다. 석전이 초청받아 대원사에서 개설한 강석은 매우 성황을 이루었다. 이에 대하여 포광 김영수는 이렇게 말하였다.

> 단기 4232년 기해년(1892년)에 경남 진주 대원사의 강청을 받아 진산(晋山: 산에 감)하니 팔역(八域)에서 내집(來集: 몰려옴)한 경학 연구를 이력 과정으로 하는 학인이 수백 명에 달하므로 옛날 김제 금산사 환성(喚聲) 화상의 천명대회(千名大會: 1,000이 모인 큰 행사) 이후로 처음 보는 성회(盛會: 성대한 행사)라고 하였다.[12]

석전이 강의 요청을 받고 간 대원사는 경남 산청군 삼장면 평촌리 지리산 기슭에 있는 꽤 큰 절이다. 포광의 글에서 말하는 '진주 대원사'는 '산청 대원사'라고 해야 정확하다. 석전은 대원사에서 2년 동안(30세~31세) 학인들을 지도한 후 장성 백양사, 합천 해인사, 보은 법주사, 구례 화엄사, 안변 석왕사, 동래 범어사 등지에서 3년간(32세~34세) 삼장을 강의하였다. 석전이 경전을 강의하며 여러 사찰을 편력하던 중 계묘년(1903) 12월 26일 밤에 법사 설유 화상이 입적하였다는 소식이 전해져 그는 곧장 구암사로 달려갔다. 그는 법사 설유 화상의 입멸(入滅: 승려의 죽음을 표현하는 불교식

---

12 김영수, 위의 책, 243쪽.

용어)을 당하여 그 슬픔을 이렇게 표현하였다.

> 오호(嗚呼)! 선사(先師: 설유 대사)는 자애롭고 박식하였거늘 오히
> 려 향년을 누리지 못하고 요절하였으니, 이는 다만 나와 같은 후
> 생이 복이 적어서가 아니랴.[13]

석전은 자애롭고 박학다식한 스승이 40대 중반에 요절한 것은
자신과 같은 후학의 복이 적어서라며 비통해 하였다. 그는 스승의
다비식(茶毘式: 스님의 장례식)을 치른 후 구암사를 떠나 북녘으로
향하였다. 그는 설봉산 석왕사의 산내 암자인 내원암(內院庵)에 바
랑을 내려놓았다.

---

13 박한영, 「영구산 설유당 처명 대사 행략」 『조선불교총보』 15호

．
．
．

2부

불교 유신과
항일 운동

石顚釋鼎鎬

불교 유신 활동

석전은 1908년 초 원종(圓宗) 종무소가 있는 서울 동대문 밖 원
흥사에서 고등강사로 학생들을 지도하며, 을사보호조약의 체결
(1905. 11. 17)로 어지럽고 혼란스러운 시국의 격랑과 조선 불교계
의 움직임을 지켜보고 있었다. 그는 불교계에 산적한 난제(難題)
와 병폐(病弊)를 직시하면서 개혁하거나 유신(維新: 폐습을 고쳐서 새
롭게 함)하지 않으면 안 되겠다는 생각을 하고 있었다.

1908년 가을 어느 날, 석전은 제주도에 다녀온 만해(卍海) 한용
운(韓龍雲, 1879~1944)과 금파(琴巴) 스님 등과 함께 시국에 관해 토
론하였다. 그 무렵 세차게 밀려드는 새로운 사조가 조용한 아침의
나라 조선 땅에 범람하고 있었다. 또한 당시 시국은 일본이 통감
정치를 시행하는 망국의 상황이었고 불교계 역시 병폐가 많았다.
그래서 석전·만해·금파 세 스님은 옛것을 혁파해야 한다는 쪽으
로 의견이 모아졌다.

석전의 불교 개혁과 유신 운동은 1910년 10월 이회광(李晦光,
1862~1933) 스님이 조선불교 원종을 일본 조동종(曹洞宗)에 부속
시키려는 망동(妄動)에 반대하는 임제종 운동으로 표출된다. 그는

일본 조동종과의 맹약체결에 반대하여 임제종 운동을 전개함으로써 민족불교의 주체성을 확립하고자 한 것이다.

1908년 3월 6일, 각 도 사찰 대표자 승려 52인이 원흥사에서 총회를 개최하여 말썽 많고 친일 성향인 '불교연구회'를 해체하고 원종을 설립해 이회광 스님을 원종의 종정으로 추대했다. 종정이 된 이회광은 원종을 통감부로부터 승인받아야 할 과제에 직면하였다. 이 과제를 해결하는 데에 등장한 인물이 일본 조동종 승려 다케다 한시(武田範之, 1864~1911)였다. 다케다는 원종이 설립된 4개월 후인 1908년 7월에 원종의 고문이 되었다.

원종의 고문 다케다 한시는 평범한 일본 승려가 아니었다. 다케다는 일본 우익 낭인(浪人) 단체인 천우협단(天佑俠團)의 일원으로 1891년 조선에 건너와 동학란에 관여하고 1895년 명성황후 민비 시해 사건에 깊숙이 관여한 대륙 낭인이었다. 그는 1901년 흑룡회(黑龍會) 결성 때도 참가하였다. 다케다가 참여한 천우협단은 조선과 대륙을 침략하는 데 앞장선 현양사(玄洋社) 휘하의 별동대 성격의 낭인 단체였고, 우치다 료헤이(內田良平)가 주도한 흑룡회 역시 조선과 대륙 침략의 전위대로 활동한 낭인 집단이었다.

낭인이란 일정한 직업이 없이 허랑하게 돌아다니며 소일하는 사람을 뜻하는데, 여기서 말하는 낭인은 대만·조선·중국 대륙을 침략하는 하수인으로 활동한 일본의 정치 깡패 무리들을 지칭한다. 원종의 고문이 된 다케다 한시는 일본 조동종의 현직 승려이자 일본 극우단체인 현양사와 그 별동대인 천우협단, 그리고 흑룡회의 일원으로 침략에 앞장선 대륙 낭인이기도 하였다.

일본의 『조일 일본역사 인물사전(朝日日本歷史人物事典)』(조일신문사, 1994, 1004쪽)에는 다케다 한시가 "한국 십삼도 불사 총고문(韓國十三道佛寺總顧問)이 되었다."라고 기록되어 있다. 이 사전에서는 원종을 한국의 13개 도(道)를 총괄하는 절이라 하였고, 다케다가 단순한 고문이 아니라 한국의 모든 사찰에 관여하는 '총고문'이라고 하였다.

한편 다케다는 1908년 7월 30일, 일본 조동종의 한국 포교 관리자에 임명되었다. 이로써 다케다는 원종의 고문과 일본 조동종의 한국 포교 관리자를 겸임하게 된 것이다. 다케다는 한일 양국 불교계의 주요 직책을 겸하자 조선불교 원종과 일본불교 조동종과의 연합을 위해 이회광을 설득하는 데 주력하였다. 다케다에게 설득된 이회광은 원종과 일본 조동종을 연합하기로 합의하였다.

한일불교계가 이처럼 연합을 모색하고 있는 와중에 1910년 8월 29일, 조선이 일본에 병합되는 '한일합병'이 되고 말았다. 나라가 망하자 삼천리 방방곡곡에는 망국의 비통함이 넘쳐나고, 장지연(張志淵, 1864~1921)은 『황성신문』에 「시일야방성대곡(是日也放聲大哭)」이라는 비분에 찬 글을 실어 서울 장안을 울음바다로 만들었다.

망국으로 온 나라 사람들이 울분에 차 있는 가운데, 그해(1910) 10월, 이회광은 일본에 건너가 조선불교 원종과 일본 조동종의 연합맹약을 10월 6일 체결하였다. 나라가 망한 지 45일 만에 조선

불교가 일본불교에 예속되고 만 것이다.

원종이 조인한 연합맹약 7개조는 일본 조동종 위주의 불평등하고 불합리한 매종적 조약이었다. 귀국한 이회광은 13도의 주요 큰 사찰 몇 곳을 방문하여 조인에 찬성하는 날인을 받고자 하였다. 그러나 조약 전문이 원종 종무원 서기에 의하여 알려지자 강력한 비판이 일어났다. 조선 스님들은 연합맹약이 조선불교를 일본불교 조동종에 팔아먹은 매종행위라면서 이회광을 규탄하였다.

이회광이 매종적인 망동을 하고 있을 때 석전은 장성 백양사에서 후학을 지도하고 있었다. 그는 백양사에 설립된 광성강숙 측량강습소 소장, 광성의숙(廣成義塾) 숙장(1910~1911), 광성강습소의 소장(1912)으로 재직하면서 학생들을 교육하였다.

석전이 이처럼 후학 교육에 몰두하고 있을 때 이회광의 이른바 종단을 팔고 조상을 바꾸는 '매종역조(賣宗易祖)'의 망동 사태가 1910년 가을에 일어났다. 이 소식을 들은 석전이 분연히 일어섰다. 석전은 구암사로 한용운을 부르고, 구암사 재적승 김종래(金鍾來) 등과 '매종역조' 사태에 대처하는 방안을 논의했다. 그리고 석전·만해·김종래 세 스님은 순천 선암사로 가서 강원 대교과 도반이었던 금봉병연(錦峰秉演, 1869~1916) 스님과 합세하였다. 또 그곳으로 역시 대교과 도반이자 화엄사 강원의 강사인 진응혜찬(震應慧燦, 1873~1941) 스님을 초청하였다.

석전·만해·금봉·진응·김종래 등은 '문자와 언설(言說)'로써 이회광의 매종 행위를 비판하였다. 그리고 1910년 음력 10월 5일

(양력 11. 6) 광주 증심사(證心寺)에서 규탄대회를 개최하고자 하였다. 그러나 그 대회는 참석자가 별로 없어서 성사되지 못하였다.

석전·만해 등이 이회광의 맹약을 비판한 논거는 한국불교는 선종(禪宗)으로 임제종 계통인데, 이회광이 연합 대상으로 한 일본 조동종은 선종이라도 계파가 다르기 때문에 안 된다는 것이었다. 하지만 이것은 명분으로 내세운 논리였고 그 본질은 이회광이 한국불교를 일본불교에 복속시키는 것에 대한 강한 저항과 민족의 주체성을 고수하려는 데에 있었다. 임제종 운동의 주역 중 한 사람이었던 석전 박한영은 훗날 그 운동에 대한 자신의 뜻을 다음과 같이 밝힌 바 있다.

> 이와 같은 맹약을 맺어서 조선의 불교를 전부 조동종에 부속케 하려고 하였소. 그러나 그때는 한국이 일본에 처음으로 합병되는 때라 조선 사람은 무슨 말을 할 수도 없을 만치 시세 형편이 흉흉하였지. 그러나 이와 같은 중대한 문제를 그대로 둘 수 없어서 지금 사십칠 인의 한 사람으로 서대문 감옥에 들어가 있는 한용운(1920년 당시 한용운은 3·1운동으로 감옥에 있었다.)과 나와 두 사람이 경상도와 전라도에 있는 각 사찰에 통문을 내어 반대 운동을 하는데 물론 우리의 주의는 역사적 생명을 가진 우리 불교를 일본에 부속케 하는 것이 좋지 못하여 그리하는 것이었으나 그때 형편으로는 도저히 그러한 사상을 발표할 수 없으므로 조선불교의 연원이 임제종에서 발(發)하였은즉 일본 조동종과 연합할 수 없

다는 취지로 반대하였소.[14]

이처럼 박한영이 『동아일보』의 지면에서 밝혔듯이 석전과 한용운, 두 사람이 경상도와 전라도에 있는 각 사찰에 통문을 보내어 이회광의 맹약 체결에 반대 운동을 하였다. 그 본뜻은 우리 불교를 일본에 부속케 하는 것을 반대하는 것이었지만 당시는 한일합병 초기여서 시세 형편상 그러한 항일 사상을 발표할 수 없어서 조선 불교의 연원이 임제종에 있으므로 일본 조동종과 연합할 수 없다는 취지로 반대 운동을 할 수밖에 없었다는 것이었다. 광주 증심사의 규탄대회가 성사되지 못하자 다시 다른 방안을 추진하였다.

1911년 1월 15일, 전라도 및 지리산 일대의 승려들이 참여한 순천 송광사 총회에서 임제종 임시 종무원을 송광사에 설치하였다. 그리고 임제종의 관장(管長: 종정을 뜻함)으로 선암사의 대강백 경운원기 대사를 선출하였다. 그러나 그가 연로하여 나올 수 없어 임시 대리로 한용운을 선정하였다. 또 광주부(光州府) 내에 임제종 포교당을 설치하기로 하였다.

석전·만해 등이 주도한 임제종 운동은 이회광의 매종 행위를 비판하는 것에 머무르지 않고 이회광이 주도하는 원종에 대응하는 종무원과 포교당의 조직을 추진하였다.

----

14 박한영, 「불교개종문제」, 『동아일보』, 1920. 6. 28.

송광사 총회 직후 박한영·장기림·진진응·김종래·도진호(都津鎬) 등 15명의 임제종 주도자들은 '임제종문'을 일층 확장하기 위하여 임시 총회를 1911년 2월 6일 광주 증심사에서 개최하였다. 이 임시 총회에서는 호남 여러 사찰의 '신숙제생(新塾諸生: 절에서 새로 만든 학교에서 공부 중인 여러 스님들)'들에게 신구(新舊)의 교학을 쇄신케 하는 것을 의무로 판단·가결케 하고 임제종을 알렸다.

임제종 운동을 주도한 세력은 임제종 종무원을 한국 불교의 중심 기관으로 만들고자 총독부에 인가 신청을 하였다. 이에 관해 당시 신문에서는 다음과 같이 보도하였다.

호남 승려 김학산(金學山) 등 15명의 임제종 주도자들은 '임제종문을 일층 확장하기 위한 임시총회를 1911년 2월 6일 광주 증심사에서 개최하였다. 이 임시 총회에서는 호남 여러 사찰의 신숙제생(新塾諸生: 절에서 새로 만든 학교에서 공부 중인 여러 스님들에게 신구(新舊)의 교학을 쇄신케 하는 것을 의무로 판단·가결케 하고 임제종을 알렸다.

임제종 운동을 주도한 세력은 임제종 종무원을 한국 불교의 중심 기관으로 만들고자 총독부에 인가 신청을 하였다. 호남 승려 김학산(金學傘)·장기림(張基林)·한용운 제씨 등이 임제종을 확장하기 위하야 영남 통도(通度)·범어(梵魚) 등 제찰(諸刹)에 전왕(前往)하야 통도사·해인사·송광사로 3본산을 정하고 범어사에 임시

종무원을 정하고 사법(寺法)과 승규(僧規)를 제정하야 총독부에
신청하랴 한다더라.[15]

이 기사에 의하면 1911년 10월경, 임제종 측에서는 통도사·해
인사·송광사를 3본산으로 정하고 범어사에 임시 종무원을 정하
였으며 사법과 승규를 제정하여 총독부에 신청하였다는 것이다.

임제종 운동은 영·호남의 큰 사찰을 기반으로 하여 조선 선종
이라는 종명으로 각 지역에 4곳의 포교당을 설치하였는데 이를
구체적으로 열거하면 다음과 같다.

조선 선종 임제종이 설립한 포교당[16]

① 조선 임제종 중앙포교당

소재지: 경성 중부 대사동(京城 中部 大寺洞) 26통(統) 8호(號)

설립기관: 범어사·통도사·백양사·대흥사·구암사·화엄사·
천은사·관음사·용흥사

설립일: 명치(明治) 45년(1912) 4월 10일

② 조선 선종 임제종 동래포교당

---

15 「조선불교 임제종 확장」, 『매일신보』, 1911. 10. 3.
16 「교구 현상 일람표」, 『조선불교월보』 제19호, 1913. 8. 25, 69~71쪽.

소재지: 경남 동래군 내 법륜사(法輪寺)

설립자: 범어사 대표

설립일: 명치 44년(1911) 9월

③ 조선 선종 임제종 경북포교당

소재지: 경북 대구부 덕산정(大邱府 德山町)

설립자: 범어사·은해사 대표

설립일: 명치 45년(1912) 5월 5일

④ 조선 선종 임제종 호남포교당

소재지: 전북 전주군 청수정(全州郡 靑水町)

설립자: 백양사·구암사 대표

설립일: 대정(大正) 원년(1912) 8월 20일

조선 선종 임제종 중앙포교당은 범어사가 주축이 되어 1912년 3월경부터 건립이 추진되었다. 이 포교당의 주무를 맡은 한용운은 한때 중동 학교를 임시포교소로 활용하는 등 노력을 쏟아 중앙포교당은 1912년 5월 26일에 개교하였다. 당시 이 포교당의 개교식은 매우 성황을 이루었는데『매일신보』에서는 다음과 같이 보도하였다.

이미 기재한 바와 같이 재작일(1912. 5. 26) 오후 3시부터 중부 사동에 있난 조선 임제종 중앙포교당에서 성대한 개교식을 설행하였난대 한용운 화상의 취지 설명, 백용성(白龍城) 화상의 교리 설명, 신사 정운복(鄭雲復)·이능화(李能和) 양씨의 연설, 호동학교 생도 일동의 창가, 음악대의 주악 등이 있었고, 당일에 입교한 남녀가 팔백 명에 달하얏으며 구경꾼이 일천 삼백 명이 되야 공전절후(空前絶後)의 성황을 일우었다더라.[17]

이 기사를 보면 임제종 중앙포교당의 개교식에는 당일 입교자가 8백 명에 달하고 구경꾼 1,300여 명이 몰려올 정도로 유례없는 대성황을 이루었다. 설립에는 9개 사찰이 참여하였는데 구암사 주지 박한영·진진응이 강주로 있는 화엄사 그리고 오성월이 주지로 있는 범어사가 가장 많은 재정 부담을 하였다. 석전 박한영은 임제종이 설립한 네 곳의 포교당 중 경성과 전주 두 곳의 설립에 참여하였다.

조선 총독부에서는 한일병합 2년째인 1911년 6월 3일 '사찰령(寺刹令)'을 이어서 7월 8일엔 '사찰령 시행규칙'을 반포하고 그해 9월 1일부터 사찰령을 시행하였다.

일제의 식민 통치자는 반일 성향의 조선 선종 임제종은 물론이고 친일 종단인 원종도 인정하지 않았다. 총독부가 사찰령을 반포·시행한 것은 조선불교를 일제측이 만든 '조선 선교 양종'이라

---

17 「포교당의 성황」, 『매일신보』, 1912. 5. 28.

는 단일 종단으로 묶어서 그들의 식민지 통치에 조선 불교계를 용이하게 조정·관리·활용하기 위해서였다.

사찰령 시행규칙 제2조에서는 조선불교 30본사(후에 31본사)의 주지는 총독이, 그 외 말사 주지는 각 도의 도지사가 인가·임명토록 하였고 모든 사찰의 재정도 총독부의 검열과 허가를 받게하였다. 이로써 조선 전국 사찰의 인사권과 재정을 일제측이 장악하여 조선 승려와 사찰은 일제의 식민통치에 완전히 예속될 수밖에 없는 처지에 내몰렸다. 뿐만 아니라 조선 사찰의 불교의례에는 일본의 주요 경축일과 천황 관련 제사를 대부분 포함시켜 봉행하도록 하였다.

제70조에는 '천황폐하 성수만세(天皇陛下聖壽萬歲)의 존패(存牌)를 본존불 앞에 봉안하여 매일 축찬(祝讚)'하라고 규정하였다. 이 규정에 의하면 조선 스님들은 매일 예불할 때마다 본존불 앞에 봉안한 '천황폐하 성수만세'라고 쓰여 있는 존패를 향하여 일본 천황이 무병장수하여 만 년 동안 살아 있으라고 축원해야 한다는 것이다. 이에 대해 일본 불교학자 가마타 시게오(鎌田茂雄)는 그가 쓴 『한국불교사』라는 책에서 '이러한 일은 한국 불교가 허용할 수 없는 폭력'이라고 서술하였다.[18]

일본 학자가 지적했듯이 사찰령의 횡포는 일제의 35년 식민통치 기간 내내 조선불교를 억압하였다. 일제는 사찰령을 앞세워 조

---

18 가마타 시게오 지음, 신현숙 번역, 『한국불교사』, 민족사, 1988, 224쪽.

선불교계의 황민화(皇民化)·일본화(日本化)를 위해 광분하였다.[19]

　일제는 사찰령을 빌미로 1912년 6월 21일, 원종과 임제종의 간판을 철거하였다. 이로써 이회광이 주도한 친일 종단 원종은 물론이고 이회광의 매종역조의 망동으로 촉발된 조선불교 선종 임제종 역시 종말을 고하였다.

19　임혜봉,『친일불교론』上 민족사, 1993, 81쪽.

불교계의 각성과 개혁을 위한 언론 활동

　박한영은 1912년 2월 7일, 구암사·내장사·연대암(蓮臺庵: 순창군 팔덕면) 등 무려 4개 사찰의 겸무(兼務) 주지로 발령을 받았다.

　석전 박한영은 구암사에서 설유 대사에게 염향사법하고 그 강석을 물려받은 강사로서 구암사 문중스님이므로 그가 구암사 인근의 내장사·연대암·만일사의 주지까지 겸하였다.

　일제강점기에 한 승려가 4개 사찰의 주지를 겸하는 일은 흔치 않았다. 그런데 석전 박한영이 4개 사찰의 주지가 되었다는 것은 그가 지율엄정(持律嚴正: 계율을 엄격하고 바르게 지킴)하고 강학에 뛰어나며 불교계의 높은 신망 등이 복합적으로 작용했기에 가능한 일이었다.

　임제종 간판이 철거된 지 한 달 후인 1912년 7월 22일, 조선선교양종 본산주지회의원의 원장 이회광이 박한영 스님을 동대문 밖에 있는 주지회의원으로 초청하였다.

고등불교강숙 강사

이회광은 석전에게 "과거사는 선천(先天)에 병부(竝附)하고 지금부터는 우리 불교의 미래를 위하여 함께 나아가자."라고 하였다. 이어 이회광은 금년(1972) 가을부터 주지회의원 안에 고등불교전문강원을 설립할 예정이니 석전에게 강사가 되어 달라고 요청하였다. 석전은 쾌히 승낙하였다.[20]

이로써 석전은 이회광의 매종적 망동으로 빚어진 공적인 갈등을 해소하고 후학 교육에 함께 노력하기로 흔쾌히 결정하였다. 석전은 1912년 11월 중순부터 본산주지회의원 내에 설치된 고등불교강숙의 강사가 되어 학인들을 지도하기 시작하였다.

석전은 학인들을 가르치는 틈틈이 불교계의 개혁과 유신을 위한 글을 집필하였다. 그가 써서 발표한 최초의 논설이 「교이불권(敎而不倦) 물역구화(物亦俱化)」[21]이다. 이 제목을 번역하면 "가르침에 게으르지 않아야 하고 가르칠 도구도 갖추어야 한다."라는 것인데 내용은 '교육중시론'에 관한 글이다. 석전이 살고 있던 시대, 일제강점기 조선 불교계의 현황을 박한영은 어떻게 진단하고 있었을까?

....
20 박한영 스님 환심(歡心), 『조선불교월보』 제7호, 1912. 8. 25, 65쪽.
21 박한영, 「교이불권(敎而不倦) 물역구화(物亦俱化)」, 『조선불교월보』, 제8호, 1912. 9. 25, 1~2쪽.

일제강점기 조선 불교계의 실상

석전은 「조선 불교의 정신 문제」라는 제목의 글에서 당시 조선 불교계의 실상을 다음과 같이 신랄하게 지적하였다.

현금(現今)의 우리 법려(法侶: 스님)가 숫자로는 7~8천 명이라고는 하나 개인과 공동을 불문하고 조선 불교의 정신을 보수(保守)와 진전(進展)하느냐 하면(보수와 진전으로 보더라도) 밀아자(蜜啞者: 꿀 먹은 벙어리)가 과반이요, 몽염자(夢魘者: 꿈속에서 잠꼬대 하는 자)도 불무(不無: 없지 않음)하리라. 형명(形名: 모양과 이름)만 법려라 칭하니 무익(無益)에 부지(不止)하고[이익 되지 않음에 그치지 않고] 위해(危害: 위험하고 해가 됨)가 수심(殊甚: 특히 심함)한 까닭에……우리 법려의 현상을 명안인(名眼人: 눈 밝은 사람)이 진찰하면 정신 실신 자와 정신 마비자가 수다(數多: 숫자가 많음)하므로 근본적인 불교 정신 문제까지 격화소양(隔靴搔癢: 발 가려운 것을 구두 위에서 긁는 것)하기 이이(易易: 쉽고 쉬움)할 것이다.[22]

석전이 이 글에서 밝힌 당시 조선 승려에 대한 그 실상에 관한 진단은 매우 충격적이다. 그가 말하길, 일제강점기 조선 승려의 숫자가 7~8천 명인데 꿀 먹은 벙어리처럼 설법 한 마디 못하는

---

22 석전 박한영, 「조선불교의 정신문제」, 『일광(一光)』 제5호, 1935. 1. 20, 2~3쪽.

스님이 반이 넘고 설령 설법을 하더라도 그 내용이 꿈속에서 잠꼬대 하는 것 같은 자도 없지 않다고 하였다. 그래서 모양과 이름만 승려라 칭하고 있으니 그런 유는 보탬이 되지 않는 것에 그치지 않고 오히려 위험하고 해가 되는 일이 특히 많다고 하였다. 그러므로 당시 조선 승려의 현상을 눈 밝은 사람이 진찰하면 정신을 잃은 자[정신 실신자]와 정신이 마비된 자의 숫자가 많다고 하였다. 이런 근본적인 불교 정신 문제에 관하여 발 가려운 것을 구두 위에서 긁는 것 같은 요설(樂說: 쓸데없는 말)을 곁에 있는 사람이 쉽사리 늘어놓아야 아무 소용이 없다고 하였다.

석전이 이 신랄한 글을 쓴 것은 중앙불교전문학교 교장으로 재직한 지 25년이나 경과한 시점이었음에도 조선 불교계의 실상이 이러했으니, 석전이 경성에서 고등불교강숙의 강사를 하고 있던 1910년대 전반기에는 그 여건이 훨씬 더 열악했을 것이다. 석전이 조선 불교계 승려들의 수준이 매우 심각한 상태라고 진단하고 스님들의 시대적 대오각성(大悟覺醒: 크게 느껴 정신을 가다듬음)을 촉구하기 위해 집필·발표한 글이 「불교 강사와 정문금침(頂門金針)」이다.[23]

제목에서 말하는 '불교 강사'는 단지 강원에서 가르치는 강사만을 가리키는 것이 아니라 당시 교단 지도층 스님들을 두루 지칭하는 것으로 보인다. 석전은 이 글에서 교단 지도자급 승려들의

---

23 박한영, 「불교강사와 정문금침(頂門金針)」, 『조선불교월보』 제9호, 1912. 10. 25,
    1~7쪽.

병폐를 ①공고(貢高) ②나산(懶散) ③위아(爲我) ④간린(慳吝) ⑤장졸(藏拙) 등 다섯 가지로 나누어 살펴보았고, 이에서 벗어나는 방안을 제시하였다.

불교 병폐 해결 다섯 가지 방안

첫째, 공고(貢高)를 버리고 허심박학(虛心博學)해야 한다. 공고란 『화엄경』에서 교만하고 스스로 잘난 체하며 아첨하는 마음은 참되지 못하다. 즉 '아만자공고 첨곡심부실(我慢者貢高 諂曲心不實)'이라고 한 것과 같은 뜻으로 이 같은 증증상상(增增上上)에 불교 지도층이 거의 모두가 젖어 있다고 지적하였다.

석전은 저들이 부처님 말씀을 조금 흉내 낼 줄은 알지만 지혜가 얕고 견문이 고루하여 식견은 고작 소학교 3~4학년 급에 불과하고 지식은 십실촌당(十室村堂: 열 자밖에 안 되는 작은 시골 서당)의 동홍 선생(冬烘先生: 세정에 어두운 촌 서당 훈장)에 견줄 정도니 이래서야 어찌 종교인으로서 지도적 역할을 감당할 수 있겠느냐면서 통탄하였다. 그러므로 이런 공고한 자들에게는 정수리에 금침 한 대를 놓아 고쳐야 하는데 그건 바로 '허심박학(虛心博學)'이라 하였다. '허심박학'이란 불교 승려들이 스님답게 마음을 비우되 박학해야 한다는 말이다. 승려는 자신부터 허심박학한 지식과 지혜를 넓혀 세상 중생들을 지도할 수 있는 역량을 갖추어야 한다는 것이다.

석전이 이 글에서 사용한 '정문금침'에서 정문은 사람의 정수리를 가리키고 금침은 글자 그대로 금으로 만든 침(針)을 뜻한다. 그러므로 '정문금침'이란 정수리에 금침을 놓는다는 의미인데, 이는 '남의 잘못을 똑바로 찌른 따끔한 비판이나 지적'을 이르는 말이다.

"공고를 버리고 허심박학해야 한다."라는 대목을 다시 풀이하면 '공고'란 병폐를 지닌 자에게는 '허심박학'이라는 금침을 정수리에 놓아 고쳐야 한다는 의미이다.

둘째, 나산(懶散)을 버리고 용맹 정진해야 한다. '나산'이란 게으른 타성이 몸에 배어 산속에서 편히 머물기만 좋아할 뿐, 근로와 활동을 일종의 이단적 행위로 간주하는 것을 말한다. 석전은 이와 같이 된 원인을 "일 없이 우두커니 앉아 있어도 봄이 되면 풀들은 저절로 푸르더라[元然無事生 春來草自靑]." 하는 글이나 "내 마음 느긋함이 저 흰 구름과 같으니 산에서 내려갈 생각이 도무지 없네." 따위의 구절을 잘못 해석한 데서 온다고 보았다.

석전은 "부처님이나 조사(祖師: 한 종파를 세우고 그 종지를 열어서 주창한 스님에 대한 존칭)들이 말세 도제(徒弟: 승려)를 산속의 무용지물(無用之物)로 만들고자 꾀했겠는가?" 하고 반문하면서 설령 부처나 조사가 되기는 어렵다 하더라도 게으르게 취생몽사(醉生夢死: 취하여 꿈속에서 살다가 죽어간다는 뜻으로 아무 하는 일 없이 일평생을 흐리멍덩하게 살다 죽음)하지 말고 적극적으로 용감하게 수행하고 활동할 것을 독려하였다.

석전은 게으른 습관이 몸에 밴 '나산(懶散)'자들에게 정문금침 한 대를 놓아 고쳐야 하는데 그게 바로 '용맹정근(勇猛精勤)'이라 하였다. 이는 게으르게 무위도식(無爲徒食)하는 승려들을 따끔하게 꾸짖는 말이다.

셋째, 위아(爲我)를 버리고 망아이생(忘我利生)해야 한다. '위아(爲我)'라 함은 독선과 자기 자신의 이기주의만을 꾀하고 공동체 의식이 모자란 자들을 일컫는 말이다. 저들이 '천상천하 유아독존(天上天下唯我獨尊: 이 우주 가운데 나보다 더 존귀한 존재는 없다는 말인데, 이는 인간의 성품이 우주 가운데 가장 존엄하다는 뜻이다)'이라는 세존의 말을 잘못 풀이하고 대관절 진실한 그 가풍을 본받을 심산이라도 갖고 있는지 의아하다고 하였다. 저들은 이기심만 가득하고 그 실천하는 바는 실로 소승(小乘)에도 못 미치고 있다고 석전은 통렬하게 공박(攻駁)하였다.

또 저들은 오히려 은둔하지 않음을 한탄하는가 하면 더러는 산에서 내려와 중생을 제도한다며 의기양양하지만 취지와는 달리 오직 배부르고 등 따뜻한 것에만 신경을 쓴다고 하였다. 그런 가운데 자신에게 해가 되지 않는 한도 내에서 시류에 편승하다가도 계산이 바뀌어 작은 손해라도 나면 상산사(常山蛇: 성질이 극렬하고 독한 뱀)와도 같이 돌변하기 일쑤라고 하였다. 그러나 이들이 이기주의를 버리고 망아이생(忘我利生: 자신을 잊고 중생을 위해 헌신함)으로 승려 본연의 사명을 다해 줄 것을 석전은 간곡히 당부하고 있다.

넷째, 간린(慳吝)을 버리고 희사원통(喜捨圓通)해야 한다. '간린' 이란 이른바 재산이나 늘리고 육신을 살찌우는 데만 급급한 욕심 많은 부류를 지칭한 것이다.

저 간린한 자들의 구두선(口頭禪: 입으로만 선을 참구하는 것을 가 리키는데 말만 그럴듯할 뿐 실제 행동이 뒤따르지 않는 헛된 말이라는 뜻)은 종횡무진하고 미끈하기 이를 데 없으나 그 뱃속의 인색함이란 문 수보살조차도 고개를 내저을 정도여서 시비(是非)나 공사(公私)를 모두 자신의 유불리(有不利) 계산을 앞세운 편견으로만 따진다고 하였다. 따라서 이들의 정수리에 놓아 줄 한 방 금침이 바로 '희사 원통'이라고 하였다. 희사원통은 원만하게 기쁜 마음으로 재물을 내어 놓는 것을 뜻한다.

다섯째, 장졸(藏拙)을 버리고 호문광익(好問廣益)해야 한다. '장 졸'이란 자신의 행위와 지식의 알량함에 조금은 염치를 느끼는 사 람들이 그 부족함을 감추는 것을 말한다. 저들은 자신의 위치가 사범(師範: 행동과 학덕이 남의 스승이 될 만한 모범, 본보기 또는 남을 가 르치고 지도하는 사람)의 위치임은 인식하나 그 지식과 안목이 너무 박약한지라 잘못하다간 은연중에 밑천이 드러날까 우려해 차라 리 깊이 은거하면서 도인 행세나 하려 한다고 석전은 통박하였다.

석전이 지적하길, '장졸'은 얼핏 덕과 겸손으로 여겨질는지 모 르겠으나 그 실상은 배움의 걸음이 짧고 도의 싹[道芽]이 얕다는 것이다. 따라서 이들은 자기의 부족함을 채우고 학문과 문장에도 조예를 갖추어 지도자 또는 수행자로서의 역량을 잘 다져 나가기를 권하였다. 그래서 '장졸'하는 자의 정수리에는 '호문광익(好問廣益)'이라는 금침을 놓아야 한다고 했다. '호문광익'이란 모르는 것을 묻고 배워서 지식과 지혜를 널리 익혀 중생들에게 도움을 줄 수 있어야 한다는 것이다.

석전의 「불교 강사와 정문금침」은 산중에 안주하여 무사안일에 빠진 고루한 스님들의 대오각성을 강력하게 촉구한 글이다. 석전이 발표한 100여 편의 논설 중 가장 유명하고 오랫동안 사람들 사이에 널리 읽힌 글이다. 이는 당시 조선 승려의 병폐를 가감 없이 예리하게 지적하였고 또 신랄한 필치로 과감하게 승단 내부의 정신적 타락과 허물을 드러냈을 뿐 아니라 그 치유 방안도 간명하게 제시하였기 때문이다.

석전은 세수 43세 때인 1912년 가을, 앞에서 언급한 두 편의 논설을 교계 잡지에 집필·발표하는 것을 시작으로 하여 1914년 6월까지 불교계의 각성과 개혁을 촉구하는 활발한 언론 활동을 전개하였다. 그는 『조선불교월보』(1912. 2~1913. 8, 통권 19호)에만 논설 11편, 역술(譯述: 번역과 서술) 13편, 한시 9편 등 모두 33편의 글을 발표하였다.

석전은 1912년 초겨울, 첫눈이 내리자 서예의 스승 조주승의 아들이자 친구인 조기석(趙沂錫)에게 「첫눈 내린 창가에서 심농 조기석에게 주다[初雪晴窓贈心農趙沂錫]」라는 한시 칠언절구 한 수를 지어 보냈다. 조기석은 석전이 써서 보내준 시를 보고 몹시 기뻐하면서 즉시 「영호 상인에게 받들어 화답하다[奉和映湖上人]」라는

시를 지어 화답하였다.[24]

중국 철학서 『인학절본』 연재

  석전이 44세 때인 1913년에 쓴 글 가운데 불교 관련 역술(譯述)
로 주목되는 것이 담사동(譚嗣同)의 철학서 『인학(仁學)』을 번역해
한글로 현토한 『인학절본(仁學節本)』이다. 석전의 『인학절본』은 『조
선불교월보』 1913년 1월호부터 이 잡지가 폐간되는 그해 8월호까
지 8회에 걸쳐 번역 연재되었다.

  『인학』은 청나라 말기의 사상가 담사동(1865~1898)이 1896년에
지은 저술이다. 『인학』의 내용은 담사동이 서양에서 도입한 물리
학의 '이태(以太: 에테르ether)'의 개념을 빌려 '인(仁)'을 해석한 것이
다. 곧 '인'은 천지만물의 근원이며 그것은 불교에서 말하는 '유심
(唯心)'과 '유식(唯識)'에 다름 아니라는 것이다. 아울러 '인'과 '통'의
관점에서 불인(不仁)·불통(不通)한 것은 제거해야 한다고 보았다.
유심과 유식이라는 용어에서 알 수 있듯이 『인학』에는 불교사상
이 깊이 녹아 들어 있다. 담사동이 『인학』을 저술한 목적은 자본주
의에 바탕을 둔 서양 문명의 우수성을 인정하면서도 중국의 전통
적인 사상으로 중국이 당면한 현실을 개혁해 보려는 의지에서였

----

24 석전과 조기석이 주고받은 시는 『조선불교월보』 제11호(1912. 12) '사조(詞藻)'란
    에 수록되어 있다.

다. 석전이『인학』에 관심을 가지게 된 이유는 그것이 불교사상을 활용한 근대적 결과물이라는 점 때문이었다. 서세동점의 시대적 상황에서 담사동이 중국의 미래를 건설할 대안 사상으로 불교를 지목하고, 거기에서 희망을 본 점에 석전이 공감해『인학』을 번역해 소개하였던 것으로 추론된다.

석전은 1913년에 선(禪)에 관한 두 편의 글도 발표하였다. 선수행의 핵심을 간략하게 소개한 「선학요령(禪學要領)」과 중국 선승 대매법상(大梅法常, 752~839)의 선 일화인 「매실이 익었구나[梅子熟也]」[25]라는 제목의 글이었다. 같은 해에 석전은 각황사[覺皇寺: 경성 북부 전동(磚洞)]의 열반재일(1913. 3. 22)에 설법을 하였다.

만해 한용운이 1913년 5월『조선불교유신론』을 출간하였다. 석전은 만해가 저술한 이 책의 표지 제목 글씨를 붓글씨로 써 주고 또 '석전산인 첨(石顚山人籤)'이라는 문구도 써 주었다. 어떤 이는 석전이 써준 '첨(籤)'이라는 글자의 의미를 그 책의 출간을 환영 동의한 것이라고 해석하였다. 그런데 원래 '첨'이라는 한자는 '찢어 붙이다, 점치는 막대, 서(書), 증험하다' 등의 뜻을 가지고 있다. 이런 점을 감안하면 '석전산인 첨'은 석전이 단순히 책의 출간을 축하한다는 의미로 써 준 것이라 생각된다.

그런데 석전이 만해의『조선불교유신론』에 표지 제목을 써 주긴 했지만 그 책에서 만해가 주장하는 모든 사항에 동의한 것은

---

25 박한영, 「선학요령(禪學要領)」, 『조선불교월보』 12호, 1913. 1. 24, 24~29쪽.
  박한영, 「매자숙야」, 『조선불교월보』 16호, 1913. 5. 20, 20~22쪽.

아니었다. 『조선불교유신론』은 제14장 '불교의 앞날과 승려의 결혼과의 관계' 항에서 '승려취처론'을 주장하여 당시 불교계에 큰 파문을 일으켰다.

석전은 지율엄정(持律嚴正)한 계율주의자였고, 만해는 1910년 중추원 의중 김윤식(金允植)과 통감 데라우치 마사다케(寺內正毅)에게 승려의 취처를 허락해 달라는 청원을 하였으며 『조선불교유신론』에서는 스님도 결혼해야 한다는 주장을 한 취처론자였다. 석전은 승려 취처론에 반대하였다.

석전은 『시대일보』 1926년 6월 20일자에 「승려 육식 취처론에 대하여」라는 글을 발표하였다. 그리고 그는 이 글에서 당시 불교계 일각에서 제기하는 승려의 육식과 취처론에 대해, 이는 총독부의 잘못된 정책에서 시작되었고, 이를 조선 불교계 전체 문제로 인식하는 것은 잘못되었다고 논하였다.

석전과 만해는 불교 개혁과 유신, 그리고 민족 불교로서의 주체성 확립에는 뜻을 같이 했으나 계율, 특히 승려 취처 문제는 완전히 상반된 생각과 행보를 보였다.

'승려 취처론'과 관련된 유명한 일화가 있다. 계행 청정한 동정 비구였던 석전은 만해의 승려 취처 주장에 대해 불같이 노하여 만해에게 "지옥이라는 곳이 있다면 너 같은 놈이 들어가야 할 곳이다. '승려 가취론' 때문에 조선 중 다 망쳐놓은 놈이니……"라고 호통을 쳤다. 그러자 만해는 "제가 뭐 조선 불교 망쳐 놓고 싶어 그랬습니까, 세상은 달라지는데 불교는 조금도 달라지는 게 없으니 그런 거죠."라고 우물쭈물 대답하였다.

　석전은 1913년 6월 9일 양주 봉선사의 초청을 받았다. 봉선사는 양주군 진접면 부평리 운악산에 있었는데 일제의 사찰령에 의해 30본사의 하나로 지정된 사찰이었다. 주지 홍월초(洪月初)는 봉선사본말사법(奉先寺本末寺法)을 신청하여 1913년 4월 28일자로 총독부의 인가를 받았다. 홍월초는 본말사법이 인가되자 이 법을 말사 주지와 대중에게 설명하고 6월 9일 강연회를 개최하였다. 이 봉선사의 사법강연회에 고등불교강숙의 강사로 재직 중인 석전이 원종의 학무부장을 역임한 김보륜(金寶輪) 스님과 함께 초청되어 그 행사에 참석하였다.[26]

전등사 김지순 추도식 참석

　1913년 6월 19일, 조선선교양종 30본산주지회의소에서 강화도 전등사 주지 김지순(金之淳) 스님의 추도회가 개최되었다. 김지순은 전등사 주지로 재직 중인 그해 5월 8일 장단군 화장사(華藏寺)에서 입적하였다. 김지순 스님의 추도회는 30본산주지회의소 소장인 이회광이 주관하여, 경기도에 있는 3본산(봉은사·용주사·봉선사) 주지스님(나청호·강대련·홍월초)과 황해주 황주(黃州) 성불사(成

26 「봉선사 강연」, 『조선불교월보』 17호, 1913. 6, 74쪽.

佛寺) 주지 김포응(金抱應) 스님, 30본산주지회의소·각황사·조선 불교월보사의 소임스님과 직원, 그리고 많은 신도가 참석하였다. 김보윤 스님이 추도회를 개최한 사유를 설명하고, 석전 박한영이 김지순의 약력을 소개하였다.[27]

김지순(?~1913)은 1908년 3월 원종이 설립될 때 학무부장에 선출되었고, 1910년 원종의 기관지 『원종』(통권2호)의 발행인을 맡았다. 사찰령이 시행되자 30본산의 하나인 강화도 전등사의 주지로, 1911년 12월 2일 총독부의 인가를 받았다.

김지순은 1912년 1월 6일, 다른 본사 주지 5명, 즉 통도사 주지 김구하, 해인사 주지 이회광, 법주사 주지 서진하, 용주사 주지 강대련, 석왕사 주지 김윤하 등과 함께 총독 관저를 방문하였다. 이들은 메이지[明治] 천황의 사진을 배알하고 데라우치 총독, 야마가타(山縣) 정무총감, 우사미 가츠오(宇佐勝夫) 내무장관의 훈시를 듣고, 차 대접을 받았다.

김지순은 전등사본말사법이 인가되자(1912. 9. 2) 「성은(聖恩)으로 사법(寺法) 인가」라는 글을 발표하였다.[28] 김지순은 이 글에서 일제가 사찰령을 시행한 것은 도탄에 빠진 조선 민족을 진흥하기 위한 일본 왕 메이지의 조처이고, 사법 인가는 데라우치 총독이 메이지의 뜻을 받들어 조선 불교를 육성하기 위한 방책이라고 극

27 「전등사 주지 추도회」, 『조선불교월보』18호, 1913. 7, 69쪽.
28 김지순, 「성은(聖恩)으로 사법(寺法) 인가」, 『조선불교월보』제10호, 1912. 11. 25, 2~4쪽.

구 찬양하였다.

김지순은 문장력과 활동력을 갖춘 엘리트 승려이긴 했으나 총독 관저에서 일왕 메이지의 사진에 절을 하는 등의 친일 아부를 하였으며 위의 글에서 볼 수 있듯이 친일 성향이 농후한 승려였다.

고등불교강숙 1회 졸업생 8명 배출

1913년 8월에 석전이 강주로 재직 중인 고등불교강숙에서 8명의 졸업생을 배출했는데 당시 불교 언론에서는 이렇게 보도했다.

> 사집과 전부(前部) 졸업생 김상엽·양창종·최대현, 대교과 화엄현담반(華嚴玄談班) 수업생 김철우, 사교과 중 능엄경 수업생 오혁년·김종열·이동석, 사집과 중 도서(都序)반 수업생 이영조 등 8명을 배출하였다.[29]

이 기사에 의하면 고등불교강숙의 유일한 강사였던 석전은 강원의 사집과·사교과·대교과 과정을 혼자서 모두 가르쳤던 것임을 알 수 있다.

---

29 「전문과 졸업상황」,『조선불교월보』제19호, 1913. 8. 25, 73쪽.

석전 『해동불보』 발행

석전은 1913년 10월, 『조선불교월보』를 인수하여 『해동불보』로 제호를 바꾸어 편집인 겸 발행인으로 1913년 11월 20일에 제1호를 발간하고, 1914년 6월 20일까지 통권 8호를 발행하였다. 제호의 '해동(海東)'은 우리나라를 지칭하는 어휘이고 '불보(佛報)'는 불교 잡지라는 뜻이기 때문에 『해동불보』는 단어만 바꾸었지 조선 불교의 잡지라는 의미는 변하지 않은 셈이다.

석전의 불교 언론에 대한 인식은 「해동불보 서언(序言)」을 통해서 엿볼 수 있다. 그가 『해동불보』를 발행하는 것은 우리나라 불교의 쇠퇴를 걱정하여 전 세계에 조선 불교를 떨치고자 하는 데 그 목적이 있다고 하였다. 이어서 설명하기를, 불교의 융성과 쇠퇴는 하늘과 땅을 포괄하는 우주와 고금에 두루한 대법운수(大法運數)와 관련되는 것이라고 하였다.

그런데 그 운수라는 것이 우주 간에서 가장 공평무사한 것이어서 바퀴가 굴러 가듯이 천명을 따르는 것이므로 어느 곳 어느 때든지 관련되지 않은 곳과 때가 없다고 했다. 따라서 『해동불보』의 발행은 이러한 운수를 굴리는 것과 같기 때문에 해동불교, 즉 우리나라 불교의 겁운(劫運)을 회생시키는 일이라 하였다. 이처럼 석전은 쇠퇴한 한국 불교의 진작과 부흥이라는 목표를 분명히 하여 잡지 간행에 총력을 기울였고 그 자신 또한 왕성한 집필력을 보였다.

석전은 이 잡지에서 '영호생(映湖生)·박한영·구산사문(龜山沙門)·석전사문(石顚沙門)' 등 네 가지 필명으로 한 호에 4~5편씩 글을 집필하여 실었다. 『해동불보』에 필자 이름이 밝혀져 있는 것은 발행인인 석전과 몇 사람뿐이다. 대개는 호(號) 또는 필명으로 되어 있어 그 당시에야 발행인이었던 석전과 편집 실무를 맡았던 사람은 누가 쓴 글인지 알고 있었겠지만 후대의 사람은 알기가 어렵다.

『해동불보』에 글을 게재한 필자 중 '조계사문·예운산인'이라는 아호를 쓴 사람은 『해동불보』의 편집 실무를 맡았던 선암사 승려 최예운(崔猊雲)이다. 계명실주인(啓明室主人)은 유점사 주인 김금택(金錦澤) 스님이고, 그 외 '추당국인(秋堂菊人), 찬국지인(餐菊志

석전이 1913년 발행한 불교 잡지, 『해동불보』
동국사 소장

人'은 누구의 필명인지 알 수 없다.

석전은『해동불보』제1호(1913. 11. 20)부터 통권 8호(1914. 6. 20)로 폐간되는 1914년 6월까지 8개월 동안 무려 35편의 글을 써서 『해동불보』에 게재하였다. 석전이 쓴 35편의 글은 논설 19편, 역술 3편, 한시 9편, 수필 2편, 서문 1편, 서신 1편 등이었다.

석전이『조선불교월보』와『해동불보』에 발표한 논설류는 당시 조선 불교계의 폐습을 개혁하고 구시대적인 불교인의 바람직하지 못한 행태를 고발하여 근대적인 자각을 촉구하는 글들이었다. 또 불교의 현대적 의의, 도제 양성, 교육, 포교 등을 주제로 쓴 논설과 수상·수필 등도 모두 조선 불교의 진작을 위해서 쓴 글들이다.

석전은『해동불교』간행과 고등불교강숙의 학인들을 지도하는 바쁜 일정 속에서도 시동인지『해동집』제1호(해동문예사, 1914)의 '애국설(愛菊說)' 난에 국화를 예찬한 글을 발표하기도 하였다.

석전이 불교인들의 자각을 촉구한 글 가운데는「불교의 흥폐소이(興廢所以)를 심구(深究)할 금일」[30]이라는 논설이 있다. 이 제목을 알기 쉽게 번역하면 '불교가 흥하고 망하는 이유를 깊이 탐구해야 될 오늘'이라는 의미일 것이다.

석전은 이 글에서 우리나라 불교를 시대별로 구분 지었다. 즉 삼국시대는 '배태(胚胎) 시대', 나려(羅麗: 통일 신라와 고려시대)시대는 '장성(壯盛: 건강하고 왕성함)시대', 조선은 '노후(老朽: 늙거나 낡음)

---

30 『해동불보』제4호, 1914. 2, 3~5쪽.

시대'였다면 오늘날은 '부활의 시대'임을 강조하였다. 그러므로 불교가 남긴 아름답지 못한 유산은 과감하게 씻어내고 미래 불교의 새로운 씨앗을 뿌리고 가꾸자고 역설하였다.

석전이 특히 젊은 스님들을 제대로 가르쳐 길러낼 것을 강조한 것이 「교양도제(敎養徒弟)는 소륭삼보(紹隆三寶)」이다.[31] 이 글은 제목에서 밝혔듯이 '도제(徒弟: 젊은 스님)'를 가르치고 양성하는 것이 삼보(三寶)를 융성하는 첩경이라고 하였다.

석전은 1914년 당시 조선 불교계는 마치 깊은 산골짜기에 다 쓰러져 가는 초가집과 같으며 시기적으로는 청황미첩(靑黃未接: 곡식을 접하지 못함)의 보릿고개와 같다고 하면서 불교계 청년은 사회의 일반 청년보다 그 귀명처(歸命處)가 사뭇 다르고 그 사명 또한 지대하므로 부디 부처님의 대업(大業)을 완수하며 미래의 바다에 무저선(無低船: 바닥이 없는 배, 즉 무한하게 커다란 배)을 띄워 달라고 간절히 당부하였다.

석전은 「장차 어떻게 포교하는 것이 중생들에게 도움이 될 것인가[將何以布敎 利生乎아]?」[32]라는 논설에서 포교의 기본 과제를 네 가지로 제시하였다.

---

31 『해동불보』 제1호, 1913. 11, 8~10쪽.
32 『해동불보』 제2호, 1913. 12, 2~4쪽.

석전의 4가지 포교 방법론

첫째, 청년 도제를 우선으로 가르치고 양성하되 진정한 교과로 명변지박학지(明辯之博學之: 밝게 분별하여 박학하게 함)하여 장래에 세계적 포교자를 기를 것.

둘째, 교단의 강의 교재를 쉽고 간결하게 묶어 대승 교리를 점차 펼치게 할 것.

셋째, 포교인의 자격은 비(悲: 대비심) · 지(智: 지혜) · 원(願: 서원)의 삼심(三心)이 정립불퇴(鼎立不退: 세 개의 솥발처럼 서서 물러나지 않음)토록 하며 소아(小我)를 버리고 교체(敎體)로 자신을 구화할 것.

넷째, 포교인의 신어의업(身語意業: 몸가짐 · 말 · 뜻 · 행동)이 전아(典雅)하여 속되지 아니하며 당동벌이(黨同伐異: 옳고 그름을 가리지 않고 같은 동아리끼리는 한 패가 되고 그렇지 않은 사람은 배척함)하는 야견(野見: 야비한 견해)을 버리고 경개(耿介: 빛나고 큼)한 학술로 화기접인(和氣接人: 화합한 기운으로 사람을 대함)할 것.

석전은 이렇듯 중생의 복리를 실현하기 위해서는 이와 같은 포교의 기본 과제를 잘 지켜 실천할 것을 설파하였다.

불교의 역사적 연구 독려

석전은 『해동불보』를 발행하면서 우리나라의 불교 역사에 관한 자료 발굴과 정리에 대해서도 깊은 관심을 다지고 몇 가지 작업을 하였다. 그는 「조선 불교와 사적 심구(史蹟尋究)」[33]라는 논설에서 조선 불교의 사적을 찾아 연구해야 한다고 강조하였다. 그는 이 글의 서두에서 중국 편향적이었던 우리 지식층 문화를 신랄하게 비판하였다.

과거 지배층을 이루었던 조선시대의 사대부 문화의 경향이 오직 중국의 것을 모방하는 데 그쳐, 중국 것만 옳고 그 외의 것은 볼 만한 것이 없다고 하는 관념이 심했다는 것이다. 그런데 우리 불교계 또한 그러한 의식과 풍습에서 조금도 벗어나지 못하고 답습하는 잘못을 범하고 있다고 비판하였다.

조선 불교의 정체성을 찾기 위한 6대 당면과제

석전은 우리 역사에서 문헌적 열악함으로 제대로 밝혀내지 못한 것을 보완하기 위해서는 불교 사적을 찾아내 세밀하게 탐구하는 것이 필요하다면서 다음 여섯 가지를 제안하였다.

① 불교가 들어온 시초를 연구하고
② 고승들의 전등연기(傳燈緣起) 사적을 밝히며

---

33 『해동불보』 제8호, 1914. 6, 2~5쪽.

③ 탑·사찰·불상·보물 등의 연혁을 연구하고

④ 대장경판·금석문 등의 명칭과 사적을 밝히며

⑤ 창작하여 제작했거나 그린 예술품을 연구하고

⑥ 범패나 옛 음악을 보존할 것[34]

한편 석전은 기왕의 불교사(佛敎史) 연구에 대한 선인들의 업적에 주목해 이를 번역하거나 주해를 붙여서 『해동불보』에 소개했는데 이 역시 석전이 이룩한 성과의 하나일 것이다.

이 범주에 드는 것으로 ① 「대동선교고(大東禪敎考)」(『해동불보』제1호~제6호) ② 「조선교사유고(朝鮮敎史遺稿)」(『해동불보』제6호·제8호) ③ 「백월보광지탑비명병서(白月葆光之塔碑銘幷序)」(『해동불보』제4호~제8호) 등이 있다.

① 「대동선교고(大東禪敎考)」는 다산(茶山) 정약용(丁若鏞, 1762~1836)이 편저한 저술인데, 우리나라 문헌은 물론 중국의 기록까지 찾아 한국불교의 역사를 엮은 것이다. 석전은 이 책의 고구(考究: 깊이 고찰하여 연구함)와 찬술(撰述: 글 지을 재료를 모아 저술함)의 실학적 면모에 크게 감명을 받아 이것을 번역하여 세상에 알리고 후세에 전한다고 하였다.

② 「조선교사유고(朝鮮敎史遺稿)」는 『경국대전(經國大典)』의 '예전(禮典)' 같은 국가적 기록 문헌이나 성현(成俔, 1439~1504)의 『용

34 박한영, 「조선 불교와 사적심구(史蹟尋究)」, 『해동불보』 제8호, 1914. 6, 5쪽.

재총화(慵齋叢話)』같은 개인의 저술을 통해 전해지는 불교 사적을 발췌하여 번역한 것이다.

③ 「백월보광지탑비명병서(白月葆光之塔碑銘幷序)」는 신라의 학자 최치원(崔致遠, 857~?)이 지은 사산비명(四山碑銘) 중의 하나이다. 이 비문은 성주사(聖住寺) 무염국사비(無染國師碑)를 연구하고 주해한 것으로, 이는 훗날 석전이 저술한『정주사산비명(精註四山碑銘)』(1939) 중의 하나가 되었다.

이처럼 조선 불교의 역사 자료를 발굴해 번역·정리하여『해동불보』에 게재한 것은 석전과 같이 많은 전적을 읽고 해박한 지식을 갖춘 사람이 아니라면 도저히 해낼 수 없는 일이다.

『정선치문집설』 발간

석전은 포교 방법론 4가지를 제시한 바 있는데 그 둘째 사항이 '교단의 강의 교재를 쉽고 간결하게' 해야 한다는 것이었다. 이러한 취지에서 석전이 행한 것이 바로 1914년 4월 6일 해동불보사에서 간행한『정선치문집설(精選緇門集說)』이다. 앞에서 강원 사미과의 교과서라고『치문』을 언급한 바 있다.『치문』은『치문경훈』의 약칭임도 이미 밝혔는데, 중국 명나라의 여근(如卺) 선사가 중간한『치문경훈』은 전 10권에 170여 편이 수록되어 있어 편서가 복잡하고 양이 많으며 문장이 험하고 어려워 배우는 이가 병통으로 여겼다. 그래서 석전이 간추려 다시 재편한『정선치문집설』은 권학(勸學) 4편, 경유(警猷) 9편, 서독(書牘: 서간) 10편, 잡저(雜著) 20편 등 모두 33편이 수록되어 있다.

석전은 내용을 대폭 줄이고 엄선한 글에 자세한 주석과 해설을 해서 이 책을 다시 간행한 것이다. 그래서『정선치문집설』의 신간 소개에서는 이렇게 말하고 있다.

> 청년계 초학불교과본(初學佛敎課本)이 될 만한 재(材)를 치문(緇門) 3책 중에서 간추려 다시 분류하고 현토(懸吐)하였다.[35]

> 또『해동불보』제6호에서는 "이 책(정선치문집설)의 신편 출간 은……초학과본에 유일무이의 서적으로…… 그 분류와 현토를 정확히 함으로 학자의 혜기(慧機)를 쟁선구람(爭先購覽: 앞 다투어 구입해 보라)하라."[36]

이 신간 안내문에 의하면, 석전이 편찬한 이 책의 일용 교과서 기능을 자부하고 있다. 석전이 다시 편찬하여『정선치문집설』을 발간한 것은 다년간 강원에서 학인들을 지도하면서 초학자들에게 정선된 교재가 절실히 필요하다고 판단했기 때문일 것이다. 바

---

35 『정선치문집설신간』,『해동불보』제5호, 1914. 3, 76쪽.
36 「불교신서출판의 경고(警告), 박한영 편찬『정선치문집설』」,『해동불보』제6호, 1914. 4, 89쪽.

로 이러한 일이 불교계의 기초 교육에 충실하고 불교계의 대응력
증장에 중요하다고 생각했으므로 실천한 일이었을 것이다.

30본산주지회의소에서는 1914년 1월 초부터 2월 18일까지 제
3회 총회를 개최하였다. 이 총회에서 석전이 강주로 재직하고 있
는 고등불교강숙에는 전국 30본사에서 공비유학생으로 26명을
학인으로 선정해 보내기로 하였고 1인당 학비 6원씩을 매월 각
본사에서 부담하기로 하였다. 강숙의 수업 과정은 대교과 이상을
주된 학과로 하고 사교과도 겸수하는 등 일부 개편되었다. 이어
총회의 1월 17일 회의에서는 해동불보사의 사장 겸 고등불교강숙
의 강사 박한영 스님의 월봉(월급)을 매월 15원, 그리고 해동불보
사의 윤필자연급금(倫匹資年級金: 편집 비용 및 원고료 1년분)으로 36
원이 책정되었다. 해동불보사의 편집 직원은 최예운(월봉 15원), 서
기 겸 회계 담당자는 김인해(金印海, 월봉 10원)가 책정되었다. 또
고등불교강숙의 별도 경비로 화장사(華藏寺) 주지 이지영(李智永)
스님이 강숙의 서적 및 연료비로 60원을, 마곡사 강사 김보륜 스
님이 유비(油費: 밤에 등불을 켤 때 드는 기름 값) 20원을 각각 부담하
기로 하였다.[37]

석전은 강숙의 강사와 해동불보사의 사장으로 매월 15원씩을
받았는데, 당시 쌀 한 가마가 10원 내외였으니 월급여액이 많은
편은 아니었다. 그리고 강숙의 재정이 빠듯하여 연료비와 등불 켤

37 「30본산주지회의소 제3회 총회록」,『해동불보』제4호, 1914. 2, 98~103쪽.

때 드는 기름 값은 화장사·용주사·마곡사 스님들의 보조로 겨우
충당하였다.

태고 보우 국사 다례제 봉행

석전은 1914년 4월 21일(음 3. 16) 선암사 주지 금봉 장기림 스
님 등 일행 15명과 함께 북한산 태고암에 가서 태고보우(太古普愚,
1301~1382) 국사의 부도(浮圖)에 다례(茶禮)를 설행(設行)하였다.

　태고보우 국사는 한국 불교의 중시조로 존숭되고 우리나라 승
려의 법맥은 태고보우 국사로부터 헤아리는 것이 보편적인 전통
이었다. 태고 국사는 1341년 삼각산(북한산) 중흥사(重興寺) 동봉에
태고암을 지어 주석하다가 입적한 후 그 부도를 태고암 바로 뒤
편 산기슭에 봉안하였다. 그런데 중흥사가 1904년 8월, 의병들의
항일무장 투쟁 와중에 절이 깡그리 불타버렸다. 다행히 태고암은
무사하였다. 1913년 1월 30본산주지회의 제2차 총회에서 중흥사
를 중건할 것을 결의하였다.

　석전을 비롯한 여러 스님들이 북한산에 다례를 지내러 갔을 때
「북한산성 산영루에 올라[登北漢城山映樓]」라는 똑같은 제목으로
석전 박한영·금봉 장기림·중관(中觀) 서병두(徐丙斗)·대운(大雲)
왕일칙(王日則)·서산(西山) 성훈(成塤) 등 5명이 시를 지었다. 또 이
때 석전을 비롯한 위의 6명은 「승가사에서 자다[宿僧伽寺]」라는 제

목으로 역시 칠언율시를 지었다.[38]

석전은 1914년 5월 13일 양주군 수락산 흥국사의 금강계단에서 행하는 비구 구족계(比丘具足戒)와 보살대계(菩薩大戒)의 갈마아사리(계를 설하는 스승격의 승려)로 참석하여 계를 주었다.[39]

흥국사의 수계식은 경기도의 대본산 봉선사 주지 홍월초 화상과 흥국사 주지 박범화(朴凡華) 화상이 주최하였는데, 수계한 사부중(四部衆: 비구·비구니·남·여 신도)이 80여 명에 달하였다. 석전은 1914년 7월 28일 내장사의 겸무 주지를 사직하였다.

불교고등강숙 폐쇄, 『해동불보』 폐간

30본산 주지들과 원장 이회광은 30본산주지회의소에서 운영하는 고등불교강숙의 학인들이 한용운이 주도하는 불교동맹회에 가담한 것을 문제 삼아 1914년 8월 고등불교강숙을 폐쇄하였다. 그리고 임제종 운동을 주도하고 강숙의 학인들이 불교동맹회에 가담한 책임을 물어 『해동불보』의 간행을 미루다가 결국은 폐간하였다. 『해동불보』는 1914년 6월 20일 발행한 제8호 이후는 간행되지 못하였다.

강숙이 폐쇄되자 석전은 독자적으로 경성불교고등강습회를 설

---

38 『해동불보』 제8호, 1914. 6, 60~62쪽.
39 「양사(兩寺)의 금강계단」, 『해동불보』 제8호, 80쪽.

립하여 회장 겸 강사로서 학인들을 가르치는 교육을 계속하였다. 이는 1914년 10월 1일자로 경성불교고등강습회 '회장 겸 강사 박한영' 명의로 수여한 졸업증서에 "전북 순창군 구암사 재적승 오혁년[吳赫年, 1878, 담양 출생, 설추(雪椎)의 상좌]이 사교과 전부를 수료하였으므로 졸업 증서를 수여함. 회장 박한영"이라 기록되어 있다.[40]

오혁년 스님의 이 졸업장을 보면 이회광 측이 강숙을 폐교하자 석전이 곧바로 경성불교고등강습회를 설립하여 학인들을 가르쳤음이 확실하다. 하지만 이 강습회의 학생이 몇 명이었고 얼마 동안 존속하였는지는 알려져 있지 않다. 석전이 1915년 3월 이후 구암사에 주석하였다는 서신이 남아 있는 것으로 볼 때 1915년 3월 이전까지 존속하였고 그 이후는 문을 닫은 것으로 보인다.

매천 황현의 제자 왕수환과 서신 교류

석전이 1915년 3월 매천 황현의 수제자 왕수환에게 보낸 편지가 남아 있다. 이 편지는 '을묘년(1915) 3월 14일 구암사 박한영'이 발신자로 되어 있고 수신자는 '구례 광의면 천변리 호양학교(壺陽學校) 내 왕운초(王雲樵)' 선생이다. 운초는 왕수환의 호이다.

---

40 「오충선 씨, 중산 혁년 스님 자료 공개, 불교고등강습회 졸업장도」, 『불교신문』, 2008. 8. 13.

편지의 내용은 "창강(滄江) 김택영(金澤榮, 1850~1927)의 문집인 『창강고(滄江稿)』(4권 6책) 전부를 사 보고 싶지만 책값 마련이 어려우니 우선 예약금조로 1원을 보내고 4월 그믐 안에는 갚겠으니 책 전부를 보내 주십시오."라고 하는 서신이다.[41]

왕수환의 『개성가고분질기(開城家稿分秩記)』에는 구암사의 박한영에게 책 한 질을 보냈다는 기록이 남아 있다. 이런 서신과 기록으로 볼 때 석전은 왕수환에게 『창강고(滄江稿)』와 『개성가고』를 구입하였음을 알 수 있다.

왕수환은 조선 말기 시인으로 자는 여장(汝章)이고 본관은 개성이며 전남 구례군 출신이다. 할아버지가 호남의 대학자 천사(川社) 왕석보(王錫輔, 1816~1868)이고 아버지가 왕사각(王師覺, 1836~1895)이다. 그의 집안은 가난한 편이었으나 학업을 게을리 하지 않았고, 짚신을 만들어 팔면서도 항상 책을 가까이 두고 공부를 하였다. 그는 1908년에 설립된 구례군 광의면 사립 호양학교의 2대 교장을 역임하였다.

석전은 황현의 가르침을 받은 왕수환·경환 형제와는 일찍부터 친교가 있었다. 왕경환은 독실한 불자여서 새벽마다 『금강경』을 즐겨 읽었고 훗날 석전에게 경성으로 공부하러 간 아들의 편의를 부탁하는 편지를 보내기도 하였다.[42]

---

41 석전, 「왕운초 선생에게 드리는 글[與王雲樵先生書]」, 최승효 편저, 『황매천 및 관련 인사 문묵췌편』 하권, 미래문화사, 1985, 44~145쪽.
42 최승효 편저, 앞의 책, 하권, 358쪽.

조선 제일의 불학(佛學) 강사

석전은 1915년 3월 20일, 구암사 주지로 재임 인가를 받았고 아울러 연대암과 만일사의 겸무 주지로 인가 받았다. 석전은 1915년 4월경 부안·고창 지역을 여행한다.

부안 변산반도·고창 지역 여행

전북 부안에는 풍광이 수려한 변산 반도가 있다. 부안군 해변에 뻗어 나온 변산 반도는 변산·격포·고사포 등 천혜의 해수욕장과 기묘한 단애(丹厓)로 형성된 채석강, 그리고 내변산의 봉래구곡과 의상봉 등의 경관이 빼어나다.

석전은 채석강에 이르러 「다시 채석강에 와서[重到采石江]」라는 칠언율시를 읊었다. 그는 이 시에서 "돌마다 영롱하고 물결은 하늘을 치는데, 갈매기 번듯번듯 흰모래에 앉았구나[萬石玲瓏浪拍天 翩然白鳥坐登邊]."라고 채석강의 풍광을 묘사하였다.[43]

_____

43 『석전시초』 22쪽.

내소사(來蘇寺)는 부안의 명찰(名刹)이다. 암자로는 월명암(月明庵)이 유명하다. 월명암은 전북 부안군 변산면 중계리 산 97번지에 있다. 이 암자는 통일신라시대인 신문왕(神文王) 12년(692)에 부설 거사(浮雪居士)가 딸 월명(月明)을 위하여 지었다. 부설 거사는 인도의 유마(維摩) 거사, 중국의 방온(龐蘊, ?~808) 거사와 함께 3대 불교 거사로 손꼽히는 인물이다.

월명암은 1908년 정미의병 때 의병의 근거지라 하여 소실된 것을 학명계종(鶴鳴啓宗, 1867~1929) 선사가 재건하였다. 학명 선사는 1912년부터 내소사와 월명암 주지를 겸무하였다.

석전이 월명암에 갔을 때 마침 학명 선사가 암자에 머물고 있어 두 사람은 대화를 나누었다. 석전은 이 암자에 유숙하면서 달 밝은 밤 쌍선봉은 구름 밖에 아득하고 주승(主僧) 학명 선사는 이미 맑은 꿈에 빠져 들었다. 봉우리 위에 달이 지지 않았는데 잠들지 못한 객승 석전은 「달 밝은 밤 암자에서 자며 읊다[宿明月庵和前韻]」라는 시를 읊었다.[44]

학명 선사와 석전은 법계 상 같은 문중의 사촌 법형제 사이였다. 두 사람은 백파의 7대 법손이자 설두유형의 증손이다. 법사는 각기 달랐지만 백파·설두로 이어지는 법맥은 같았다. 게다가 두 사람은 모두 설유처명 대사에게 내전을 배웠고, 학명은 1900년에 석전은 1895년에 구암사에서 개강하였다. 이런 인연으로 두 사람

---

44 『석전시초』 22쪽.

은 일찍부터 알았고 서로 친하였다.

〈영호정호(박한영)와 학명계종의 법계도〉

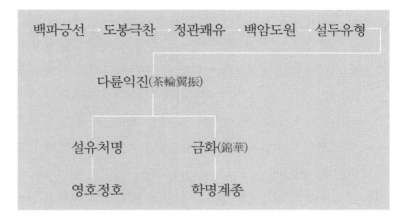

백파긍선 → 도봉극찬 → 정관쾌유 → 백암도원 → 설두유형

다륜익진(茶輪翼振)

설유처명   금화(錦華)

영호정호   학명계종

석전은 변산 월명암에 머물다가 고창 선운사로 갔다. 그해(1915
년) 4월, 석전은 선운사 산내 암자인 도솔암에 올라 서편의 거대한
암벽에 새겨진 마애불좌상을 참배한 후 "누가 열 길 마애불을 새
겼는가. 마치 이마에 흰 광명을 놓은 것 같아라[誰拓十丈佛 儼若放
毫光]." 하고 읊었다.[45]

도솔암의 마애불은 고려 초기의 마애불상으로 사람들은 미륵
불이라 불렀다. 도솔암은 미륵신앙을 배경으로 창건된 절인데, 마
애불이 조성된 후 언제부터인가 불상의 배 부분에 표시된 사각형

---

45 「선운산상도솔(禪雲山上兜率)」(1915. 4), 『석전시초』 23쪽.

의 복장(腹藏)에 세상이 깜짝 놀랄 만한 비기(祕記: 비밀 기록)가 들어 있다는 전설이 사람들 사이에 널리 떠돌았다.

전라도 관찰사 이서구(李書九, 1754~1825)가 1787년 부임하여 도솔암 마애불상에서 서기가 뻗쳐오르는 것을 보고 복장 속에서 비기를 꺼냈다. 이서구가 꺼낸 책의 첫 장을 펼치자 갑자기 맑은 하늘에 뇌성벽력이 내려치는 바람에 부랴부랴 다시 복장에 넣고 봉하였는데, 이서구는 비기의 첫머리에 "전라감사 이서구가 억지로 열다[全羅監司 李書九 開坼]."라는 구절만 보았다고 한다.

이 마애불의 비기가 실제로 꺼내진 것은 동학농민혁명 때였다. 1892년(고종 29년) 8월 어느 날, 동학의 고창 무장면의 대접주인 손화중(孫華中)의 접중에서 민중을 구원할 이상 세계를 만들기 위해서는 미륵불의 비기가 반드시 필요하며 지금이 바로 비기를 꺼내 열어 볼 때임을 결의하였다. 이 결의에 따라 동학교도 300여 명이 도솔암으로 올라가서 청죽 수백 개와 새끼줄 수천 다발로 가교를 만들어 암벽에 올라가 마애석불의 복장에서 비기를 꺼냈다. 그 비기에는 "조선 왕조 500년 후에 미륵석불의 복장을 여는 자가 있을 것이며 그 비기가 세상에 나오면 나라가 망할 것이요, 그러한 연후에 다시 새롭게 흥할 것이다."라는 내용이 적혀 있다는 소문이 파다하게 떠돌았다.

동학교도가 천지개벽의 비결을 입수했다는 소문이 입에서 입으로 전해지면서 무장·고창·영광·흥덕·고부·정읍·태인·전주 등 전라도 각지에서 동학교도의 수가 수만 명으로 불어났다고 한

다.[46]

석전이 도솔암에 갔을 때 그도 역시 비기와 관련된 이서구와 동학교도의 이야기를 들었을 것이다. 그래서 석전은 "[마애불의] 이마에 흰 광명을 놓은 것 같아라." 하고 읊었을지도 모른다.

석농명식(石農明湜)이 1915년 구암사에서 석전을 은사로 하여 출가하였다. 석전은 1915년 7월 15일 백양사에서 대교사(大敎師) 법계를 품수하였다. 한편 1915년 1월, 각황교당(覺皇敎堂)에서 30본산주지회의소 제4회 정기총회가 개최되어 회의 명칭을 30본산연합사무소로 바꾸고 원장으로 용주사 주지 강대련을 선출하였다. 이 총회에서 불교계의 최고 교육 기관으로 경성에 불교중앙학림을 설치하기로 하였다.

1915년 3월 31일, 30본산연합사무소 상치원(常置員: 지금의 상임이사) 회의에서 중앙학림의 위치를 경성부 창신동 30본산연합사무소 내에 두기로 결정하였다. 직원으로는 학장 강대련, 학감 김하산(金河山, 공주 갑사), 강사 백초월(白初月), 국어 교사 송헌석, 산술 교사 이명칠(李明七), 요감(療監: 오늘날의 기숙사 사감) 오리산(吳梨山, 범어사) 등을 내정하였다.[47]

중앙학림의 학생은 전국 30본산별로 등급에 따라 1~4명을 선정하여 합계 67명을 각 본사의 공비유학생으로 보내 공부시키기

46 『도솔산 선운사지』, 선운사, 2003, 277~278쪽.
47 「30본산연합사무소 상치원 제1회 총회」, 『불교진흥회월보』 제3호, 1915. 5. 15, 82~89쪽.

로 결정하였다.

그해 4월 2일 상치원 회의에서 중앙학림 개교일을 7월 1일로 정하고 각 본사에서는 학인을 선발하여 6월 15일까지 입학원서를 제출토록 하였다. 중앙학림은 그 장소를 30본산연합사무소로 결정하였으나 워낙 협소하여 경성부 숭일동(崇一洞) 1번지, 전 북관왕묘(北關王廟: 관우 사당) 자리를 총독부로부터 임대해 중앙학림의 교육 시설을 설치하였다.

석전이 중앙학림의 불학(佛學) 강사로 초빙되었다. 당시 석전을 비롯한 중앙학림의 직원과 강사에 대한 선정은 다음 기사에 자세히 전하고 있다.

조선불교계 30본산의 연합제규(聯合制規)가 성립된 결과로 경성부 숭일동 1번지 구 관왕묘를 정부로부터 차수(借受)하야 학장 강대련, 학감 김보륜, 요감 김능성(金能惺), 장재(掌財: 재무 또는 회계 담당자) 김침월(金沈月) 제화상(諸和尙)의 심력(心力)으로 수리하고 중앙학림을 설립하고 30본산과 말사의 총준학인(聰俊學人: 총명하고 준수한 스님 학생)을 모집하야 학과를 개시하얏난대 국어(일본어)와 물리에난 서구에 학문도 섬부(贍富)한 내지인(內地人) 조천경장(早川更藏) 씨를, 산술(算術)에난 학계에 저명한 이명칠 씨를 불학(佛學)에난 조선에 제일 강사로 유명한 순창군 구암사 사문 박한영 화상을 청빙(請聘)하야 매일 교수하난대 일반 학인이 개개열복(個個悅服: 모든 사람이 기쁜 마음으로 따름)하야 근학용공(勤學用功:

부지런히 공부하여 공을 쌓음)한다 하니 불교계에 막대한 행복이라 하겠더라.[48]

이 보도에 의하면 중앙학림 직원과 강사 중에는 학장 강대련과 산술 교사 이명칠을 제외하고는 대부분 바뀌었다. 즉 학감 내정자는 김학산이었으나 김보륜 스님으로, 요감은 오리산에서 김능성으로, 국어(일본어) 및 물리교사는 송헌석에서 일본인 조천경장으로, 불학강사는 백초월에서 석전 박한영 스님으로 바뀌었다.

조선 제1의 불학 강사 박한영

위의 기사에서 '불학에는 조선에 제1강사로 유명한 구암사 사문 박한영 화상을 청빙(초빙)'하였다고 보도했다. 이를 보면 당시 조선불교계에서 첫 번째로 손꼽히는 가장 유명한 불교학 강사가 석전 박한영이었음을 확인할 수 있다.

석전은 중앙학림이 개교하자(1915. 7. 1) 곧 구암사에서 상경하여 학인들을 가르쳤다. 그럼 석전이 강의한 불학의 과목은 어떤 것이었을까?

중앙학림 학칙 제7조에는 교과목, 교과과정 및 매주 교수 시간

----

48 「중앙학림에 호명예 강사」, 『불교진흥회월보』 제8호, 1915. 10. 15, 89쪽.

수가 규정되어 있다. 이를 제시하면 〈표1〉과 같다.

　중앙학림의 교육과정은 예과 1년, 본과 3년으로 대학교의 학부과정에 해당한다. 〈표1〉의 종승(宗乘)과 여승(餘乘)은 조선불교의 종지(宗旨)를 구현할 종립 불교중앙학림의 핵심 교과목이다. 불교에서는 자기 종파의 교의(敎儀)를 종승이라 하고 다른 종 또는 일반적인 불교학을 여승이라 하였다.

〈표1〉 중앙학림의 교과목 · 교과과정 · 주시수(周時數)

합계	보조과	한문	국어(일본어)	포교법	종교학 및 철학			여승(餘乘)			종승(宗乘)					과목	
																시수/과정	학년
30	10	3	10					1	2	1	시간외	2			1	시수	예과
	이과 수학 지리 역사학	맹자~대학	철자 해석 회화 작문					유식론	팔식규구 및 인명론	백법론	참선 및 근행	법계관문			수신요지 · 승려본분	과정	
30		3	4		2	3	2	2	3	4	외	3	4	2	1	시수	1학년
		중용~논어	위와같음 어법		윤리학	종교학	조선종교사	종경록	범망경	천태사교의	위와같음	능가경	화엄경	선문오종강요	위와같음	과정	
30		2	2	2	3			2	3	4	외	3	4		1	시수	2학년
		장자	위와같음 문법	포교법 · 법제	동양 불교사 · 각종 강요			위와같음	위와같음	사분율	위와같음	불조통재	염송 · 설화		위와같음	과정	
28		2	3	2	2	3		2	3	3	외	3	4		1	시수	3학년
		위와같음	위와같음	위와같음	교학 철학사 일반	위와같음		위와같음	위와같음	열반경	위와같음	전등록	위와같음		위와같음	과정	

출전 : 『불교진흥회월보』 제9호, 1915. 11. 15, 76~77쪽

예과에서 종승으로 반드시 이수해야 하는 『법계관문(法界關門)』은 중국 화엄종의 초조(初祖) 두순(杜順, 557~640)이 지은 책으로 화엄학의 주요 문헌이다. 본과 1학년 때 종승으로 배워야 하는 『선문오종강요(禪門五宗綱要)』는 환성지안(喚醒志安, 1664~1729)이 편찬한 책이다. 이 책은 임제종·운문종·조동종·위앙종·법안종 등 선문 5가의 종요를 모아 엮었다. 선종 각 종파의 종지를 알고자 하면 필수적으로 공부해야 한다.

본과 2학년 때 종승으로 배우는 '염송 및 설화'는 『선문염송설화(禪門拈頌說話)』의 약칭인데, 30권 5책으로 된 방대한 문헌이며 각운(覺雲)이 지었다.

종승의 교재로 열거한 『화엄경』·『능가경』·『전등록』은 선교 양종을 표방하는 일제강점기 조선불교의 주요한 소의경전이었다. 그래서 『화엄경』은 본과 1·2·3학년 기간에 걸쳐 매주 4시간씩 배우도록 했고 『능가경』은 1학년 때 주당 3시간씩, 『선문염송설화』는 2학년 때 주당 3시간씩, 그리고 3학년 때는 『경덕전등록』을 매주 3시간씩 이수케 했다.

여승의 예과 과정에서는 『백법론(百法論)』·『팔식규구(八識規矩)』·『인명론(因明論)』·『유식론(唯識論)』을 교수케 하였다. 이 네 가지는 불교의 논리를 설명하는 주요한 불교 학문들이다.

본과 1·2학년 때 배우는 『범망경』과 『사분율』은 계율에 관한 과목이고, 1학년 때 배우는 『천태사교의』는 고려 체관(諦觀)이 지은 책으로 천태종의 교의를 밝힌 것이다. 본과에서 여승으로 배우는

『종경록』은 법안종의 제3세였던 영명연수(永明延壽, 904~975) 선사가 대승교의 경론 60부와 중국·인도의 성현 300인의 저서를 비롯하여 선승의 어록·계율서·속서 등을 널리 인용하고 방증하여 선가에서 말하는 "마음 밖에 따로 부처가 없고, 온갖 것이 모두 법이다[心外無物 觸目皆法]."라고 하는 뜻을 밝힌 책인데, 무려 100권이나 되는 방대한 저술이기 때문에 본과 3년 내내 일주일에 2시간(1학년) 내지 3시간(2·3학년)씩 배웠다.

본과 2학년 때 여승 과목 중 주당 4시간씩 이수하게 되어 있는 '불조통재'는 원나라 염상(念相)이 지은 『불조역대통재(佛祖歷代通載)』(36권, 1341년 저술)의 약칭이다. 이 책은 중국의 고대로부터 원나라 순종 원통 1년(1333)까지 역대 제실(帝室)의 사실을 간략하게 기록하고 그간의 역대 고승들의 전기와 불교에 관한 여러 가지

사적을 기록하였다.

　석전은 불학 강사로서 중앙학림의 종승과 여승의 여러 과목을 가르쳤다. 이는 그가 편찬한 교재로서 확인할 수 있다. 그는 자신이 편찬한 『인명입정리론회석(因明入正理論會釋)』(1916)과 『대승백법(大乘百法)』·『팔식규구(八識規矩)』로 중앙학림 예과 여승 과목을 강의하였다. 역시 그가 편찬한 『정선선문염송급설화(精選禪門拈頌及說話)』로는 본과 2학년생에게, 그리고 석전이 쓴 『계학약전(戒學約銓)』으로는 본과 전 학년(1~3학년)의 계율 관련 내전인 『범망경』과 『사분율』을 지도하는 교재로 사용하였다. 석전이 편찬한 교재들은 중앙학림만이 아니라 이후 설립되는 불교전수학교, 중앙불교전문학교, 개운사 불교전문강원(대원강원)에서 학생과 학인들을 가르치는 교재로도 계속 활용되었다.

　중앙학림의 직원은 일본인 교사 조천경장(早川敬藏), 불교 교사 박한영, 담임교사 김보륜, 산술 교사 이명칠, 요감 김용태, 서기 이희진 등이었다.

　1916년 3월 22일 제4회 상치원 회의에서는 중앙학림 직원 봉급을 다음과 같이 책정하였다.

학감 1인 연봉(매월 15원)	일백팔십 원
찰감(察監) 1인 연봉(매월 15원)	일백팔십 원
한문 교사 1인(매월 15원)	일백팔십 원
불교 교사 1인(매월 20원)	이백사십 원

철학 교사 1인(매월 20원)	이백사십 원
산술 교사 1인(매월 20원)	이백사십 원
국어(일본어) 교사 1인(매월 40원)	사백팔십 원
서기 1인(매월 13원)	일백오십육 원
사정(使丁) 2인	일백사십사 원[49]

상치원 회의에서 책정된 중앙학림 직원의 봉급액에 의하면 불교 교사였던 박한영은 매월 20원씩 연봉 이백사십 원을 지급받았는데, '국어'라면서 일본어를 가르치는 일본인 교사는 그 두 배인 매월 40원을 받았다. 식민통치 아래에 있는 연유로 중앙학림에서조차 일본인 교사가 조선 제일의 불교학 강사였던 박한영보다 두 배의 월급을 받았다

석전은 1916년 음력 7월 16일(양력 8.14) 「영구산신대장연기(靈龜山新大藏緣起)」라는 글을 썼다.[50]

이 글은 석전 스님이 1916년 상해 가릉정사에서 새로 간행한 신대장경을 영구산 구암사에 수장한 내력을 적은 글이다. 이때 구입해 소장한 신대장경은 8,416권이었다. 석전은 평소 좋은 서화와 문헌 2만여 권을 구득하여 구암사에 소장하였다.(석전의 전체 소장 도서는 4만여 권) 그런데 육이오 전쟁 때 구암사가 전소하면서 추사의 글씨를 비롯한 값진 서화와 신대장경을 포함하여 2만여 권

49 「중앙학림 수업식」, 『조선불교계』 제2호, 1916. 6. 5, 91쪽.
50 『석전문초』, 180~183쪽.

의 석전 장서가 모두 불타버렸다. 애석한 일이다.

음력 9월 9일은 중양절(重陽節)이다. 이날 시인·묵객들은 시를 짓거나 그림을 그리면서 하루를 즐긴다. 어떤 이는 멋으로 국화전(菊花煎)을 부쳐 먹기도 한다. 1916년 중양절에 석전은 규장각 전제관(典製官)을 역임한 바 있는 우당(于堂) 윤희구(尹喜求, 1867~1929) 등과 어울려 시를 읊으며 하루를 즐겼다. 우당이 "몇 번이나 중양절을 지내니 머리 문득 희었구나[得機重陽使白頭]." 하고 시작되는 칠언율시를 지었다. 이에 석전이 「윤우당의 중양절 시에 화답하다[和尹于堂重陽韻]」[51]라는 화답시를 읊었다. 석전과 우당은 시구 속에 흰 머리카락을 들먹이며 나이가 들어감을 의식하였다. 중양절을 맞은 그해(1916), 석전은 47세, 우당은 50세였다.

석전은 1916년 11월 26일, 김기우의 소개로 만해와 함께 처음 오세창 댁을 3일간 연속 방문해 많은 고서화를 구경하였다.

금봉을 애도하다

순천 선암사 주지 금봉병연(錦峰秉演, 1869~1916)이 1916년 9월에 세수 48세로 갑자기 입적하였다.[52] 금봉과 석전은 선암사 대교과에서 함께 배운 강원 도반이다. 그는 1895년 선암사 대승암

51 『석전시초』, 26쪽.
52 「도재(悼哉: 슬프다!)」, 『조서불교총보』 제1호, 1917. 3. 20, 53~54쪽.

에서 강의를 시작하였고, 경운원기 대사의 법을 이어 받았으며, 1913년 6월에 선암사 주지가 되었다.

금봉은 '남방강가(南方講家)의 근대 4전의 적주'라고 칭하였다. 금봉의 부고를 받자 석전은 곧 「금봉 상인을 추도함[追悼錦峰上人]」이라는 애도시를 지었다. 석전은 이 시에서 '이십칠 년 맺은 정이 구름처럼 허망하여 서릿밤 첫 새벽에 나는 홀로 울고 있소[雲歸二十七年契 感泣漢山霜曉初].'라면서 몹시 비통해 하였다.[53]

석전은 만해와 상의하여 그해(1916) 11월 5일 중앙학림에서 금봉 스님 추도사를 하였다. 추도식에서 석전이 제문을 지어 읽었고, 여규형(呂圭亨, 1848~1912)과 예운산인(猊雲山人) 최동식(崔東植, 해동불보 편집 담당, 선암사 승려) 스님이 추도사를 하였다.

석전은 48세 때인 1917년, 봄이 완연한 음력 3월 두포사(斗浦寺) 시회에 참석하였다. 그는 이 시회에서 「漢江斗浦寺詩會」라는 제목의 칠언율시를 읊었다.[54] 시제에 한강이 있고 시구에 '봄강[春江], 갈매기[狎鷗]' 등이 나오는 것으로 보아 두포사는 한강변 두포에 있던 절로 보이는데 오늘날의 어떤 사찰인지 알 수 없다.

1917년 봄, 한용운이 『정선강의채근담(精選講義菜根譚)』(광익서관, 1917)을 출간하였다. 석전은 이 책에 머리말[序言]을 써 주었다.

<hr>

53 『석전시초』 27쪽.
54 『석전시초』 28쪽.

일본 임제종 관장과 석전이 대화하다

1917년 4월 5일, 일본 임제종 영원사파(永原寺派) 관장(管長: 종정과 같은 지위) 아시즈 지츠젠(蘆津實全) 선사가 서울에 도착하였다. 아시즈는 먼저 하세가와(長谷川好道) 총독과 야마가타(山縣) 정무총감을 만났다. 그리고 5월 7일, 서울 장사동(長沙洞: 예지동 대한빌딩 부근) 임제종 묘심사 별원(妙心寺別院)에서 조선 승려 접견회를 가졌다.

이날 행사에는 『매일신보』 사장 아베(阿部)가 사회를 보고 통역은 『매일신보』 감사 나카무라(中村)가 담당하였다. 조선불교계에서는 각황사 포교사 김경운과 권상로 스님, 중앙학림의 학감 김보륜, 불학 강사 박한영, 불교동호회 간사 이능화 외 3명 등이 참석하였다.[55]

아시즈는 이날 "이제 일한병합이 되었으니 불교도 일본과 조선이 상호 보조를 일치하여 발전하기를 바란다."라고 하고는 이어 "조선의 불교는 대개 선종이고 조선의 선(禪)은 중국 명나라로부터 전래한 듯하고 지나(支那: 일제강점기에 일본이 중국을 깎아내려 부른 명칭)의 선은 당송(唐宋) 때 왕성했고 그 후는 쇠퇴하여 명나라에 이르러서는 전멸하다시피 되었다." 하고 발언하였다.

아시즈의 이 발언은 조선과 중국의 선을 격하시키고자 행

....
55 「아시즈[蘆津] 논사의 선승(鮮僧: 조선 스님) 접견」, 『매일신보』, 1975. 8, 2면

한 말이다. 익히 알려져 있듯이 한국의 선(禪)은 통일신라 말에서 고려 초기에 전래되었고, 고려시대와 조선 전기까지 우리나라의 선은 꽤 번성하였다. 그런데 아시즈는 조선의 선이 명대(明代, 1368~1663)에 전래되었다면서 의도적으로 전래시기를 실제보다 늦은 시기라 하였고, 그것도 선이 전멸되다시피 되어버린 명나라 때라면서 조선의 선을 일부러 매우 깎아 내렸다.

아시즈는 일본도 3백 년 전에는 선이 쇠퇴하였으나 백은(白隱) 선사가 출현하여 임제선종이 융성하였다면서 자기 종파를 추켜세웠다. 그리고 그는 조선의 청년 승려를 일본 선당(禪堂)에 보내 10년 내지 15년간 단련을 시키는 것이 긴요한 일이라 하였다. 이어 아시즈와 석전의 대화가 진행되었다.

아시즈: 조선의 선종은 임제종인가, 조동종인가?

박한영: 조선의 불교는 전부 임제종이오, 조동종은 일절 없다.

아시즈: 조선에는 선교양종이라 하는데 선을 위주로 하는가, 교를 위주로 하는가?

박한영: 절에는 일정한 제도가 없고 각자 희망대로 선이나 교, 혹은 염불에 종사한다.

아시즈: 선을 닦음에 선당은 설치하였는가? 그리고 공안은 여하히 드는가?

박한영: 15개 절 또는 10개 절에 하나의 선당이 있어 20~30명, 혹은 50명의 승려가 좌선하며 공안은 1,700칙 내의 일안(一案)

으로 20년 내지 30년을 연구해야 견성성불(見性成佛)한다.

이 대화 후 아시즈는 일본과 조선의 승려가 보조를 일치하여 임제종의 거양(擧揚: 발전)을 도모하여 달라고 당부하고 정오에 이 행사를 마쳤다.

이 행사를 보도한 노사(老師: 아시즈)는 항상 훈풍과 여(如)한 태도로 지극근숙(至極謹肅: 지극히 삼가고 엄숙함)히 응접하난데 대하야 선승(鮮僧)의 복제(服制: 복장 제도)의 일치를 못함과 행의작법(行儀作法: 행하는 의식 방법)에 규율이 부정(不整: 가지런하지 못함)하고 안정치 못함은 방관자(傍觀者: 곁에서 보는 자)로 하야금 기이감(奇異感)을 금치 못하게 하더라는 보도를 하였다.[56]

이는 일본인 기자가 가진 편견이자 조선 승려를 깎아내리려는 의도가 작용한 기사였다. 일본 임제종 영원사파 관장 아시즈의 조선승려접견회는 조선 불교의 일본화를 획책하려는 목적으로 총독부의 기관지 『매일신보』가 저의를 가지고 개최한 행사였다. 특히 조선의 청년 승려를 일본 선당에 보내 10년 내지 15년간 단련시켜야 한다는 말과 일본과 조선 승려가 보조를 일치하여 임제선을 발전시키자는 아시즈의 발언은 조선 불교의 일본화를 도모하려는 의도가 내포되어 있음을 엿볼 수 있다.

1917년 현재 조선 불교계의 30본사와 소속 말사의 승려는 6천

56 『매일신보』 1917. 5. 8, 2면.

742명이고 불교계의 학생(지방 학림·강원·사찰에서 세운 학교) 수는 1천54명인데 중앙학림 학생 60명을 가산하면 1천114명이며 신도 수는 11만 7천899명이었다.[57]

예과와 본과를 합해 중앙학림의 학생 수가 60명이고, 학년도 예과 1학년, 본과 1·2·3 학년 등 4개 학년에 이르러 석전 혼자서는 종승과 여승(餘乘)의 여러 불교학 과목을 감당하기 어려워졌다. 물론 중앙학림의 학감(學監)인 김보륜 스님은 일찍이 원종의 강사를 지낸 바 있어 그도 불교학의 교과목을 일정 부분 담당하였다. 하지만 학년이 올라가고 불어나는 학생으로 인하여 불교학 강사가 더 필요하여 포광 김영수 강백을 불교학 강사로 채용하였다. 그래서 1917년도 중앙학림에서 불교학 과목을 석전·포광·김보륜 세 스님이 분담하여 가르쳤다. 그런데 1918년 여름 학감 김보륜과 포광 김영수가 사임하고 그 후임으로 일본 조동종 대학을 졸업하고 1918년 여름에 귀국한 이지광(李智光, 건봉사 재적승)이 포광 대신 불교학 강사로 취임하였다.

중앙학림의 1918년도 졸업생이 9명이었는데 이들은 모두 석전에게 불교학을 배운 제자들이었다.[58]

석전은 1918년 3월 초, 「지리산 대원사 중건기(智異山大源寺重建記)」를 썼다.[59] 경남 산청군 대원사는 석전이 30세 때인 1899년

57 「30본산 본 말사 승니 및 학생·신도 수, 대정 6년(1917) 말 현재」, 『조선불교총보』 제8호, 1918. 3. 20, 72~74쪽.
58 동국대학교 졸업생 명부, 『동국인명록』, 동국대학교총동창회, 2005, 79쪽.
59 『석전문초』, 205~209쪽.

에 강청(講請, 강의 요청)을 받아 2년간 강의를 한 인연 깊은 사찰이다. 그런데 이 절은 1913년 12월에 큰 화재가 나서 2백여 칸의 절 건물이 모조리 불타버렸다. 이에 주지 조영태(趙永泰) 스님 등 50여 명이 열성적으로 중건에 나서 4년에 걸쳐 180여 칸의 공사를 1917년 가을에 마치고 이듬해인 1918년 4월 8일(음) 부처님 오신 날에 낙성식을 거행하였다.[60]

　대원사 중건 공사가 거의 끝난 1917년 겨울, 주지 영태 스님이 상경하여 석전 스님을 찾아와 '대원사 중건기'를 써달라고 간청하였다. 석전은 예전의 묵은 인연도 있고, 화재 후 재건에 열성적이었던 대원사 스님들과 신도들의 정성을 대견하게 생각하여 사양하지 않았다. 그래서 석전은 「지리산 대원사 중건기」의 집필을 1918년 3월 3일에 마침으로써 대원사 중건 낙성식 행사에 지장이 없도록 해 주었다.

　중앙학림 학칙 제11조에 의하면 학년 말 휴업은 3월 26일부터 3월 31일까지이다. 석전은 이 학년 말 휴업 때인 1918년 3월 말 내장산으로 여행하였다. 그는 복닥거리는 서울을 떠나 초봄의 내장산 풍광을 즐겼다. 석전은 내장사의 주지를 1912년 2월 7일부터 1914년 7월 28일까지 겸무한 숙연(宿緣)이 있었다. 그는 주지직 겸무에서 벗어난 지 4년 남짓 되어 홀가분한 마음으로 내장사에 내려왔다. 내장산에는 이미 봄이 깊었다. 그는 내장산의 완연

---

60 「대원사낙성」,『조선불교총보』제10호, 1918. 7. 20, 85~88쪽.

한 봄 풍광을 바라보며 「내장산 골짜기 입구[內藏山谷口]」라는 제목의 시를 읊었다.[61] 내장산의 '석양에 잠긴 천 그루 복사꽃 정원[桃園]'을 완상하면서 여기가 바로 '신선의 복숭아꽃 정원이요, 부처님 자취가 역력한 곳임을 깊이 느꼈다. 하지만 붉은 노을에 잠긴 그 정취를 어찌 말로 다 표현할 수가 있으랴. 석전은 봄날 내장산 풍광에 흠씬 취하였다.

석전은 1918년 5월 상순, 거사 김월창(金月窓)이 편찬한 『선학입문(禪學入門)』을 선학에 조예가 깊은 김병용(金秉龍)이 다시 발간하여 널리 읽히도록 하겠다면서 발문(跋文)을 써서 줄 것을 요청하자 「중간선학입문후발(重刊禪學入門后跋)」을 지어주었다.

석전은 1918년 10월, 만해 한용운이 발행하는 『유심(唯心)』 제2호(1918. 10. 20)에 「유심은 즉 금강산이 아닌가」라는 글을 써서 게재하였다.

중앙학림에서는 1918년 10월 13일, 신임 교직원 환영회가 있었다. 이날 상오 11시, 중앙학림의 학장 대리 김상숙(金相淑) 스님은 새로 부임한 학감 이고경(李古鏡), 요감 이혼성(李混惺: 장안사 재적승, 일본 조동종대학 유학), 교원 이지광(李智光: 건봉사 재적승, 일본 조동종대학 유학) 등 세 스님과 재직하고 있던 석전 박한영 스님 이하 교직원 전원을 각황교당으로 초청하였다. 이 자리에서 신임 직원에 대한 환영 인사말과 계속 근무하고 있는 교직원의 노고를 위

....
61 『석전시초』 29쪽.

로하는 격려의 말이 있은 후 오찬을 먹고 오후 2시경 마쳤다.[62]

1918년 11월 5일은 중앙학림의 제3회 창립(개교) 기념일이었다. 이 행사에 서울에 머물고 있던 각 본산 주지들과 이능화를 비롯한 명사 몇 명도 참석하였다. 학감스님이 식사(式辭)를 하였고 석전은 '역사보고(歷史報告: 중앙학림의 연혁)를, 이혼성은 답사를 하고 식을 마쳤다.[63]

석전은 1918년 11월 「백암산 도암당 대사 행략(白巖山道庵堂大師行略)」[64]을 썼고 12월에는 「타고올(他古兀: 노벨 문학상을 받은 인도의 시인)의 시관(詩觀)」을 『유심(唯心)』 제3호(1918. 12. 1, 22~30쪽)에 같은 달 「양주천보산유기(楊州天寶山遊記)」를 『조선불교총보』 제13호(1918. 12. 20, 3~7쪽)에 발표하였다.

62 「중앙학림 교직원 환영회」, 『조선불교총보』 제12호, 1918. 11. 20, 55쪽.
63 「중앙학림 기념식」, 『조선불교총보』 제13호, 1918. 12. 20, 66~67쪽.
64 『석전문초』, 168~172쪽.

석전의 항일 운동

불교계의 3·1운동

석전은 불교계의 개혁과 유신 운동의 선봉에 서 있었다. 그런데 그는 1919년 3·1운동 당시 민족대표 33인의 대열에 합류하지 못하였다. 만해 한용운이 훗날 시간적으로 촉박하여 석전을 민족대표로 내세우지 못했다고 해명했지만 이는 어딘가 석연치 않다. 석전은 만해가 책을 낼 때마다 표지를 써 주거나 서문을 써 주는 등 매우 친밀한 사이였다. 그리고 석전이 중앙학림의 불학 강사로 서울에 살고 있었는데, 당시 대각사 주지였던 백용성(白龍城, 1864~1940) 스님은 민족대표 33인 중 한 분으로 영입하면서 석전을 제외시켰다는 것은 납득하기 어렵다. 사정이 어쨌든 간에 석전은 3·1운동의 민족대표로 합류하지 못하였지만 석전의 제자인 중앙학림 학생들이 대거 3·1운동의 전위대로 활동하였다.

만해는 〈독립선언서〉의 불교 측 배포를 담당하여 3·1운동 바로 전날인 1919년 2월 28일 보성사(普成社, 인쇄소, 지금의 조계사 자리에 있었다.) 사장 이종일(李鍾一)로부터 10,000매(일설에는 3,000매)

의 〈독립선언서〉를 인수하였다. 서울 계동(桂洞, 현 종로구) 유심사(唯心社)에 대기하고 있던 중앙학림 학생 김법린(金法麟, 범어사)·김상헌(金祥憲, 범어사)·백성욱(白城郁, 봉국사)·정병헌(鄭秉憲, 화엄사)·오택언(吳澤彦, 통도사)·신상완(申尙玩, 범어사)·김대용(金大鎔, 동화사)·박학규(朴鶴珪, 應松 朴英熙, 대흥사)·김규현(金奎鉉,)·김봉신(金奉信) 등과 중앙학교(중앙고등학교의 전신)의 학생 박민오(朴玟悟) 등 11명에게 한용운이 〈독립선언서〉를 건네주며 1919년 3월 1일 서울 시내 일원과 각 지방에 배포하라고 지시하였다.

김법린 등은 만해의 간곡한 당부를 듣고 유심사를 나오면서 조국 독립의 의지를 굳게 하였다. 이들은 인사동 조선 선종 중앙포교당에서 긴급회의를 열고 〈독립선언서〉의 서울 시내 배포와 불교계 승려와 신도들의 동원, 그리고 각 지방의 독립만세 시위운동을 분담하여 추진하기로 하였다. 김법린과 김상헌은 동래 범어사, 오택언은 양산 통도사, 김봉신은 합천 해인사, 김대용은 대구 동화사, 정병헌은 구례 화엄사, 박학규(후에 박영희로 개명)는 해남 대흥사를 각자 책임지고 만세운동을 전개하기로 분담하였다. 이들은 기미년(己未年, 1919년) 3월 1일, 서울의 3·1운동에 참여하여 만세 시위를 하고 〈독립선언서〉를 시민들에게 나누어 주었다. 그리고 이들은 전국의 주요 지방 사찰로 내려가 만세운동을 주도하였다. 통도사에서는 3월 13일, 범어사에서는 3월 18~19일, 동화사에서는 3월 30일, 해인사에서는 3월 31일, 양주 봉선사에서는 3월 29일, 여주 신륵사에서는 4월 3일, 밀양 표충사에서는 4월 4일,

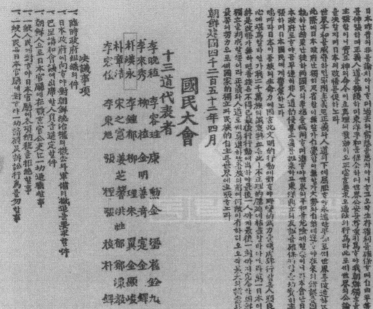

한성임시정부수립을 위한 『국민대회취지서』, 1919. 4. 독립기념관

안변 석왕사에서는 3월 9일에서 11일까지 독립만세운동을 전개
하였다.[65] 이처럼 거국적으로 전국 각지에서 3·1운동이 진행되는
와중에 30본산 주지들은 3월 3일, 고종의 국장식(國葬式: 因山)에
참여하였고, 3월 11일에는 각황사에서 고종의 49재를 봉행하였다.

---

65 임혜봉, 『일제하 불교계의 항일운동』, 민족사, 2001, 86~119쪽 참조.

석전, 중앙학림 전임 학장에 선출되다

3·1운동으로 조선 천지가 가마솥처럼 끓어오르고 중앙학림의 학생스님들이 다수 3·1운동에 적극 참여하는 가운데, 30본산주지연합회에서는 3월 7일 상치원 회의를 개최하였다. 이날 회의에서 석전 박한영을 중앙학림의 전임 학장으로 선출하고 일체의 사무를 석전이 모두 담당케 하였다.[66]

한성임시정부와 대동단 참여

석전은 3·1운동에는 민족대표로 합류하지 못하였지만 곧이어 결성된 한성임시정부와 대동단(大同團: 조선민족대동단)에 참여해 항일 운동 대열에 참가한다.

3·1운동 직후 많은 애국지사 중 일부 인사들은 독립 운동의 장기화·체계화를 위해 임시정부의 수립을 계획하였다. 당시 국내외에 여러 개의 임시정부 조직이 구상되거나 공표되었다. 노령(러시아령 블라디보스톡) 대한민국의회(1919. 3), 한성임시정부(1919. 4), 상해임시정부(1919. 4)가 각기 수립되었다. 석전 박한영은 한성임시정부에 참여하였다.

---

66 「전임 학장 선출」, 『조선불교총보』 제15호, 1919. 5. 20. 96쪽.

한성임시정부는 1919년 3월 중순 경부터 몇몇 지사들을 중심으로 추진되어 그해 4월 2일 오후 4시 인천 만국공원(萬國公園)에서 13대표자회의를 비밀리에 열고 정부 수립 문제 등을 결정하기로 하였다. 이때 이규갑(감리교)·장붕(장로교)·박용희(장로교)·김규(儒林)·홍면희(변호사) 등 각 종교계와 사회 인사들이 참석했는데, 박한영은 전라북도를 대표해 참여했다. 4월 16일에는 13도 대표자들이 서울에서 비밀회의를 갖고 국민대표 25명과 임시정부 각원을 확정지었고, 4월 23일에는 '국민대회'라는 명칭으로 임시정부 기구와 명단이 발표되고 한성임시정부의 수립이 선포되었다.

한성임시정부에서 4월 23일 배포한 「국민대회 취지서」의 말미에는 13도 대표 25인의 명단이 첨부되어 있는데, 전라북도와 강원도를 대표하여 박한영과 이종욱(강원도 오대산 월정사 스님)의 이름이 쓰여 있고, 그 옆에 도장이 찍혀 있다.

박한영과 이종욱은 불교 승려로서 전북과 강원도를 대표하여 국민대표로 한성임시정부 수립에 참여한 것이다.

석전이 독립선언서 낭독하고 만세를 외치다 체포된 기사

샌프란시스코에서 발행된 재미교포 신문인 『신한민보』에는 1919년 6월 14일자 4면에 박한영의 체포 소식을 전하고 있다. 기사 내용은 이러하다.

한인의 용맹력(어떤 서양 선교사의 말)

……이 25인과 그 중에 박한영(한국불교 교령 중의 한 사람)이 제일
쾌쾌히 자기들의 독립선언서를 읽고 여간 공포한 사건으로 높은
소리로 독립만세를 부른 후에 그 사람은 즉시 일본 순사에게 체
포되어 갔다.[67]

이 기사는 1919년 4월에 결성된 '한성임시정부'에 관련된 보도
로 보인다. 여기서 말하는 '25인'은 바로 한성임시정부의 「국민대
회취지서」에 이름을 쓰고 도장을 찍은 국민대표 25분을 가리킨다.

이 기사에서는 한국불교 교령 박한영이 독립선언서를 읽고
큰 소리로 만세를 외치다 일본 순사에게 체포되었다고 보도하
였는데, 3·1운동 때 박한영이 일본 경찰에 체포된 사실이 없다.
『신한민보』의 이 기사는 검증되지 않은 보도이고 실제 사실과는
부합되지 않지만 박한영의 독립의지를 보여주는 사료임은 분명
하였다.

박한영과 이종욱이 참여한 한성임시정부는 별다른 활동을 못
하고 상해임시정부에 통합됨으로써 단명하였지만, 일제강점기에
독립을 염원하는 민족대표들이 전제 군주제를 벗어나 공화정(共
和政)의 수립 선포와 민족의 독립의식을 고취하였다는 데 큰 의미
가 있다. 박한영의 항일운동은 1919년 3월 전협(全協, 1878~1927)·

....
67 『신한민보』, 1919. 6. 14, 4면.

최익환(崔益煥) 등이 조선 민족의 대동단결을 표방하고 결성한 조선민족대동단(이하 '대동단')의 참여로 이어진다. 대동단은 일제하 점조직의 비밀결사로 전협을 비롯한 몇몇 선각자들이 민족의 전면적인 참여를 통해 독립운동을 전개하고자 각계각층을 망라한 11개 사회단체 대표자들이 만들었다. 박한영과 함께 대동단 단원으로 활동한 불교계 스님들은 이종욱·백초월·송세호·정남용 스님 등이다.

대동단은 의친왕 이강(李堈, 1877~1955)을 상해로 망명시켜 대동단의 수령으로 추대하여 독립운동의 활성화를 도모하였다. 그러나 이 계획은 사전에 일본 경찰에 탐지되어 11월 10일 중국 망명길에 올랐던 의친왕이 압록강 건너 중국 땅 단둥역에서 체포되었다. 그리고 11월 19일 대동단의 주역이었던 전협 등이 붙잡힘으로써 대동단은 와해되었다.

3·1운동 직후인 1919년 3월 7일 석전이 중앙학림의 전임 학장이 되었지만 1919년 졸업생은 정상적인 졸업식도 치르지 못하고 서류상으로만 졸업하였다. 중앙학림이 3·1운동의 여파로 5월 5일 안으로 수업을 시작하라고 지시하였다. 그래서 학장 박한영과 교직원들은 개학 준비를 하였고, 30본산연합사무소에서는 각 본산에 학생들을 빨리 보내라고 통첩을 보냈다. 하지만 학생들은 의심을 버리지 못하고 입경(入京)하지 않아 5월 5일로 예정된 개학도 연기되었다. 그때 중앙학림이 언제 개학하였는지 정확하게는 알 수 없으나 5월 중 수업을 시작하였던 것으로 보인다.

3·1운동으로 독립만세 시위에 참가한 중앙학림 학생스님들에게도 일제 관헌의 수배령이 내렸다. 당시 중앙학림 학생으로 3·1운동에 참가한 해남 대흥사 재적승 박학규(박영희)는 수배령이 내리자 갈 곳이 없어 서울 개운사에 주석하고 있는 스승 박한영을 찾아왔다. 곧 일본 경찰이 들이닥쳐 수색을 하자 석전은 박학규를 다락의 장삼 속에 숨겨 가까스로 체포를 모면했다. 왜경이 물러가자 석전은 "학규야, 십년감수했지. 어서 멀리 가거라." 하고 말하면서 여비를 쥐어주고 제자를 떠나보냈다. 박학규는 만주로 피신하여 독립군 부대에 합류하여 독립운동을 하였다.[68]

석전은 3·1운동의 여파로 어수선하고 중앙학림의 개학 준비에 바쁜 와중인 1919년 5월, 「영구산 설유당 처명 대사 행략」을 발표했다.[69] 행략이란 간략하고 짧은 전기(傳記)이다. 이 글은 석전의 법사인 설유처명 대사의 행적을 정리한 것인데 글의 말미에 임자(壬子) 3월이라 기록되어 있다. 즉 석전은 1912년 3월에 쓴 설유 대사의 행략을 1919년 5월에 불교 잡지 『조선불교총보』 제15호에 발표한 것이다.

석전은 1919년 6월 13일, 구암사 주지로 재임 인가되었다. 그는 그해 음력 6월 한여름에 석왕사를 다녀왔다. 그의 「석왕사에 자면서 새벽 종소리를 듣다[宿釋王寺聞鍾有感].」[70]라는 제목의 시를

68 『불교신문』, 1989. 3. 1.
69 『조선불교총보』 제15호, 1919. 5. 20, 79~81쪽.
70 『석전시초』 32쪽.

보면 그가 석왕사에서 자다가 새벽 종소리를 듣고 감회가 있어 이 시를 쓴 것으로 보인다.

석전은 이 시의 둘째 수 제4행에서 '중복(中伏)의 무더위는 까마득하네.'라고 읊었다. 1919년의 중복은 양력 7월 21일(음 7. 1)이었다. 중앙학림의 여름방학은 양력 7월 21일부터 8월 31일까지이다. 석전은 3 · 1운동으로 5월 초까지 개학도 못하고 전임 학장으로 중앙학림을 경영하느라 지친 심신을 쉬려고 학림이 하기휴업(여름방학)을 하자 안변 석왕사에 여행을 간 것으로 보인다.

석전은 1919년 7월, 「쇄설(瑣屑: 자질구레하고 번거로움)한 광음(光陰)이 극대(極大)한 가치가 불유(不有)할가」[71]와 「인생의 달관(達觀)」[72]이라는 산문 2편을 『조선불교총보』 제16호에 발표하였다. 제목만 보아도 3 · 1운동으로 어수선한 1919년의 시대상이 글의 행간에 어른거린다.

석전은 1919년 8월에는 「조계산 경붕당 대사 비명음기(曹溪山景鵬堂大師碑銘陰記)」를 썼다.[73] 선암사 대교과의 스승 경운 대사의 법사가 경붕익운(景鵬益運, 1836~1915) 화상이다. 경붕이 1915년 입적한 후 선암사의 후학들이 경붕당의 비석을 세우면서 비문을 써 달라고 부탁하자 석전이 경붕당의 비명음기를 집필한 것이다.

중앙학림에서는 1919년 9월에 기숙사와 사무실을 1천 5백여

---

71 『조선불교총보』 제16호, 1919. 7. 20, 15~16쪽.
72 『조선불교총보』 제16호, 1919. 7. 20, 16~18쪽.
73 『석전문초』, 129~130쪽.

원의 예산을 들여 대대적으로 수리하였다. 이는 전임 학장 석전이 각별히 애쓴 공적이었다. 같은 해 9월, 1915년 석전을 은사로 출가한 석농명식(石農明湜, 1900~1966) 사미승이 일본으로 유학을 떠났다. 석전은 어린 제자가 유학을 떠날 때 「명식 사미를 일본으로 보내면서[送明湜沙彌度日本]」[74]라는 칠언율시를 써 주었다. 그는 이 시에서 제자가 번화한 일본에 가더라도 '눈앞의 화려한 물욕에 젖지 말고' 열심히 공부하길 바랐으며 일본 땅에 가 있더라도 '무궁화 피는 조국 강산을 잊지 마라[回首能忘槿一丘]'라고 당부하였다.

중앙학림 혁신 사업 착수

3·1만세운동이 휘몰아친 기미년을 보내고 시국이 어수선한 가운데서도 젊은 승려를 교육하기 위한 노력은 멈출 수가 없었다. 이듬해(1920) 중앙학림 학장 박한영은 2월 16일, 모든 교직원을 봉춘관(奉春館)으로 초대하여 위로연 겸 학림의 장래에 대해 토론하는 자리를 마련하였다. 봉춘관은 종로 서린동(瑞麟洞)에 있는 중국 요리점으로 1914년 4월 23일 '한성임시정부 국민대회'가 개최되었던 장소이다. 당시 불교 언론에서는 이때의 모임을 개최한 이유를 이렇게 보도하고 있다.

---

74 『석전시초』 32쪽.

중앙학림 교직원 일동은 작년(1919) 3월 소요(3·1운동) 이후 허다
한 곤난과 저항하며 중첩한 파란(波瀾)에 정온(靜穩: 고요하고 편안
함)이 동시에 겸(兼)히 신년에도 1차 위연(慰宴)이 무(無)한……[75]

학장 박한영의 초대로 봉춘관에 모인 중앙학림의 교직원들은
만찬을 하면서 학림의 장래에 대해 상호 의견을 피력하고 토론을
하였다. 중앙학림은 위의 기사에 있듯이 3·1운동 이후 '허다한 곤
난'과 '중첩한 파란'을 겪었다. 그래서 학장 박한영은 이 모임 후
1920년 4월 신학기부터 본과를 일층 쇄신함은 물론이고, 또 본과
에 진학할 기초가 되는 예비과를 증설하여 시대가 요구하는 교육
사업을 베풀어 사회의 요구에 부응할 만한 인재를 양성하기로 하
였다.[76]
　　중앙학림에서는 4월의 신학기에 입학하고자 하는 지원자는 공
비 및 사비를 막론하고 수속 양식에 의거한 입학원서를 3월 25일
안으로 제출토록 하였다.

조선불교회 창립에 발기인·이사로 참여

석전은 1920년 2월 17일, 이능화·고희동·김돈희·김정해·양

---

75 「중앙학림 교직원 위로연」, 『조선불교총보』 제20호, 1920. 3. 20, 20~61쪽.
76 「중앙학림 예과증설」, 『조선불교총보』 제20호, 1920. 3. 20, 61쪽.

건식·이명칠·이혼성·이지광 등 29명의 발기인 중 한 사람으로 '조선불교회'의 창립에 참여하였다. 발기인 29명 중 스님은 6명(박한영·김정해·이지광·이혼성·정광진·김용태)인데, 이 가운데 정광진을 제외하고는 모두 중앙학림의 전·현직 교직원이었다. 즉 박한영은 현직 학장, 김정해와 이지광은 전·현직 학감, 김용태와 이혼성은 요감을 역임한 스님들이었다.

조선불교회는 불교 신앙으로 조선의 정신계를 통일하여 조선불교의 자광혜염(慈光慧燄: 자애로운 빛과 지혜의 불꽃)을 세계에 발휘하고자 설립하였다. 이 회에서는 설립 취지와 더불어 강령 다섯 가지도 제시하고 부서는 진제부(眞諦部)·건화부(建化部)·경리부를 두었으며, 임원은 총재 1인, 이사 12인, 심의원 20인, 간사 약간 명, 서기 3인을 두었다.

석전 박한영은 이사 12명 중의 한 사람이었다. 조선불교회에서는 두 차례 강연회를 개최하여 미증유(未曾有: 이제까지 한 번도 있어 본 적이 없음)한 대성황을 이루었다. 제1회는 1920년 3월 27일 단성사(團成社: 종로 묘동에 있었던 극장)에서, 제2회는 6월 26일에 역시 같은 장소에서 열렸는데 청중이 인산인해를 이루어 대대적인 포교를 하는 다대한 성과를 얻었다.

『동아일보』가 1920년 4월 1일에 창간되었다. 이 신문 창간호에 박한영은 「축사」를 게재하였다. 그는 축사에서 『동아일보』의 창간을 새로운 희망과 활로를 개척하는 것이라 칭송하며 『동아일보』의 진중(珍重: 귀하고 신중할 것)을 당부하였다.

　　석전은 1920년 5월, 「동협유기(東峽遊記)」라는 제목의 기행문을 『조선불교총보』 제21호(1920. 5. 20)에 발표하였다. 이 여행기는 석전 · 김노석(金老石) · 오취농(吳翠儂) 세 사람이 양주 소요산 · 철원 보개산과 심원사(深源寺) · 석대암(石臺庵) 등지를 유람한 이야기이다. 석전과 그 일행이 1919년 9월 26일부터 10월 4일까지 약 10일간 동협을 여행한 기행문이 「동협유기(東峽遊記)」이고, 이때 읊은 한시 15편은 『석전시초』에 수록되어 있다.

일본불교 임제종과의 합병 저지

이회광의 제2차 매종 음모

해인사 주지 이회광은 1919년 5월부터 조선 불교를 일본 임제종 묘심사파의 포교사인 고토 츠이캉(後藤瑞岩)과 결탁해 추종자인 김천 청암사(靑岩寺) 주지 김대운(金大運)·실상사 주지 진창수(陳昌洙)·대원사 주지 조영태 등 3인을 대동하고 1919년 5월 2일 일본 동경으로 건너갔다.

이회광은 일본 총리와 체신대신을 찾아가 "조선 불교는 다른 종교처럼 사회에 대한 자선 사업을 벌이지 않아 세상에서 환영받지 못할 것이니, 조선 불교의 종명을 개정하고 사찰의 재산을 정리해야 한다."라고 주장하였다.

때마침 조선총독 사이토 마고토(齊滕實)가 출장차 동경에 있었다. 이회광 일행은 사이토를 방문해 조선 불교의 종명을 바꿀 것과 사찰 재산을 정리할 것, 그리고 사찰 재산을 일괄 관장해 사업을 일으킬 주관 부서로 새로운 조선불교 종무원을 설립할 것을 제안했다. 사이토는 "조선에 돌아간 뒤 잘 조처할 것이니 그대로 돌아가라."고 하였다.

한편 이회광 일행은 도쿄에서 일본 고위층과 조선총독 등과 접촉한 뒤 교토 묘심사에서 고토 츠이캉과 합류해 조선 불교와 일본 임제종 묘심사파와 합병 문제를 숙의했다.

이회광이 이런 음모를 꾸민 데는 이유가 있었다. 1915년 30본산주지회의원이 30본산연합사무소로 개편되고 위원장 경선에서 이회광은 용주사 주지 강대련에게 압도적인 표차로 패배했다. 그러자 이회광은 교계 최고 지도자 자리를 강대련에게 빼앗긴 것을 설욕하고자 일본 불교 임제종 묘심사파 경성 출장소 주임이었던 고토 츠이캉과 결탁해 조선 불교를 일본 임제종과 합병시킨 후 교계 지도자가 되기 위해 음모를 꾸며 진행했던 것이다.

경상도 7개 본산, 이회광의 음모에 동조

1920년 2월, 일본에서 음모를 꾸미고 귀국한 이회광은 김룡사·고운사·은해사·동화사·기림사·통도사·범어사 등 경상남북도 7개 본산 주지를 대구로 초청해 자신의 음모를 구체화하는 일에 착수했다.

그는 7개 본산 주지들에게 일본 임제종 묘심사파와의 관계는 전혀 언급하지 않았다. 다만 교육 사업을 진흥시키고 조선 불교를 개혁하려면 불가불 종명을 개칭하고 새 종무원을 설립해 사찰 재산을 정리해야 하므로, 30대본산에 통문을 보내 종명 개칭 신청서와 이유서에 연명하여 총독부에 제출해야 한다고 선동했다.

이때 모인 본산 주지들은 "그렇게 되면 이 일을 30대본산연합사무소와 의논해야 되고, 그리 되면 이 일은 자연히 의견이 충돌해 일이 잘 되지 않을 것이다. 그러므로 경상도 7개 본산이 먼저 주창하고, 그 취지를 다른 본산에 알려 동의하면 좋으려니와, 듣지 않으면 어쩔 수 없다."라는 합의를 본 뒤 전국 각 본산에 그 뜻을 알렸다. 이회광의 통문을 받은 여러 본산에서는 30대본산연합사무소 위원장인 강대련에게 그 사실 여부를 질의했다.

그 무렵 교토의 『중외일보(中外日報)』는 이회광이 일본에서 조선 불교를 일본 임제종 묘심사파에 부속시켰다고 대서특필해 보도했다. 이 보도 때문에 일본에 유학 중인 조선 승려들로부터 강대련 앞으로 진위를 묻는 편지가 쇄도했다. 이에 강대련은 총독부 종교과장 나카라이 기요시(半井淸)를 찾아가 "이회광 스님이 중앙 정부에 교섭해 조선의 모든 사찰을 일본 임제종 묘심사파에 부속시킨다 해서 전국 사찰의 승려들이 동요하고 있으니 어떻게 하면 좋은가?" 하고 물었다.

나카라이는 고토 츠이캉에게 들었다면서 "이회광 스님이 조선 불교계의 권력을 쥐고 통솔하려는 야심이 있다고 하는데, 조선 사찰은 사찰령에 의해 조선 총독이 결단할 것이므로 아무리 본국 대신에게 진정서를 제출해도 효과가 없을 것이니 조선의 승려는 하등 동요할 것이 없다."라고 대답했다.

강대련은 종교과장 나카라이와 나누었던 대화 내용을 그대로 공문에 실어 각 본산에 회신했다. 이렇게 되자 이회광은 전국의 승려들로부터 거센 비판을 받았다.

석전, 조선 불교의 일본 임제종과의 합병 반대

조선 불교계가 이회광이 획책한 일본 임제종과의 합종 문제로 소란해지자 『동아일보』 기자가 당시 조선 불교회 이사이자 중앙학림 현직 학장인 석전 박한영을 학교로 방문하여 이회광 일파가 획책하고 있는 조선 불교의 개종 문제에 대해 인터뷰를 한다. 기자가 학교로 찾아갔을 때 마침 석전은 법복 차림으로 교실에서 강의하던 중이었다.

석전은 인터뷰에서 먼저 1910년 이회광이 일본 조동종과의 연합 획책에 관해 비판적으로 언급한 후 이렇게 말하였다.

……지금에 또 다시 이회광이 그때(1910)에 우리가 주장하여 반대하던 것을 보고, [이번에는 일본 임제종] 묘심사의 승려와 결탁한 것을 보건대, 그때는 조동종에 병합하기 위하여 [조선 선종] 임제종을 반대하였고, 지금은 또 [일본]임제종과 연합하기 위하여 임제종을 주창하니 우리는 원래 이회광의 주장에 찬성치 못하겠오. 지금은 무슨 종(宗)으로든지 상당한 법해(法海)를 이룰 수가

있는데 무슨 이유로 개종할 필요가 있을까?[77]

이 인터뷰 기사에서 볼 수 있듯이 석전은 이회광의 음모에 명쾌하게 반대하였다. 아울러 이회광의 주장에 따라 조선 불교가 개종할 필요가 전혀 없다고 강조하였다. 이회광의 일본 임제종과의 합병 문제는 석전 박한영을 비롯한 대부분의 조선 승려들이 반대하였고, 조선총독부에서도 이회광의 주장을 수용하지 않아 결국 무산되었다.

양산 통도사 불교청년회에서는 1920년 『취산보림(鷲山寶林)』(1920. 3~1920. 10, 통권 6호)이라는 불교 잡지를 간행하였다. 석전은 이 잡지 제2호(1920. 4)에 「철원보개산심원사(鐵原寶蓋山深源寺)」라는 칠언율시를, 제3호(1920. 6)에는 「북림청야추화찬상인기운(北林淸夜追和璨上人寄韻)」이라는 칠언율시를, 그리고 제5호(1920. 8)에 「소사(小師) 강연에 대한 감상」이라는 산문을 게재하였다.

성석(惺石) 김정순(金鼎淳)이 1920년 가을(음력 9월) 금강산에 다녀온 후 개운사에 주석하고 있는 석전을 방문하였다. 석전은 성석으로부터 금강산 여행 이야기를 들었고, 두 사람은 함께 시를 읊었다.

이때 석전이 쓴 시편[78]에 의하면 석전과 성석은 10년 가까이 우

---

77 「불교개종 문제」(5), 『동아일보』, 1920. 6. 28.
78 「성석 김정순이 풍악산에 다녀온 후 나를 방문하여 함께 읊다[金惺石(鼎淳)自楓岳來訪北林共賦]」, 경신(庚申: 1920. 9), 『석전시초』, 37~38쪽.

정을 나눈 친구였음을 알 수 있다. 김정순은 잘 알려진 인물은 아니지만 1915년 가을 경복궁에서 조선총독부가 개최한 '시정 5년 기념 조선물산공진회(始政五年記念朝鮮物産共進會)'를 관람하고 쓴 시 31수를 모아 엮은 시집 『공진회축하시(共進會祝賀詩)』 필사본이 규장각에 보관되어 있는 것으로 보아 한시에 능했던 한말 선비로 보인다.

석전은 그해(1920) 음력 9월 20일 「금산 용명당 대사 행략(金山龍溟堂大師行略)」을 썼다.[79]

용명당은 한말의 금산사 주지를 역임한 스님으로 법명은 각민(覺敏)이다. 또 같은 날(1920. 9. 20) 「설봉산석왕사설성동루중건기(雪峯山釋王寺雪城東樓重建記)」를 집필하였다.[80]

석전 박한영과 가람 이병기

조선 불교회는 경성 시내에 따로 사무실이 있었다. 사무실의 정확한 위치는 미상이지만 조선 불교회 이사였던 석전은 그곳에 종종 들렀다.

시조 시인이자 국문학자인 가람 이병기(李秉岐, 1891~1968)의 1921년 7월 5일 일기장에는 다음과 같이 적혀 있었다.

79 『석전문초』 175~180쪽.
80 『석전문초』 211~213쪽.

1921년 7월 5일, 화요일

아침나절 구름이 끼었다. 저녁나절 비가 온다. 오늘도 기상예보
는 틀렸다. 구름만 끼리라던 것이 비가 온다. [조선]불교회로 가서
글씨[붓글씨]를 쓰고, 한충 군과 바둑을 두고 석전과 이야기를 하
고, 불교회에 있는 외투 하나를 얻어 두르고 돌아오다. 밤새도록
비가 쏟아진다.[81]

이병기의 약력을 보면, 그는 1913년 한성사범학교를 졸업하고
전주와 여산(礪山) 등지의 보통학교에서 교사 생활을 하면서 고문
헌 수집과 시조 연구 및 창작 활동을 했다. 1919년 중국을 여행한
후 귀국하여 1921년 권덕규(權悳奎)·임경재(任暻宰) 등과 '조선어
연구회'를 조직하여 우리말 연구운동의 선봉이 되었다.[82]

이병기는 '조선어연구회'를 조직하던 해(1921)에 조선 불교회 사
무실에 자주 들렀고, 그곳의 이사였던 석전과 만나 담소를 나누기
도 했다.

가람 일기장에는 1921년부터 1934년까지 일기 속에 종종 석전
과 교류한 내용이 담겨 있다.

81 「가람 이병기」, 『석전 정호 스님 행장과 자료집』, 선운사, 2009, 275쪽.
82 '이병기', 『한국문학대사전』, 고려출판사, 1992, 462쪽.

한국인민치태평양회의서에 불교계 대표로 서명

석전은 52세인 1921년 11월 11일 워싱턴에서 개최된 태평양회
의에 제출한 「한국인민치태평양회의서(韓國人民致太平洋會議書)」에
서명·날인함으로써 한국이 일본으로부터 독립되어야 한다는 항
일 의사를 밝혔다.[83]

태평양회의는 미국·영국·일본·중국 등 9개국이 해군 군비 축
소 문제와 극동지역 문제를 토의하기 위하여 열린 국제회의였다.
상해에 있는 대한민국 임시정부는 태평양회의에 각별한 관심을
가지고 외교 능력을 총동원하였다.

한국임시정부는 중국의 산동 문제를 다루면서 한국 문제도 포
함해 달라고 요구하는 외교를 펼쳤다. 즉 "열국(列國)이 일본의 무
력 식민통치를 억제시키고, 세계의 평화와 한국의 독립을 위하여
노력해 줄 것을 희망하는 회의서를 보냈다. 이 「한국인민치태평
양회의서」에는 이상재·양기탁을 비롯한 국내의 민족단체·종교·
교육·경제, 그리고 각 군(郡)의 대표 등 109명이 서명·날인한 명
단이 수록되어 있는데, 석전은 월정사 주지 홍보룡(洪莆龍) 스님과
함께 불교대표단이 각국 대표를 접촉하면서 각종 진정서를 전달
하는 등 회의에 발언할 수 있는 기회를 얻으려고 노력하였다.

하지만 태평양회의는 강대국의 이권 재조정을 협의하기 위한

---

83 『독립신문』, 대한민국 3년(1921. 11. 19), 1면.

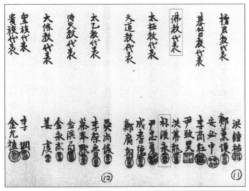

박한영과 홍보룡이 불교 대표로 서명한 '한국인 민치태평양회의서(한국인의 호소문)', 영문 번역본, 미주흥사단자료, 1921, 독립기념관 자료실

원본

한글 번역본

영문 번역본

것이었기 때문에 한국 독립 문제는 제기조차 못하고 아무런 성과 없이 1922년 2월 6일에 끝났다. 비록 성과를 거두진 못했으나 석전 박한영의 국권 회복에 대한 열망은 지대하여 한성임시정부의 참여에 이어 태평양회의서에 불교계 대표로 참가하였던 것이다.

조선불교도 총회 의장에 선출되다

청년 승려들은 3·1운동에 참여한 이래, 교계의 각종 부패와 쇠퇴의 원인이 일부 주지가 일제의 관권과 유착한 데 있다고 보고 본말사 주지의 권위적이고 전횡적인 행태를 바로잡고자 불교계의 개혁 세력으로 대두하였다.

당시 불교 교육의 중추 기관이었던 중앙학림에 재학 중인 청년 승려 학생들은 1920년 3월 12일에 각 지방으로 전국불교청년회(이하 청년회) 발기인대회 개최에 관한 통지서를 보냈다. 그리하여 발기인 총회(6월 6일), 실행위원회(6월 9일)를 거쳐 6월 20일 하오 1시 각황사에서 청년회 창립총회를 개최하였는데 참석자가 수백 명에 달하였으며, 제반 업무를 조직하고 임원을 선출하였다.[84]

청년회에서는 1920년 12월 15일 지방위원들과 간부들이 모여 유신예비회(維新豫備會)를 개최해 당면한 문제를 논의하고 30본산

---

84 「불교청년회 창립총회」,『조선불교총보』제22호, 1921. 1. 20, 68쪽.

연합사무소에 여덟 가지 건의문을 제출하였다. 이어 청년회에서는 30본사 주지들 가운데 기득권을 지키고자 청년 승려들의 불교 유신 활동에 반대하는 일이 종종 있어, 1921년 12월 21일에 불교유신회를 창립하였다. 불교유신회에는 1,000여 명의 청년 승려들이 가입하였다.

불교유신회에서는 1922년 1월 3일에 개최된 30본산 주지총회에 참석하여 주지총회를 변경하여 조선승려대회로 진행하자는 의견서를 제출하였다. 30본산 주지들은 1월 6일 회의에서 찬반 투표 끝에 종래의 30본산 주지총회를 '조선불교도 총회'로 바꾸고 그 의장으로 석전 박한영을 선출하였다.

1월 7일, 30본산연합사무소에서 개최된 조선불교도 총회에서 의장 박한영은 이 총회가 열리게 된 과정을 설명하였다. 그리고 그는 주위의 여러 가지 곤란한 사정을 들어 청년 승려들이 과도한 요구를 하여 공론(空論)에 그치게 할 것이 아니라 현실적인 요구를 해야 원만한 성공을 거둘 수 있다고 젊은 스님들을 다독였다.

조선불교도 총회는 30본산연합제규가 몇몇 본사 주지들이 전제(專制: 마음대로 결정함)로 제정되었다면서 이 제규의 폐지를 만장일치로 가결하였다. 나아가서 불교계 통일기관으로 종무원을 두기로 하였다. 중앙학림은 50만 원의 기금을 마련하여 재단법인 불교전문학교를 만들기로 결의하였다. 통일기관을 유지하기 위한 규칙을 제정하기 위하여 오성월 외 14인을 규칙위원으로 선정하여 3월까지 종헌을 제정하여 불교도총회에서 통과시키기로 하였다.

이상이 조선불교도 총회의 의장 박한영이 회의를 주재하여 결정한 의안이었다.

조선불교회 이사 박한영은 1922년 3월 11일, 동아일보사가 발기한 재외동포위문단 결성을 반기고, 사명 대사가 임진왜란 직후 일본에 건너가 붙잡혀간 우리 동포와 빼앗긴 보물들을 되찾아 온 사실을 거론하며 『동아일보』의 이 사업을 축하·격려하였다.[85] 석전이 일제 치하에서 『동아일보』 지면에 임진왜란과 사명 대사를 거론한 것은 대담한 발상이자 다른 이가 흉내 내기 어려운 일이었다. 일본인들은 1592년에 자기들이 일으킨 침략전쟁인 임진왜란과 사명 대사를 입에 올리는 것을 애써 기피하였다. 그런데 이는 박한영이 아니고서는 발설할 수 없는 일이었다.

불교계 대악마 용주사 주지 '명고축출사건'

청년 승려들의 개혁과 유신 활동이 진행되는 와중에 1922년 3월 26일 '명고축출(鳴鼓逐出)' 사건이 일어났다. 불교유신회 회원인 강신창(姜信昌)·김상호(金尙昊)·정맹일(鄭孟逸) 등 청년 승려 100여 명이 불교유신회 운동을 완강하게 반대하는 수원 용주사 주지

---

85 「재외동포 위문, 위대한 사업 축복, 삼백 년 전 사명 대사 사실 이후 오늘날 처음 있는 거룩한 사업, 조선불교회 이사 박한영 씨 담(談)」, 『동아일보』, 1922. 3. 11. 3면.

강대련 스님을 서울 시내에서 조리 돌린 사건이다.

　유신회의 젊은 스님들이 강대련의 등에 작은 북을 지운 뒤에 '불교계 대악마 강대련 명고축출'이라는 깃발을 들고 강대련에게 지운 북을 둥둥 치면서 남대문에서 종로 네거리를 지나 동대문까지 행진하였다. 이 급보를 접한 종로경찰서에서는 10여 명의 경관을 출동시켜 군중을 해산시키고 관련자 8명을 연행하였다. 이 사건 관련자는 후에 사법 처벌을 받았다.(1922. 5. 16, 징역 4~6개월)

　강대련의 명고축출사건은 전 조선을 발칵 뒤집어 놓았다. 불교계는 말할 것도 없고 일반인들도 이 사건에 대해 떠들썩하게 이야기할 정도로 유명하였다. 강대련이 이처럼 명고축출이란 희대의 기이한 봉변을 당한 것은 그가 청년 승려들의 개혁 사업을 번번이 반대하였고, 그뿐 아니라 불교 재산을 횡령하고 스님들을 농락하며 횡포한 일을 많이 하였기 때문이었다.

석전, 부자들 각성과 소작료 인하 요구

　동아일보사에서는 1922년 4월 1일, 사회 저명인사들에게 현재 조선에서 가장 필요한 일이 무엇인가 하는 질문을 하였다. 이에 석전은 『동아일보』 4월 1일자 5면에 1920년대 조선의 가장 급무를 부자들과 지주의 각성, 그리고 비참한 소작 농민들을 구제해야 한다고 강력하게 촉구하였다. 그는 지주들이 과다하게 소작료를 받아 농민들은 일 년 동안 애쓰고 농사를 지어도 식량도 되지 못하는 처참한 생활을 한다고 말하였다. 그렇게 비참한 삶을 살아가는 농민들을 내버려 두면 결국 그들은 모두 떠돌며 걸식하는 처지로 내몰릴 수밖에 없으니 부호와 지주들은 크게 반성해 가난한 소작인들을 구제해 주어야 조선 인민의 90% 이상인 농민들이 살아갈 수 있을 것이라고 하였다.[86]

사찰령 철폐, 건백서 제출 대표

불교유신회는 일제강점기 조선불교계를 옥죄고 있는 최대 장애였던 '사찰령' 폐지운동을 전개하였다. 1922년 4월 19일자로 불교유신회원인 유석규(劉碩規) 외 2,284명의 연서로 사찰령 폐지에 관한 건백서를 조선총독부에 제출하였다.[87] 그런데 총독부에서 아무런 회신이 없자 불교유신회에서는 1923년 1월 6일에 다시 사찰령 폐지 건백서를 제출하였다. 그리고 박한영 등 9명의 위원을 선정하여 일주일 안으로 당국에 질문하기로 하였다. 그래도 총독부가 회신을 하지 않자 1923년 5월 26일 세 번째로 사찰령 폐지를 건의하였다.

---

86 「신생을 추구하는 조선인, 현하 급부는 과연 무엇인가? 박한영 씨 담(談)」『동아일보』, 1922. 4. 1, 5면.
87 「사찰령 폐지를 말하고」『동아일보』, 1922. 4. 21.

그러나 여전히 총독부는 아무런 반응을 보이지 않았다. 이 건백서를 제출할 때, 1차에 15명, 2차에 9명의 대표위원을 선정하였는데 석전 박한영은 1·2차 건백서에 모두 대표위원으로 선정되었다. 이는 박한영이 당대 조선 제일의 불학 강사이자 중앙학림의 현직 학장일 뿐만 아니라, 한성임시정부, 대동단, 태평양회의서에 불교계 대표로 참여한 항일 인사이자 불교 개혁과 유신 운동의 지도자로서 역할을 하였으며, 혁신적인 불교청년회와 불교유신회를 적극 지원하여 청년 승려들의 전폭적인 지지와 신뢰를 받고 있었기 때문이다.

정인보·홍명희·이건방 등과 교류

석전은 1922년 4월, 「이난곡 초당을 방문해 벽초와 위당의 '남유시초'를 보고 그 안의 '내장사' 시에 화운하다」[88]라는 긴 제목의 오언율시를 지었다. 이 시제에 나오는 난곡(蘭谷)은 이건방(李建芳, 1861~1939)인데 위당 정인보의 스승이고 석전과는 친밀하게 교우하는 친구였다.

이건방의 자는 춘세(春世)이고 주자학과 양명학에 조예가 깊었으며 사촌 형이 조선 후기 문신·학자로 이름 높은 이건창(李建昌,

----

88 「방이난곡초당람벽초위당남유시초속화내장사운(訪李蘭谷草堂覽碧初爲堂南遊詩草屬和內藏寺韻)」(1922. 4), 『석전시초』, 39쪽.

1852~1898)이다. 난곡은 1885년 진사시에 합격했고, 「원사(原士)」
를 짓고 기거하면서 은둔한 선비들을 신랄하게 비판하였다.

시제에서 난곡 다음에 언급한 벽초는 홍명희(洪命熹: 1893~
1068)를 가리킨다. 벽초 홍명희는 충북 괴산 출신으로 어린 시절
한학을 배우다가 일본에 유학하여 다이세이 중학을 졸업하였다.
경술국치(한일병합) 후 귀국하여 오산학교·휘문학교 등에서 교편
을 잡았고, 1920년대 초반에는 『동아일보』에 소설 『임꺽정[林巨正]』
(전 10권)을 연재하여 한국 역사소설의 새로운 지평을 열었다는 평
가를 받았다.

사람들은 벽초를 공산주의자라고 하지만 그는 마르크스주의자
라기보다는 사회주의에 공명하는 진보적 민족주의자로 평가된다.
그는 1948년 남북연석회의에 참가한 후 그대로 북한에 남아 1962
년까지 내각 부수상을 역임하고 1968년 병사하였다.

시제에 나오는 「남유시초(南遊詩草)」는 벽초와 위당이 남쪽지방
을 여행하고 쓴 시편을 가리킨다.

위당 정인보는 양명학자인 난곡 이건방의 문하에서 경학과 양
명학을 공부했다. 위당은 1910년 중국에 유학하여 동양학을 전
공하면서 신규식·박은식·김규식·신채호 등의 망명 독립지사들
과 동제사(同濟社)를 조직하여 독립운동과 동포들의 계몽에 힘썼
다. 1918년 귀국하여 연희전문·이화여전·세브란스의전·중앙불
교전문학교 등에서 국학과 동양학을 강의하였다. 또 『시대일보』와
『동아일보』의 논설위원으로 총독부의 정책을 신랄하게 비판하여

국혼(國魂)을 환기시켰다.

위당은 대동아전쟁(1941)이 일어난 뒤 국학에 대한 일제의 탄압이 광폭해지자 강의와 논설 활동을 모두 그만두고 1943년에 가족을 이끌고 전북 익산군 황화면 중기리에서 아주 가난하게 살았다. 이에 위당을 돕고자 석전이 김제군 성덕면의 동진농조수리조합장인 부자 강동희에게 편지를 보내 정인보의 어려운 생활을 도와주라는 부탁을 하였다.

강동희(姜東曦, 1886~1964)는 일제강점기의 관료로 호가 오당(五堂)·초연재(超然齋)이며 민족문제연구소에서 간행한『친일인명사전』에 수록되어 있는 친일파 관료이다. 그는 글씨와 사군자를 익혀 많은 서화 작품을 남겼다. 그의 손자인 강재균(姜載均: 이비인후과 병원장)은 할아버지가 모은 명사들과의 간찰(편지) 300여 통을 정인보의 셋째 딸 정양완(鄭良婉) 교수의 도움을 받아 번역·해설하여『병세한묵(幷世翰墨)』(보진재, 1991)이라는 제목으로 출간하였다. 석전이 강동희에게 정인보를 도와주라고 부탁한 편지가『병세한묵』에 수록되어 있다.

중앙학림 동맹 휴학, 전문학교로 승격 요구

중앙학림의 학생대표들은 학교 당국과 30본산 주지들에게 중앙학림의 전문학교 승격을 수차 건의했으나 본산 주지들이 재적

부족을 이유로 이를 허락하지 않았다. 그러자 중앙학림 학생들은 1921년 10월 1일을 기해 전문학교 승격을 요구하면서 동맹휴학을 단행했다. 이들의 동맹휴학은 불교계에 큰 충격을 주어 조선불교청년회와 불교유신회는 불교 개혁을 위해, 이미 언급했듯이 박한영을 의장으로 선출하여 30본산연합회를 폐지했다.

이 결의에 찬동하는 통도사·범어사·해인사·석왕사·백양사·위봉사·송광사·기림사·건봉사 등 10개 본산 주지들은 30본산연합회에서 탈퇴해 각황사에 조선불교선교양종 중앙총무원을 설치하였다.

석전, 중앙학림 학장직에서 물러나다

청년회와 유신회 측이 만든 중앙총무원에 반대하는 친일 성향의 본산 주지들은 1922년 5월 29일 각황사에 중앙교무원을 설립하고, 본산 주지들에게 반기를 들고, 불교청년운동의 주축을 이루는 중앙학림을 눈엣가시처럼 여겨 3년간 중앙학림을 휴교하기로 결정했다. 이로써 석전은 3년 2개월간 봉직한 학장직에서 물러날 수밖에 없었다.[89]

이어 석전은 1922년 6월 22일, 마침내 구암사 주지직에서도 벗

---

89 「중앙학림 휴교」, 임혜봉, 종정열전 제1권, 『누가 큰 꿈을 깨었나』, 가람기획, 1999, 24~25쪽.

어났다.

학장과 주지직에서 물러난 석전은 1922년 8월, 동광(東光)학교 교사인 가람 이병기·애류(崖溜) 권덕규 등과 함께 강경·정읍 등지로 여행하였다.[90]

이병기는 1921년에서 1931년까지 '조선어연구회(후에 조선어학회로 개칭)'의 간사를 맡아 보면서 석전의 도움을 많이 받았던 것으로 보인다. 1926년 12월 29일 「가람일기」에는 시조 3수를 지어 석전에게 드렸다고 적혀 있다. 그 외 가람의 일기에는 석전이 여러 곳에 등장하는데 특히 석전과 동행했던 1923년 금강산 여행과 1924년 제주도 기행에 대해서는 상세한 내용이 일기에 쓰여 있다.

90 「일기초(日記抄)」 이병기, 『가람』 신구문화사, 1966, 105~118쪽.

・
・
・

3부

기행시대 :
한라에서
백두까지

石顚釋鼎鎭

춘원·가람과 금강산 여행

석전은 1923년 7월 하순, 춘원 이광수·가람 이병기·박현환(朴玄寶) 등 3명과 일행이 되어 금강산 여행을 했다.

이광수(李光秀, 1892~?)는 우리 신문학사상 최초의 장편소설 '무정(無情)'을 『매일신보』에 연재해 우리나라 소설문학의 새로운 전기를 마련하였다. 즉 춘원은 한국 신문학의 개척자요, 선각자로 촉망받는 엘리트 문학가였다. 춘원보다 한 살 많은 가람 이병기는 앞에서 언급했듯이 시조시인이자 국문학자로 역시 당대 문화계에서 주목 받고 있는 인물이었다. 박현환(1892~?)은 평북 철산 출생으로 호가 나정(蘿井)이다. 그는 오산학교를 나와 일본에 유학하고 오산학교 교사로 있으면서 평생을 톨스토이 작품 번역에 힘썼고 춘원과는 나이가 동갑이어서 절친한 친구 사이였다.

석전 일행의 1923년 여름 금강산 여행은 이광수의 기행문 『금강산유기(金剛山遊記)』[91]에 소상하게 서술되어 있다. 춘원은 이 글의 서두에서 "영호 노사로 인로지보살(引路之菩薩)을 삼아 금강산

---

91 『이광수전집』 제18권, 삼중당, 1963, 111~121쪽.

에 두 번째 들어갔다."라고 하였다.

일행이 금강산 여행을 한 1923년 석전은 세수 54세였고, 춘원·가람·나정은 30대 초반이었다. 이처럼 20여 세나 나이가 많으므로 그들은 석전을 '영호 노사'라고 존칭하였다.

석전은 1892년 은사인 금산 화상을 따라 금강산에 가서 3년가량을 머물렀으므로 금강산 지리를 잘 알고 있었다. 그래서 '인로지보살'이라 칭하였을 것이다.

금강산 신계사 보광암

춘원의 『금강산유기』에 의하면 석전 일행은 서울 청량리에서 기차를 타고 출발하여 원산을 경유해 금강산에 이르렀다고 하였다. 이들이 신계사 산내 암자인 보광암에 갔을 때, 암자의 주지 월하 노사(月下老師)는 석전의 사형(師兄)이었다. 월하 스님은 석전 일행이 온다는 기별을 받고 두세 명의 어린 승려를 데리고 봉당(蓬塘: 보광암에 있는 연못 이름) 앞까지 나와 일행을 마중하였다.

석전 일행은 마침 그곳에서 큰 장맛비를 만나 보광암의 빈객(賓客)이 되어 4~5일가량 머물렀다. 일행은 장맛비가 그치길 기다리며 온갖 이야기를 하면서 소일하였다.

춘원은 장맛비에 갇힌 4~5일 동안 '우스운 이야기, 슬픈 이야기, 승려 이야기, 정승 이야기, 금강산에 불공 오신 정승 댁 마님

이야기, 의병 이야기, 일병(日兵) 이야기, 죽을 뻔하다가 살아난 이 야기 등 끝없는 이야기로 무료함을 달랬다고 하였다.

춘원은 비 오는 날 보광암 새벽의 도량석을 돈 것을 시조로 쓰 기도 하고, 그때 들은 새벽 종송(鍾頌)의 원문을 기록한 후 그걸 번역하여 기행문에 쓰기도 하였다.

닷새 만에 비가 그치자 춘원 일행은 영호 노사를 앞세워 보광 암에서 십리가량 되는 곳에 있는 동석동을 구경하였다. 춘원은 동 석동을 "금강산 경치 중에서 독립한 특색을 가진 풍경이니, 청계 (淸溪)에 누워 벽해(碧海)를 굽어보는 경치는 심히 희한하다."라고 하였다.

삼일포 · 백천리 · 선암 · 원통암 · 유점사

다음날도 비가 그치지 않았다. 일행은 발연곡을 구경하려던 계 획을 취소하고 고성(高城)으로 나가 삼일포를 보고 저녁 무렵 개 재[狗嶺]를 넘어 백천리에 도착하였다. 하지만 장맛비로 백천리 개울물이 불어나 도저히 건널 도리가 없어 백천리에서 묵었다. 다 음날 일행은 외원통(外圓洞)을 찾아갔다.

그날도 빗줄기는 그치지 않아, 우중(雨中)에 선담(船潭)을 보고 송림사 옛 절터를 지나 원통암에 이르렀다. 원통암은 노장봉(老丈 峰) 밑 오성대(悟惺臺)와 학소대 맞은편에 있다. 마침 원통암의 주지가 영호 노사의 명편(名片: 이름난 작품)을 보았다며 반겨 맞아 일행에게 손수 점심을 준비하는 등 환대를 받았다.

비가 계속 내려 이들은 원통암에서 하룻밤을 묵으며 기다렸지만 개천을 건널 수가 없었다. 하는 수 없이 왔던 길을 되돌아 백천리로 갔지만 역시 개천을 건널 수 없어 냇가 주막집에 점심을 시켜 놓고 무료함을 달래려 시운(詩韻)을 내었다. 먼저 영호 노사가 한 수 읊고, 이어 가람과 춘원도 칠언절구를 한 수씩 읊었다.

일행은 한없이 기다리기도 지루하여 강건해 보이는 월천꾼(越川軍: 내를 건네주는 장정) 한 명을 사서 여울을 건너 유점사로 가기로 하였다. 백천리 하류 둘째 개울에서 석전이 그만 거센 물살에 휩쓸려 버렸다. 떠내려가는 석전을 월천꾼이 건져주어 낭패를 모면하였다.

일행은 백천을 건너 개재[狗嶺]를 넘어 밤 8시경에야 겨우 유점사에 닿았다.

유점사에서는 주지 일운(一雲) 화상의 배려로 정갈한 방에서 편히 쉬었고, 다음날 53불(佛)을 친견했다. 유점사에는 53불과 같이 왔다는 오동향로(烏銅香爐)가 절의 보물로 전해져 왔는데, 약 10여 년 전 대한제국 시절(1897~1906)에 궁내부 대신을 역임한 민병석(閔丙奭, 1858~1940)이 가져간 뒤로 소식이 묘연하다고 사승(寺僧)이 한탄하였다. 반민족적 친일매국노였던 민병석이 유점사의 보물 오동향로를 권세로 빼앗아 간 것이다.

저녁 식사 후 일행은 유점사의 산내 암자인 반야암을 둘러보았다. 마침 암자에서는 법회를 하고 있어 스님과 신도 십여 명이 모여 있었다.

유점사의 밤, 춘원이 6촌 형제인 운허용하를 만나다

유점사 객실에서 춘원이 막 잠 들려고 할 때 누군가 춘원의 이름을 불러 나가 보니 어떤 스님이었다. 그 스님은 자신이 누구라고 밝히면서 춘원의 손을 꽉 잡았다. 춘원도 그의 이름을 듣자 와락 그를 껴안았다. 그는 바로 이별한 지 4~5년이 지나도록 생사를 몰랐던 육촌 형제 이학수(李學修)였다. 두 사람은 야밤에 문득 만나 인적 없는 경내 누각에 올라 그동안의 기구한 삶의 역정을 털어놓으며 끝없는 회한에 잠겼다.

1923년 7월, 이광수가 금강산 유점사에서 한밤중에 만난 이 승려는 운허용하(耘虛龍夏, 1892~1980) 스님이었다. 그는 독립운동을 하다가 일본 경찰에 쫓겨 다니다 1921년 봉일사에서 경송 스님을 은사로 하여 삭발·출가하였다. 그는 봉선사 주지 홍월초 대사의 주선으로 유점사 강원에서 공부하던 중이었다.

이광수는 이때 만난 운허 스님에 대해 신들린 듯 『금강산유기』에 예언을 했다.

독자여, 기다리라. 불원(不遠: 멀지 않다)의 장래에 반드시 총림(叢

林)의 석덕(碩德: 학문이 깊고 덕이 높은 승려)으로 그의 명성이 제위
(諸位)의 귀에 들릴 날이 있으리라.[92]

춘원의 예언은 적중했다. 이후 운허는 1927년 석전이 강주로
있던 개운사 대강원에서 대교과 공부를 하였고, 훗날에는 『화엄
경』·『열반경』·『수능엄경』 등 경전 번역에 매진하였으며, 1963년
에는 '동국역경원'을 창설하여 입적하는 날까지 한글대장경 편찬
사업을 주도해 큰 업적을 남겼다.
　운허는 이광수가 석전 일행과 함께 유점사에 오자 낮에는 몸을
숨기고 있다가 밤중에 다른 사람 몰래 이광수를 만났던 것이다.
　다음날 석전 일행은 은선대를 구경하고 석양에는 운허와 함께
중내원암(中內院庵)을 향하여 길을 떠났다. 이들은 거대한 거북바
위를 지나 중내원암(해발 1,200미터. 원문에는 4,000척)에 당도하여 운
무에 쌓인 금강산의 수려한 풍광을 내려다보았다. 날씨가 궂어서
일행은 암자에서 자고 다음날 아침에 미륵봉에 오르기로 하였으
나 역시 기상이 좋지 않아 미륵봉 등산을 포기하고 하산하였다.

92 이광수, 『금강산유기』, 앞의 책, 111쪽.

춘원, 혈서 사경 『법화경』을 보고 한없이 눈물 흘려

춘원은 유점사에서 운허와 이별하고 일행과 함께 마하연사(摩訶衍寺)를 향하여 떠났다. 마하연까지는 사십 리가량 되었다. 그들은 마하연사에서 자고 이튿날 석전의 안내로 금강산 최고봉인 비로봉(毗盧峯, 높이 1,638)에 올랐다. 운이 좋아 그날의 비로봉은 날씨가 청명하였다. 일행은 마하연사에서 사십 리나 되는 비로봉을 3시간 만에 왕복하고 오전 11시경 돌아왔다. 이들은 점심을 기다리면서 마하연사의 보물인 호봉(虎峰) 대사의 필사본 『화엄경』 62권과 혈서로 쓴 만허신운(滿虛辛芸) 비구의 『화엄경』 7권을 보았다.

춘원은 만허 비구의 혈서 사경 『화엄경』을 대할 때에 책장에 묻어 있는 혈흔을 보고 모골이 송연하였고 맨 끝 장에 역시 혈서로 '비구만허신운위현생부모형제일체친척혈서(比丘滿虛辛芸爲現生父母兄弟一切親戚血書)'라 한 것을 볼 때 뜨거운 눈물이 눈 안에 가득함을 금할 수 없었다고 하였다.

구룡폭포, 김규진이 쓴 '彌勒佛(미륵불)' 세 글자

석전 일행은 점심을 마치고 만폭동(萬瀑洞)과 표훈사·정양사를 거쳐 장안사(長安寺)로 갔다. 미륵봉의 한 가운데에는 금강산의 최대 폭포이자 우리나라 3대 폭포(설악산의 대승폭포, 개성 대흥산의 박연폭포, 금강산 구룡폭포)의 하나인 구룡폭포가 있다. 그 폭포 곁에 해강 김규진(海岡 金圭鎭, 1868~1933)이 1919년에 한자로 쓴 '彌勒佛(미륵불)' 세 글자가 커다랗게 새겨져 있는데 '佛(불)'자의 끝 획은 삐친 길이만 무려 13미터였다. 이 길이는 구룡폭포의 물이 떨어져 만들어진 구룡연 연못 깊이에 해당한다.

석전과 그 일행은 구룡폭포를 구경하면서 김규진이 새긴 이 글자를 보았다. 춘원은 이 글씨를 보고 "구룡연을 더럽힌 김모(金某)의 허영심에서 온 죄악"이라며 가혹하게 비판하였다.

그런데 유홍준 교수는 "구룡폭포를 더욱 빛나게 하는 것은 해강 김규진이 쓴 대자(大字) '彌勒佛'이다."라고 하였다.[93]

구룡폭포의 이 큰 글씨를 춘원은 1923년에 보았고 유홍준은 88년 뒤에 보았다. 세월의 간극이 크듯이 두 사람의 견해 차이도 매우 크다.

석전 일행은 이어 백탑동(百塔洞) 구경을 하였다. 춘원은 "봉두의 기암이 모두 탑 형상으로 되어 있어 실로 기경이고 천하에 다시없을" 경관이라고 경탄하였다. 석전은 "바위들이 백여 개의 탑으로 솟은 것은 장관"이라는 내용의 「백탑동을 찾다[行尋百塔洞]」라는 제목의 시를 읊었다.[94]

석전 일행의 1923년 7월 하순에서 8월 초에 걸쳐 있었던 금강산 여행은 백탑동 구경을 끝으로 마무리된다. 춘원은 『금강산유

---

93 유홍준, 『다시 금강을 예찬하다』 창비, 2011, 148쪽.
94 『석전시초』 40쪽.

기』의 말미에서 "이만하여도 지구의 자랑인 금강산의 개략(槪略)은 보았으니 고려국에 품출(稟出: 안겨 태어남)한 보람은 되었다."라고 하였다. 이는 석전·가람·나정도 춘원과 마찬가지 심정이었을 것이다.

석전은 1923년 11월 중순, 중앙교무원에서 일본 임제종 묘심사 승려 신곡종일[神谷宗一, 묘향산 보현사 감무(監務)]을 고문으로 청빙한 것에 대하여 조선불교유신회 대표자 자격으로 강하게 비판하였다. 교무원에서 만약 고문을 둔다면 소관 관청(총독부 종교과)이 바로 고문일 것이고, 또한 조선 승려 중에도 고문할 만한 자격 있는 스님이 있을 텐데 일본 승려를 고문으로 삼은 것은 동포들이 분노 혹은 조소할 일이라고 『동아일보』 지면에 강한 어조로 비판하였다.[95]

관동대지진과 국경지대 독립군 공격, 시국 혼란

석전이 춘원 등과 금강산을 여행하고 돌아온 그해 가을, 일본에서는 큰 지진이 나서 도쿄와 그 부근이 쑥대밭이 되었다. 1923년 9월 1일에 일어난 대지진(진도 7.9)으로 9만 9천여 명이 사망하고 가옥 46만여 호가 파괴·소실되었다.

....
95 『동아일보』, 1923. 11. 18, 6면.

일본 군대와 경찰·자경단은 큰 지진으로 피해가 속출하고 민심이 흉흉해지자 "조선인이 우물에 독을 풀었다."라는 따위의 거짓 유언비어를 퍼뜨리고 조선인 폭동설을 조작하여 무고한 재일한국인을 무려 5천여 명 이상 학살하였다. 한편 압록강과 두만강 연변의 국경지대에서는 1923년 한 해에만 항일독립군이 454회나 출동하였고 일본 경찰 관서를 습격한 것이 12회였다. 일본은 큰 지진으로, 조선 국경지대는 독립군의 공격으로 혼란한 시기였다.

석전은 1924년 2월, 혼란한 시국을 의식하여 혜산(蕙山) 권항(權沆)을 만나 시국에 대한 느낌을 시로 쓰면서 "아득한 세상일은 갈수록 소란스러운데……느티나무 그늘에 앉아 모두가 망연할 뿐"이라고 하였다.[96]

석전은 혜산과 관련된 시를 10여 편이나 썼는데 이를 보면 두 사람은 교류한 지 오래된 벗인 듯하나 혜산 권항에 대해 알려진 사실은 별로 없다. 두 사람이 종종 함께 시를 지어 주고받은 걸 보면 권항은 문장력을 갖춘 당대의 지식인이었던 것으로 짐작된다.

석전은 1924년 5월, 『조선불교』 창간호(1924.5.11, 5면)에 「불교와 조선 현대」라는 글을 청탁받아 집필하여 게재하였다. 이 잡지는 조선에 거주하는 일본 불교도들이 발간하는 월간지였다.

『개벽(開闢)』 제48호(1924. 6. 1)에는 기전(起瀍)이라는 필명을 쓰는 사람이 경성에 소재한 각 종교단체를 순방하고 주요 인물과

---

96 「혜산 권항을 만나 회포를 쓰다[逢權蕙山(沆)書懷抱]」, 1924년 2월), 『석전시초』 42~43쪽.

단체에 관하여 서술한 글을 게재하였다. 이 글에서 "경성 불교의 기관으로 불경 출판을 목적으로 하는 박한영 중심의 조선불교회가 있다."라고 하면서 박한영을 조선불교계의 주요 인물로 소개하였다.

석전은 1924년 7월, 불교 잡지 『불일(佛日)』(1924. 7~1924. 11, 통권2호)의 편집 동인 10인 중의 한 사람으로 참여해 제1호(1924. 7)에 「일모황혼(日暮黃昏)에서」(2~6쪽)와 「불교의 개념」(30~34쪽) 두 편을 발표하였다. 제2호에는 「사상 개조 문제에 대하야」(1~3쪽)와 「불교의 개념(2)」(26~29쪽)을 게재하였다.

제주도 기행

　석전은 1924년 8월 1일부터 8월 9일까지 제주도를 여행하였다. 석전의 제주도 여행은 「영주기행」에 소상하게 기록되어 있다. '영주(瀛洲)'는 제주도를 달리 부르는 말이다. 석전의 제주도 기행문 「영주기행」은 『불교』 제4호와 제6호에 게재되어 있다.

　석전은 제주도를 여행한 계기 두 가지를 밝히고 있다. 첫째는 제주도에는 한라산이 있어 풍류와 운치가 좋아 시심이 절로 솟구치기 때문이고, 둘째는 추사 김정희가 남긴 편지글을 읽은 것이 제주도를 여행하게 된 계기라고 하였다.

　김정희는 윤상도의 옥사에 연루되어 1840년(헌종 6)에 제주도로 유배되어 9년 동안 귀양살이를 하면서 많은 편지글을 남겼다. 석전은 추사가 제주도에서 쓴 편지글을 읽고 제주도의 풍광을 보고 싶은 마음이 일었던 것이다.

애류 권덕규·가람 이병기와 목포항에서 출발

제주도 여행의 동행자는 애류(崖溜) 권덕규(權悳奎)와 가람 이병기였다. 석전은 「영주기행」에서 이병기의 호를 가남(柯南)이라고 썼는데 이는 또 다른 그의 호이다. 석전은 두 사람을 각기 역사가와 어학가라고 표현하였다. 권덕규는 1922년 8월에 석전과 가람 이병기와 함께 강경·정읍 등지를 함께 여행한 친분이 있는 인물이다.

석전·애류·가남, 세 사람은 1924년 8월 1일 정오, 목포의 제주 회조부(濟州回漕部: 제주행 선착장)에서 경흥환(慶興丸)에 탑승하였다. 경흥환은 1938년 건조한 대판상선 소유의 기선인데 정원은 97명이었다. 일행 세 사람은 뱃멀미를 우려하여 배를 타기 전에 약국에서 인삼 반 근을 사서 챙겼다. 석전 일행이 탄 기선 경흥환은 정오에 발묘출범(拔錨出帆: 닻을 뽑고 배가 떠남)하였다. 석전은 기선이 항구를 출항하는 것을 다음과 같이 고색창연한 한문구로 표현하였다.

남상북객(南商北客: 남쪽 상인과 북쪽 손님, 즉 배에 탄 많은 승객)의 범장(帆檣: 배의 돛대, 즉 기선)은 항구에 들며 나는 기적성(汽笛聲: 뱃고동)은 만류음중(萬柳陰中: 수많은 버드나무 그늘 속)에 매암(매미)이 소래(소리)와 잡출(雜出)한다.[97]

97 박한영, 「영주기행」(1), 『불교』 4호, 1924. 10, 43쪽.

이어 그는 경흥환 갑판에서 바라본 목포 유달산의 시가지 모습을 "신구(新舊) 가옥 수천 통이 그 산허리에 연밥[蓮房子]처럼 촘촘히 박혀 있었다."라고 서술하였다. 산허리에 촘촘히 들어찬 집들을 '연밥'에 비유한 것은 불교적 표현이다. 그가 쓴 「목포항」이라는 제목의 시에서도 유달산 중턱의 가옥과 그물을 널어놓은 채 졸고 있는 어부의 모습을 스케치하듯 묘사하였다.[98]

석전 일행이 탄 기선은 목포 항구 앞 섬 사이를 빠져 나갔다. 경흥관은 곧 울두목(율돌목)에 이르렀다. 멀리서 굽이치던 푸른 파도가 좁고 급한 여울이 되어 우레같이 시끄러운 소리가 나고 흐르는 포말이 끝없이 펼쳐진 이곳은 조선시대에 우수영(右水營: 조선 수군 관청)이 관리하던 명량목(鳴梁牧)이었다.

명량해협은 진도군 군내면과 해남군 문내면 사이에 있는 좁은 해협인데 속칭 '울두목·율돌목·노들목'이라고도 하였다. 율돌목은 물이 우는 뜰의 목이라는 말로 물이 거칠고 빠르게 흘러 소리를 낸 데서 나온 말이다.

석전은 울두목을 지나면서 "명인파성(鳴咽波聲: 목메게 울어대는 파도 소리)은 이 충무공을 조상(弔喪)하는 것 같다."라고 하였다.

98 『석전시초』 46쪽.

임진왜란, 왜군, 이순신 장군을 과감하게 표현

석전은 이어 "삼백 년 전 용사변(龍蛇變: 임진왜란)에 천소만박 (千艘萬舶: 많은 선박)이 이곳에서 모두 어복(漁腹)에 장사할 제, 그 날 밤 광경을 주위 산봉우리에서 관전하던 수만 명의 사녀(士女: 남녀)는 취가상경(醉歌相慶: 노래 부르며 서로 축하함)하면서 '강강술 래'라는 요곡(謠曲: 노래)이 남해안 일대에 유창(猶唱: 불리어짐)하였 다."라고 썼다.

석전이 쓴 이 대목은 선조 30년(1597) 9월 7일, 이순신 장군이 명량해협에서 12척의 전투함으로 왜군 함대 133척을 맞아 싸워 일본 수군 지휘관 구루시마 미치후사[來島通總: 마다시(馬多時)의 본 명]를 죽이고 30여 척의 적선을 격파하여 크게 이긴 명량해전에 관해 말한 것이다.

일제가 강압적으로 식민통치하던 때임에도 불구하고 석전은 과감하게 임진왜란을 들먹이고 일본인들이 애써 기피하는 '이충 무공·왜군·강강술래'라는 금기어를 사용하였다. 석전은 「명량(鳴 梁)」이라는 시에서도 임진왜란 때의 일본군을 '비휴(貔貅)'라는 사 나운 동물에 비유하기도 하였다.[99]

석전의 시 「명량」과 기행문 「영주기행」에 나오는 '명량해전'에 관한 대목을 보면 그가 비록 '방외(方外: 세속의 테 밖)'의 사람이었

99 『석전시초』 46쪽.

지만 투철한 역사의식과 강한 민족적 주체성을 지니고 있었음을 알 수 있다.

기선이 율돌목을 지나갈 무렵 청년 생도 고재윤(高在允)과 김달준(金達俊) 두 젊은이가 석전 일행의 선실에 찾아왔다. 두 사람은 제주도로 귀향하는 길인데 석전 일행이 제주도에 간다는 소식을 『동아일보』에서 보고 찾아온 것이라고 하였다. 이로 보건대 석전은 이미 당대의 명사여서 그의 동정이 신문에 보도될 정도로 널리 알려진 인물이었음을 알 수 있다.

석전 일행이 탄 기선은 벽파진(碧波津)과 진도를 지나 소안도(所安島)에 기항하였다. 소안도는 완도군 소안면의 주도였지만 섬이 작고 가난한 곳이었다. 기선이 소안도를 떠날 때는 황혼이었다.

석전은 바다에서 보는 일몰을 "낙일이 타홍(扝紅: 붉은 빛을 이끎)하여 만경파를 사례(謝禮)한다."라고 표현하였다. 소안도를 떠난 배는 검푸른 먼 바다를 향하여 동남천(東南天)으로 뱃머리를 돌려 만경창파를 헤치고 나아갔다. 기선은 밤바다를 거침없이 항해했다.

석전 일행은 뱃멀미 징후가 있어 인삼 편을 나누어 먹고 선실 안에 드러누웠다. 어떤 승객이 말하길 "제주 바다가 이처럼 고요하고 파도가 없는 날은 근년 이래 희유한 일"이라 하였다.

제주도 산지포 도착, 홍문·측후대·삼성혈

1924년 8월 2일 새벽, 기적이 크게 울리더니 기선이 정박하고, 작은 배가 노를 저어 뱃머리에 다가갔다. 당시는 제주도의 부두 시설이 미흡하여 큰 배는 직접 부두에 대지 못하고 작은 배가 기선의 손님을 실어 날랐다.

석전 일행은 일엽주(一葉舟: 작은 조각배)로 옮겨 타고 산지포(山池浦: 지금의 산지항) 부두에 상륙하였다. 산지포는 제주성 북문 밖에 있는 포구였다. 석전 일행이 산지포에 오르자 김달준 학생이 그들을 제주 시내 전주여관으로 안내하였다.

남문로 서점 주인이자 『동아일보』 제주지국장인 고성주(高性柱)가 석전 일행을 찾아와 대화를 나누었다. 고성주가 돌아간 뒤 석전 일행은 이른 아침에 북수구(北水口: 제주 관아의 북쪽 성 수구, 1928년 일제가 제주 신사를 지으면서 헐었다.) 홍문(洪門: 북성의 홍예교) 위로 올라가 급수녀(汲水女)들이 바다에 들어가 물질하는 광경을 난생 처음 구경하였다.

홍문의 한 층을 더 올라가자 측후대(測候臺)였다. 그곳을 금산등(錦山嶝)이라 하는데 금산등에 오르자 제주성 서북현 일대가 환하게 내려다 보였다.

조반 후 일행은 여관의 노주인을 안내인 삼아 삼성사(三姓祠)를 찾아갔다. 삼성사 송림 속에서는 마침 제주도 전역의 소년축구대회가 열려 청춘 남녀들이 가득 모여 있었다. 일행은 박달준 군의 안내로 모흥혈(毛興穴)을 보았다. 모흥혈은 삼성혈이라고도 하는데, 그곳은 제주도의 세 시조인 고(高)·부(夫)·양(梁, 良)씨가 출현하였다는 전설을 간직한 곳이었다. 그 다음에는 삼성사를 방문하였다. 그곳은 시조 고·부·양의 신위를 모신 사당이었다.

일행은 더위에 지쳐 용연(龍淵)으로 가서 피서를 즐기고 관덕정에 올랐다. 관덕정은 옛날 제주 목사가 훈련하는 병사를 지휘하던 곳이었다. 전주여관으로 돌아오는 길에는 풀밭에 말과 소가 떼지어 가는 것도 구경하였다. 목동은 기다란 채찍을 들어 소리를 지르며 마소의 행렬을 관리하며 지나갔다. 8월 3일, 측후대의 깃발은 폭풍우 경보를 표시하고 있었다. 주민들이 폭풍우를 우려하고, 석전 일행은 한라산 등반을 못할까 싶어 걱정하였다.

비바람이 몰아쳐 여관방에만 틀어박혀 있는데 고성주 씨가 내방했다. 일행은 그로부터 제주의 전고(典故), 제주도의 역사와 신화 등에 관해서 많은 이야기를 들었다. 우중인데도 애류와 가남(가람)은 해녀가 전복 따는 광경을 실컷 구경하고 돌아와 아주 신이 나서 석전에게 떠벌렸다. 석전은 두 사람의 이야기를 들으면서 한라산이 개기만을 목마르게 기다렸다.

8월 4일 아침, 비가 잠시 개었다. 경성에서 여행 온 중앙학교 학생 3명이 애류 권덕규 선생을 방문하였다. 애류와 가남·석전은 학생 셋과 함께 제주 성 안의 도서관 주인 고성주를 방문하여 『여지승람(輿地勝覽)』한 권을 얻어서 돌아왔다. 일행은 내친 김에 귤림서원(橘林書院) 옛터와 향현사비(鄕賢祠碑)도 답사하였다.

굴림서원은 선조 무인년(1578)에 건립하였고, 숙종 임술년(1682)에 사액(賜額) 받았다. 이 굴림서원 자리에 1910년 사립 의신학교(義信學校)가 세워졌는데, 석전 일행이 방문했을 때는 제주 공립 간이농업학교가 들어서 있었다. 향현사는 영곡(靈谷) 고득종(高得宗)을 제향하기 위하여 1843년에 제주 목사 이원조가 굴림서원 옆에 세운 사당이다. 향현사비는 이규원(李奎遠) 목사가 1893년에 세웠다. 일행이 그곳에 갔을 때 향현사는 1871년에 철폐되어 없었고 그 비석만 있었다. 석전은 굴림서원 옛터를 둘러보고는 "숲 속의 치자와 귤 향기가 동산에 가득하여라. 옛 사람 생각함에 비는 서늘히 내리는데, 도학과 그 문장을 어찌 볼 수 있으랴." 하는 내용의 「굴림서원 옛 터에서」라는 칠언절구를 지었다.[100]

석전의 표현에 의하면 1920년대 제주도의 백미(白眉)는 일마이귤(一馬二橘: 첫째는 말이고 둘째는 귤)이었다.

석전 일행은 동행했던 경성 중앙학교 학생들을 보내고 한라산 관음사(觀音寺)로 향하였다. 절은 제주성에서 20리 거리에 있었다. 그들은 10여 리를 올라가다 중간 지점인 산천당(山川堂)에서 한천(寒泉)의 샘물로 목을 축여 갈증을 달랬다.

제주 목사는 매년 한라산 정상에 가서 봄·가을로 산천제를 지냈다. 그런데 먼 거리에 불편을 느낀 목사들이 한라산 정상에 가서 산천제를 지내는 것을 위험하다 하여 성종(成宗, 재위

100 『석전시초』 48쪽.

1469~1494) 때 제주 목사 이약동(李約東)이 지금의 제주시 오등동의 현 위치에 산천당을 설치하여 그곳에서 산천제를 지냈다.

궁림현폭·관음사·영구춘화

일행은 굴치(屈峙)를 지나 궁림현폭(穹林懸瀑)을 보고 관음사에 당도하였다. 절에서는 석전 일행을 환대하여 한여름에 땀을 흘리며 걸어온 그들이 온수가 나오는 신축 목욕탕에서 목욕을 하도록 배려해 주었다.

8월 5일, 비는 오지 않았으나 태풍의 영향으로 한라산에 오를 수 없었다. 점심 후 차를 마시고 절에서 일하는 강(姜) 노인을 안내인으로 하여 '영구춘화(瀛丘春花)'라는 제주도 명소를 찾아갔다.

관음사 입구에 삼양(三陽) 오름을 오른쪽에 두고 서편 10여 리 지점의 계곡과 언덕이 영구춘화라는 곳이다. 계곡 연못 위에 석문(石門)과 석실(石室)이 있는 그곳을 제주 사람들은 '영구'라고 부르는데, 돌문에는 '방선문(訪仙門)'이라 새겨져 있었다. 두견화·철쭉꽃·영산홍이 흐드러지게 피는 봄이면 제주 성안의 남녀들이 몰려나와 노는 곳이라 하여 '영구춘화'라는 이름이 붙여졌다는 것이다.

석전 일행이 그곳에 갔을 때는 꽃이 진 지도 오래되었고 사람하나 없는 쓸쓸한 곳이었다. 일행은 계곡물에 머리 감고 발을 씻은 후 해질 무렵 말과 소의 울음소리를 뒤로 하고 관음사로 돌아왔다.

지금의 행정구역으로 제주시 아라1동에 있는 관음사는 1908년 봉려관(蓬廬觀)이라는 비구니가 창건하였다. 계속 불사를 하여 1924년 음력 4월 8일 부처님 오신 날에 낙성식을 하였다. 석전 일행이 관음사가 증축불사 낙성식을 한 그해 8월 초순에 방문하였으므로 석전은 관음사를 '새로 지은 절'이라고 칭하였다.

석전 일행은 귤나무에 떨어지는 빗소리를 들으며 차를 마셨고, 먼 바다 파도 소리가 들리는 관음사 스님들은 말울음 소리를 들으며 불경을 읽었다.

8월 6일, 날씨가 맑았다. 석전이 관음사 창건주 봉려관 비구니와 주지 도월(道月) 스님에게 안내인을 부탁하였더니 두 사람을 추천해 주었다. 안내인 한 사람은 행구(行具)를 짊어지고 다른 사람은 산중에 노숙할 경우를 대비해 취사도구를 챙겼다. 한 사람은 목적지인 한라산 정상에 있는 백록담 가는 길을 잘 알고, 다른 이는 영실기암(靈室奇巖) 가는 길을 잘 안다고 하니 안내인으로는 적격이었다. 석전 일행 세 사람과 안내인 2인 등 5명이 한라산 등반 길에 나섰다.

개미목 · 노루목 · 백록담 · 한라산 정상

일행은 평탄한 황무지를 지나 석천(石川)을 건너고, '개목밧[개미목]'이라는 고개를 오르는데 절벽이 많고 길이 험하여 등반하기가 힘들었다. 개미목은 긴 비탈길 10여 리에 갈대와 부서진 돌무더기, 그리고 풀이 우거져 있어 걷기가 매우 힘든 길이었다. 곳곳에 풀 뜯는 마소[馬牛]의 울음소리에 놀라 흘러가던 구름도 잠시 멈추는 듯하였다. 점점 높이 올라갈수록 내려다보이는 섬의 경치가 역력히 드러났다. 개미목의 오르막 비탈길이 다하자 기묘한 바위가 보이고 계곡물이 잔잔하게 흐르는 곳이 나타났는데 그곳이 바로 노루목[獐口峽]이었다.

석전은 노루목을 '백록담과 영실로 가는 길의 분기점'이라 하였다. 석전은 그곳의 풍광을 「장구협(獐口狹)」이라는 시에서 "겹겹 산봉우리 하늘처럼 높구나. 학은 허공에 날고 빈 소리 울리는데 푸른 칡, 급한 산골 맑은 물 흐르네."라고 묘사하였다.[101]

노루목에서 영실기암으로 가려면 서남쪽 길로 가야 한다고 안내인이 말하였다. 석전 일행은 백록담에 먼저 가기로 하였으므로 동남쪽 길로 나아가 한라산 정상을 향하여 올라갔다. 산등성이 길을 오르자 사방에 향목(香木)이 빽빽하여 걷기가 무척 어려웠다. 그곳에서는 말울음 소리조차 들리지 않았다. 마침내 한라산 정상에 이르렀다. 석전은 한라산 정상과 백록담에 대해 이렇게 말하였다.

절정에 달한 즉 사봉이 두루 패열[羅列: 벌려서 나열함]하야 성벽에

---

101 『석전시초』, 49~50쪽.

표노(標櫓: 깃대로 세운 노) 같고 그 중에 청담(清潭: 푸른 못)은 백록담이라 한다. 수심은 불가측(不可測)이라 하고 주위(둘레)는 10여 리나 됨 즉하다.

장백산정(長白山頂: 백두산 정상)의 팔십여 리 되는 천지택(天池澤: 천지라는 연못)에 비하면 일할(一割)쯤 된다. 하지만 봉고(峰高) 해발 9천여 척은 장백산정과 불상상하(不相上下)라 한다.[102]

석전은 백록담의 수심을 헤아릴 수 없다고 하였다. 그런데 1702년(숙종 28)에 제주목사로 부임한 이형상(李衡祥, 1653~1733)의 「등한라산기(登漢拏山記)」(1702)에서는 "백록담의 둘레는 4백 보이고, 수심은 수 길[數丈]에 불과하다. 지지(地誌)에는 깊이를 헤아릴 수 없고, 사람이 떠들면 풍우가 세차게 일어난다고 하였는데 이는 잘못 전해진 것이다."라고 하였다.

석전은 한라산의 높이가 "해발 9천여 척으로 백두산의 정상과 큰 차이가 없다[不相上下]."라고 하였다. 과학적인 측정에 의하면 한라산의 높이는 해발 1,950미터이고, 백두산 높이는 해발 2,744 미터이다. 한라산은 백두산보다 794미터나 낮다. 그래서 엄밀히 말하면 석전이 한라산과 백두산의 높이가 큰 차이가 없다고 한 것은 정확하지 않다. 하지만 과학적 측량이 널리 알려지지 않았던 시절이므로 석전의 서술이 잘못되었다고 하는 것도 무리이다.

---

102 박한영, 「영주기행」 앞의 책, 47쪽.

석전 일행은 한라산 정상에서 점심을 먹고, 분화구 오른쪽 바위 기슭으로 내려가 백록담의 물로 세수하니 '청랭(淸冷)한 심신은 학을 타고 바람 속을 나는 듯' 상쾌하였다. 석전은 삼신산의 하나인 영주산(한라산) 정상과 백록담에 오른 감회를 칠언절구 세 수로 읊었다. 그는 이 세 수의 시에서 첫 행을 모두 "백록(白鹿: 흰 사슴) 신선들의 수명이 빛나는 기슭[白鹿仙人壽曜邊]"이라는 구절로 시작하였다.[103] 이는 한라산이 삼신산의 하나인 이미지를 강조함과 아울러 앞으로 무궁하게 존속하길 바라는 뜻이 내포된 것으로 해석된다.

하산 때, 비바람 속에 길을 헤매다

석전 일행이 세수를 마쳤을 때, 백록 신선이 노했는지 돌연 사방에서 구름이 모여들고 하늘바람[天風]이 드세게 불었다. 일행은 서둘러 남쪽 봉우리 밑 굴속으로 피신하고자 걸음을 재촉하는데 구름이 날고 비가 내리면서 바람 기운이 더욱 드세졌다 산 남쪽 밑 절벽 몇 리를 내려왔지만, 지척을 분간할 수 없는 비바람 때문에 그만 안내인이 영실기암 가는 길을 찾지 못하였다.

그래서 우선 인가를 찾아가려고 방황하던 중 다행히 말치는 사

---

103 『석전시초』 50쪽.

람을 만나 영실 가는 길을 물으니 '다섯 참'이라 하였다. 1참은 5리(五里)를 가리키는 말이었다. 시각은 오후 한 시밖에 안 되어 비바람만 아니라면 영실을 보고 산막(山幕)에서 쉬는 것도 괜찮았다. 그러나 장대비가 쏟아지고 산바람은 더욱 거세게 불었다. 일행은 영실 가는 걸 포기하고 허겁지겁 산속을 빠져나와 조금 내려오자 구름 사이로 햇빛이 얼굴을 내밀었다. 산 아래에 서귀포가 코앞에 와 있었다. 긴 다리로 펄쩍 뛰면 금방이라고 갈 수 있을 듯했다.

다시 찬찬히 둘러보니 상수리나무 숲이 넓게 펼쳐져 있어 그 숲을 10여 리는 뚫고 나가야만 평원에 이르고 또 평원에서도 10여 리를 더 가야만 서귀포에 도착할 것이었다. 안내인이 헤매는 것은 석전 일행보다 배나 심하였다. 우거진 상수리나무 숲속에는 가시나무가 얽혀 있었고 나아갈수록 지척도 분간하기 어려울 정도로 비바람이 맹렬하였다.

다섯 사람은 일자장사진(一字長蛇陳: 한 줄로 긴 뱀 같은 행렬)으로 만났다가는 헤어지기를 무수히 반복하여 잘못하면 한두 사람이 낙오되어도 모를 지경이었다. 그래서 일행은 서로 찾느라 빗속에서 고함을 마구 질러 나중에는 목이 다 쉬었다. 그나마 다행인 것은 호랑이·곰·뱀·전갈 따위가 없었다는 것이었다. 더러 수초(水草) 근처에는 곳곳에 소와 말이 있어 안심이 되었다.

산길을 헤매다 일행은 우연히 상수리나무가 벌목된 곳을 만났다. 석전은 어찌나 반갑던지, 이를 눈 먼 거북이 망망한 바다에서 나무를 만난 것에 비유하였다. 더욱이 벌목처를 따라 사람이 내

왕한 길이 나 있었다. 그제야 다섯 사람은 '이제야 살았구나.' 하고
긴 한숨을 내쉬었다.

일행은 있는 힘을 다해 숲을 헤치고 나와 마침내 평지에 이르
렀다. 곧 서귀포 가까이에 다가갔다. 서귀포 부근에서 안내인 두
사람은 홍로촌(紅爐村: 현 서귀포시 동흥동)에 가서 숙식하기로 하고
석전 일행 셋은 날이 저물 무렵 서귀포에 있는 여관에 들어갔다.
주인이 후하여 비 맞은 의복을 벗기고 자기의 옷을 입으라고 내
주었다. 일행은 산길 80여 리의 비바람에 시달린 피곤함으로 건정
지여관(乾淨地旅館)에서 저녁밥을 먹자마자 자리에 누웠는데 밤비
가 심하게 내리는 것도 모르고 깊이 잠들었다. 다음날 동창이 밝
아 눈을 떠보니 아침 일곱 시 무렵이었다.

8월 7일, 맑은 아침에 일어나자 마자 석전 일행은 천지연폭포
로 내달렸다. 숙소에서 동북으로 1리쯤 되는 곳에 있었다. 일행은
폭포 구경과 함께 전날 비 맞은 옷을 세탁하기 위해서 길을 재촉
했다. 가는 길에 서귀포의 경치를 둘러보니 포구 앞바다에는 작은
섬 네 개가 별과 같이 벌려 서 있었고, 뒤쪽 멀리에 한라산이 솟
아 있었다. 일행은 천지연폭포를 구경하였다. 폭포엔 물안개가 자
욱하고 열 길 절벽에서 쏟아지는 폭포수가 하얗게 떨어지는 것은
장관이었다. 단지 못가에 잡초가 너무 우거져 폭포의 격(格)을 떨
어뜨리고 있었다. 그렇긴 하나 천지연폭포는 제주도의 제일가는
명폭이었다.

일행은 조반 후 천지연폭포 왼편으로 수 리(數里)를 걸어 다니

며 물이 바다로 떨어지는 크고 작은 여러 가지 정방폭포(正方瀑布) 등을 둘러보았다. 정방폭포가 어찌하여 영주십경(瀛州十境)에 들었는지 모르지만, 천지연폭포에 비할 수 없는 잔폭(殘暴)이었다. 그래선지 정방폭포는 여자들이 물 맞는 명소라 한다고 제주 사람들이 말하였다.

석전 일행은 서귀포의 석양연경(夕陽煙景: 해질 무렵 연기 낀 풍경)을 구경하고 돌아오면서 서귀포에서 기선을 타고 제주도를 떠나기로 의논하였다.

한림포 · 애월포 · 산지포 · 추자도 · 목포항

8월 8일 오후 4시, 석전 일행은 행장을 수습하여 서귀포항에서 경흥환 기선에 탑승하였다. 이 기선은 일행이 8월 1일 목포에서 승선하여 제주도에 들어올 때 탔던 배인데, 같은 기선으로 다시 목포로 가는 것이었다. 서귀포항에서 출발한 기선은 높은 파도를 헤치며 나아갔다. 모슬포항(摹瑟浦港)을 70여 리 남겨두고는 기선이 심하게 흔들려서인지 일행은 모두 뱃멀미에 시달렸다. 한림포 부두에 잠시 들렀는데 그때부터는 풍랑이 잦아들고 푸른 하늘에는 달과 별이 빛났다. 기선 위에서 한라산을 바라보니 구름은 벗어지고 하늘에 우뚝 솟은 진면목이 더욱 뚜렷하였다.

석전은 여정이 새로워져 한라산과 제주바다[海岳]의 풍광을 바라보면서 갑판 위에서 홀로 시심에 잠겼다. 삼경(三更)에 기선이 애월포(愛月浦)에 다다르니 상현달이 훤히 바다를 비추었다. 애월항에서 석전은 갑판 위에 홀로 앉아 "이 여행은 평생에 기절(奇絶: 대단히 기이함)하구나."라는 시구를 읊으며[104] 애월포 사면 바다를 둘러보니 달빛인지 물빛인지, 땅인지 하늘인지 분별할 수 없었다. 애월항을 떠난 기선은 오래지 않아 산지포에 정박하였는데 이미 새벽이었다. 석전 일행은 서귀포항에서 제주도의 둘레 바다를 반 바퀴 휘돌아 다시 처음 왔던 포구에 이른 것이다.

8월 9일 새벽 2시, 기선은 산지포를 떠나 추자도(楸子島)로 향하였다. 파도가 심해 배가 많이 흔들리자 다시 뱃멀미가 밀려왔다. 바람이 고요해지고 파도가 잔잔하더니 곧 추자만에 접어들었다. 정신을 차려 살펴보니 추자도 세 봉우리가 수려한 것이 마치 연꽃이 반쯤 핀 듯하였다.

기선이 추자도항에 정박하였다. 섬사람들은 차림새도 제주도와는 많이 다르고 말투도 전남의 영암·해남 등과 흡사하였다. 추자도는 지금은 제주도에 소속되어 있지만 그 전에는 영암군에 속한 때도 있었다. 좌우로 늘어선 민가가 수백 호인 것 같았다. 기선은 추자도를 출범하여 청산도(靑山島)를 거쳐 8월 9일 오후 4시 목포항에 도착하여 일행은 하선하였다.

석전 일행은 목포 남교동(南橋洞) 불갑사 포교당에 투숙하였다.

104 「야범애월항(夜泛愛月港)」『석전시초』 52쪽.

세 사람은 다음날 아침이면 각기 다른 곳으로 헤어질 예정이었다. 애류 권덕규는 동도(東都: 경주)로, 가람 이병기는 익산의 고향집으로, 석전은 해남 대흥사로 가기로 되어 있었다. 그런데 애류와 가람이 도량이 청정하고 정갈하니 목포 구경도 하고 하루 더 쉬어 가자고 졸라서 하루를 더 묵고 8월 11일, 세 사람은 각자의 목적지를 향하여 떠났다.

석전은 해남 대흥사에 얼마간 머물면서 세 편의 시를 썼다. 즉 「영주에서 나와 대흥사에 이르러 문 밖 작은 못에 연꽃이 한창 피는 것을 보고」·「쌍옥교에서 더위를 식히다」·「만일암에서 옛 일을 생각하며」라는 세 작품이다.[105]

석전·애류·가람 세 사람이 제주도 여행을 한 기간은 9일이었다. 석전이 대흥사에서 머문 기간을 감안하면 대략 15일 가량 '영주기행'을 한 셈이었다.

105 『석전시초』 52~53쪽.

육당과 풍악 기행

최남선(崔南善, 1890~1957)이 말하기를 "조화(造化)의 일대 문장(文章)인 금강산은 인류 공통의 미적 대 재산이요, 우주 장식의 최고급적 일물(一物)일 것이다. 홀로 조선 및 조선인만이 전유(專有) 독점한 양으로 제 집안 자랑으로 삼을 것은 아니다."[106]라고 하였다.

1924년 10월 4일, 육당(六堂) 최남선은 당대 최고 지성 석전 박한영 스님을 모시고 드디어 가을 금강산 여행을 떠났다. 육당은 『여지승람(輿地勝覽)』과 『와유록(臥遊錄): 금강산 기행문을 모아놓은 책』 등 몇 권의 참고 서적과 내의 한 벌을 챙겨 '누년(累年) 전부터 동도(東道: 금강산 가는 길)의 주인이 되실 숙연을 맺은 영호 노사를 모시고' 10월 4일 금강산 가는 기차를 타기 위해 경성역(서울역)으로 내달렸다.

경성역에는 이 여행의 동반자인 석전 박한영이 먼저 와 있었다. 육당과 석전이 탄 기차는 오전 8시 15분 경성역을 출발하여

---

106 최남선, 『풍악기유(楓嶽記遊)』, 『육당 최남선 전집』 6, 현암사, 1973, 392쪽.

동두천·전곡(全曲)을 거쳐 철원역에 이르렀다. 철원역에는 새로 개통된 금강산 전철의 육중한 검은 차체가 보였다. 당시 금강산 전철은 철원에서 김화(金化)까지만 다녔지만 멀지 않아 금성(金城) 화천(化川)을 경유하여 장래에는 금강산 말휘리(末輝里)를 거쳐 외금강까지 개통한다고 하였다.(금강산 철도는 1923년 철원~금화 간 개통이 되었고, 1931년 7월 1일 전 구간이 완공되었다.)

석전과 육당이 금강산을 여행한 1924년에는 김화까지만 전철이 개통되어 있었다. 그래서 두 사람은 철원역에서 내리지 않고 경원선 평강역에서 하차하여 자동차 편으로 금강산에 가기로 하였다.

석전과 육당이 평강역에 내렸을 때 역 주위에는 정사복 경찰이 쫙 깔렸고, 학생과 재향군인들이 나열하여 서 있었다. 어떤 총독부의 고관이 금강산 유람 행차를 하기 때문이었다. 육당이 자동차 형편을 알아보니 고관의 행차 탓으로 이틀 동안은 어떤 차도 빌릴 수 없으니 원산으로 돌아가라고 하였다.

그런데 '금강산 구경은 뒤로부터 더듬어 내려오면 흥미를 반감한다는 것이 영호 노사의 지론(持論)'이므로 육당은 며칠을 기다려서라도 기어이 예정한대로 여행하기로 하고, 귀로에 들르려던 삼방(三防) 구경을 먼저 하기로 하였다. 그래서 두 사람은 내린 기차에 다시 올랐다.

평강역을 떠난 기차가 40리를 숨차게 올라가서 정차한 곳은 검불랑역(劍拂浪驛)이었다. 검불랑역은 해발 1,847척(尺)여의 고지대

로 조선 철도 정거장 중 가장 높은 지점이었다. 그곳은 한여름에
도 더위를 모르고 모기장도 필요 없는 곳이었다. 기차는 오후 2시
경 삼방역에 도착하였다.

삼방역·삼방약수터·마상산 폭포곡

육당은 삼방역에 내리자마자 여행 일정이 걱정되어 역장에게
부탁해 평강역으로 전화를 걸게 하여 자동차 편을 알아보았다. 평
강역장은 모레(10월 6일)는 좌석을 준비할 테니 오후 영시 50분 안
으로 평강역에 도착하라고 대답하였다.

두 사람은 역 앞 주막에서 늦은 점심을 먹고 국사동(國師洞) 약
천(藥泉)으로 향하였다. 두 사람은 삼방의 수려한 경치를 감상하
면서 약수터가 있는 촌락으로 올라가 한성여관에 들어가니 오후
6시였다.

10월 5일, 석전과 육당은 삼방약수터를 둘러보았다. 이 약수터
는 경원선 개통으로 삼방역이 생기기 전에는 지나던 나그네가 목
을 축이거나 중환자의 요양처에 지나지 않았다. 그런데 삼방역이
생기자 삼방약수터는 조선 최고의 약수로 널리 알려지면서 여름
이면 수백 명이 몰려들었다.

석전과 육당은 약수를 마신 후 삼방의 명소인 마상산(麻桑山)
폭포곡에 올라가서 자폭(雌瀑: 숫폭포)과 웅폭(雄瀑: 암폭포)을 둘러

보았다. 자폭은 바위 면에 비스듬하게 흐르는 와폭(臥瀑)이고, 주폭(主瀑)은 자폭 위에 있는 웅폭인데 폭포 높이가 무려 140척이다. 이 날의 웅폭은 가물었지만 수량이 풍부하고 배경과 잘 어우러져 과연 명폭으로 손색이 없었다. 두 사람은 폭포곡을 구경하고 여관으로 돌아왔다. 해가 기울자 바람이 점점 차가워졌다. 저녁때는 날씨가 흐리더니 빗방울까지 떨어지며 더욱 추웠다. 삼방은 고원지대라 서리까지 내렸다.

두 사람은 삼방 사람들로부터 향토고담(鄕土古談)을 듣다가 새벽 1시 25분발 남행기차를 타고 삼방역을 떠나 닭이 두 홰나 우는 시각에 평강역에서 하차해 여관에 들어가 쉬다가 정오에 정거장으로 나갔다.

석전과 육당은 평강역에서 일성(一星) 이관용(李灌鎔, 1891~1933), 관재(官齋) 이도영(李道榮, 1884~1933), 무호(無號) 이한복(李漢福, 1897~1940)과 그들의 친구 4인을 만났다. 이들은 경성 문화계에서 활동하는 인사들이어서 육당·석전과는 익히 알고 지내던 사이여서 서로 반갑게 인사를 하였다.

평강역에 공용차는 한 대뿐이었다. 영업용 차는 서양 여인 4명이 먼저 임대하는 바람에 이관용만 육당이 예약한 차에 동승하였다.

석전·육당·일성이 탄 자동차는 평강 읍내를 벗어나 김화를 향하여 구불구불 내리막길을 내려갔다. 도로 가에는 새로 개통된 금강산 전철 길이 보였다. 김화읍을 지나자 중국인 노동자 수백 명이 전철 선로 공사를 하고 있었다. 평강을 떠난 지 두 시간 만에 구을파령(九乙破嶺)을 넘어 창도에 도착하였다. 일행은 국수로 요기하고 오후 네 시경 다시 출발하였다. 일행은 묵파령(墨波嶺)·말휘리·금강천(金剛川)·철이령을 경유하여 동금강천 앞에 당도하였다. 이어 해묵은 소나무가 늘어선 금강산의 입구인 전등불빛 휘황찬란한 장안사 호텔 앞에 내렸다.

석전 일행이 산문 앞의 호텔에 드니 시각은 밤 7시 30분이었다. 평강에서 360리 길을 6시간 동안 달려온 것이다. 곧 장안사 주지 현일룡 스님이 장안사 호텔로 찾아왔다. 주지스님은 두 분이 올 줄 알았다면서 위로도 하고 이것저것 알려주면서 행로에 대한 조언도 하는 등 친절하게 응대해 주었다. 저녁 식사도 마치고 손님도 돌아간 뒤 따뜻한 방에 곤한 몸을 뉘었다. 석전이야 금강산은 익숙한 곳이었지만, 육당은 금강산 초입에 들어선 것만으로도 맘이 설레었다. 비로봉에서 불어오는 바람 소리인 듯, 만폭동에서 내려오는 시냇물 소리인 듯, 가을 숲에서 들려오는 소리가 베개에 서리는데 육당은 금강산 제일몽(第一夢)에 빠져들었다.

자고나니 10월 7일 화요일 아침이었다. 아침 일찍 장안사 현(玄) 주지와 그의 동생 보광(普光) 스님이 와서 필요한 준비를 해 줄 터이니 금강산 경승을 미진한 것 없이 깊이 감상해 달라고 주문하였다. 현 주지가 탐승의 안내자로 이창영이라는 젊은 장안사 스님을 보내 주었다.

금강산의 명부(冥府) 영원동, 그리고 업경대

석전과 육당이 가벼운 옷차림으로 안내인 이창영 스님을 따라 나서는데, 아래편 여관에서 쉰 일성 이관용도 합류했다. 일행 4명 은 지장봉을 끼고 영원동(靈源洞)의 지류를 따라 걷다가 오른쪽으 로 접어들었다. 계곡에 길은 거의 없고 개울의 이쪽 비탈과 저쪽 비탈을 겨끔내기로 걷는 게 고작이었다. 맞은 편 석봉 옆에 조그 만 돌이 새같이 올라앉은 오리봉을 바라보면서 올라가니 개울 윗 목에 높다란 석봉이 좌우에 벽처럼 서 있고 네모 반듯한 2~3백 척의 커다란 바위가 시퍼런 소(沼)를 누르듯이 직립해 서 있었다.

그 어귀 편평한 바위에 '業鏡臺(업경대)·明鏡臺(명경대)·玉鏡 臺(옥경대)'라는 글씨가 새겨져 있었다. 업경(業鏡)은 지옥 염마왕 천에 있는 거울로서 여기에 몸을 비추면 죽은 그 사람이 생전에 지은 선악의 행업(行業)이 그대로 나타난다고 한다. 영원동의 업 경대는 불교의 업경이 금강산에 돌의 형상으로 나타난 것이라는 설화에서 그렇게 명명한 것이다.

업경대 앞의 소를 황류담(黃流潭)이라 하고 그 근처의 시내를 황 천강(黃泉江)이라 하여 명부(冥府)의 느낌을 주고 있다. 이런 명칭에 서 보듯 금강산을 불교적으로 해석할 때 영원동은 명부에 속한다.

육당은 명부의 대표적인 상징물인 영원동의 업경대에 대하여 말하면서 업경대 앞에 선 자의 선악 업보가 나타나지 않는 것을 다행이라 하였다. 만약 이 설화가 실제라면 누가 이 승경을 구경올 것인가 하고 반문하면서 영원동의 명부설화가 한갓 불교적 비유에 지나지 않음을 다행으로 여긴다고 하였다.[107]

육당이 소문을 들으니 그들보다 이틀 앞서서 조선 사람들이 모두 매도(罵倒)하는 이씨(李氏)와 송씨(宋氏)가 여기를 지났다고 하는데, 설령 가명만의 업경대일지라도 얼굴을 들고 바로 볼 용기가 있었을는지? 염치없는 이의 일이라 알 수는 없거니와 아마도 무서움의 물결이 그네들의 가슴팍을 뒤집어엎지 아니치 못하였을까 한다고 『풍악기유』에 기록하였다.[108] 여기서 육당이 말하는 '이씨와 송씨'는 친일매국노 이완용과 송병준 백작을 지칭하는 것으로 보인다. 육당은 그 두 사람이 일제의 작위를 받은 '조선 귀족' 신분이고 총독부의 비호를 받고 있는 인물이므로 그들의 이름을 직접 거명하지 못하고 '이씨 누구, 송씨 누구'라 완곡하게 표현했을 것이다.

석전과 육당이 황천강 개울 바닥을 돌아가자 오른쪽 바위에 '주송벽립 조모서(朱松壁立 趙某書)'라는 한자를 새긴 글씨가 있었다. 이 글귀는 불교화 된 금강산을 유교화하려는 목적으로 명경대가 유교를 대성한 송나라의 주희(朱熹)를 상징한다는 의미이다. 이것을 본 육당은 "여하간 퀴퀴한 짓이다."라고 비판하였다.

석전과 육당은 명경대에서 조금 더 가서 퇴락한 석성(石城)과 그 유적을 둘러보았다. 석성은 태자성(太子城)이고, 그 위쪽의 작

---

107 최남선, 『풍악기유』, 앞의 책, 404쪽.
108 최남선, 위의 책, 404쪽.

은 석대는 아래 대궐 터이다. 그 위쪽에 태자의 계마석(繫馬石: 말을 매는 돌)·마구(馬廐) 터·위 대궐 터가 있다. 이 유적들은 신라의 마지막 임금 경순왕(敬順王)의 아들 마의태자가 금강산에서 멸망한 신라를 복구하려고 애쓰며 살았던 흔적이라 전해져 온다.

영원동 영원암의 찬란한 단풍

육당과 석전 일행이 계곡을 더 올라가자 금강산의 가을 단풍이 붉게 물들어 영롱 찬란하였다.

그들이 갖가지 단풍에 심취하여 계곡을 오르는데 시야가 넓어지다가 문득 산이 막히고 길이 다하고 오래된 전각[佛宇]이 높다란 축대 위에 서 있었다. 그곳이 곧 영원동의 주인, 명부설화를 키우고 기른 곳, 단풍 완상의 초점인 영원암이었다. 암자 주위에 둘러선 사자봉·죄인봉·판관봉·시왕봉은 말할 것도 없고 눈에 보이는 모든 봉우리와 골짜기가 온통 단풍이었다. 육당은 그곳에 특유의 박식하고 수다스러운 입담으로 영원암의 단풍을 현란하게 기행문에 묘사하였다.

육당 못지않게 영원암 단풍에 심취한 석전도 '감히 붓을 댈 수도 없어 그저 입만 딱 벌릴 정도로 감동'하여 7언시 24행으로 영원암의 단풍을 노래하였다.[109]

109 「영원암 단풍을 감상하면서[靈源庵賞楓]」,『석전시초』, 54~55쪽.

석전과 육당은 영원암 단풍에 흠뻑 매료되었고 영원암에서 점심 요기를 한 후 '영원암 연기(緣起)'를 들었다.

육당은 찬란하게 단풍이 아름다운 영원동과 백천동·금강초(金剛草)까지가 금강산에서 매우 뛰어난 경관과 특수한 운치를 띠었다고 하였다.

육당의 『풍악기유』를 정독해 보면, 1924년 10월 4일 경성역을 출발하여 장안사에 도착한 다음날부터 영원동·백천동·금강초를 구경하는 데까지는 여행일정을 따라 순조롭게 서술되어 있다. 그러나 그 이후는 도교·고(古) 붉·단군설화·불교의 시왕 등에 관해 갖가지 지식을 백과사전식으로 나열하여 기행문이라기보다는 오히려 논설에 가깝다. 따라서 『풍악기유』로는 두 사람의 금강산 여행의 행로를 파악할 수 없어 기행 순서대로 지어진 석전의 금강산 기행시 40편을 중심으로 하고, 육당의 『금강예찬』을 참조하여 1924년 가을 석전과 육당의 영원암 이후의 금강산 탐승행로를 재구성한다.

석전의 금강산 기행시 40편이 '중유풍악시초(重遊楓嶽詩艸)'라는 제목으로 『풍악기유』에 수록되어 있다. 육당은 석전의 작품을 수록하면서 석전의 인품에 대하여 말하고 있다. 그는 석전이 "학덕과 지행이 아울러 높아 우리 불교계에서 첫 손가락에 꼽히는 분"이라며 매우 높이 평가하고 있다.

또 석전은 혼탁한 악류(惡流)를 물리치고 정법호지와 진제선양에 힘쓰고 있어 사람들의 뜻을 강하게 해 준다고 하였다. 육당은 석전이 풍악기행 중 쓴 시편들을 『풍악기유』에 수록하는 것은 첫째는 석전이 쓴 작품의 높은 품격을 사모해 우러러서이고, 둘째는 아침저녁 모시고 따랐던 좋은 인연을 기념하기 위해서라고 하였다.

수렴동·정양사·헐성루

석전과 육당은 영원암에서 돌아 나와 갈림길 왼편으로 들어갔다. 10리쯤 올라가자 200척이나 됨직한 거암이 동구를 가로막고 있었다. 바위 표면은 숫돌 바닥처럼 번쩍거리고 40도 가량 기울어져 있었으며 햇빛을 받아 거울같이 어른거리는 바위에 가로 퍼진 물이 느리지도 빠르지도 않게 흐르고 있었다. 이것이 바로 그 유명한 '수렴(水簾: 물로 된 발)'이라는 것이다. 이 대수렴 위에 다시 작은 규모의 소수렴(小水簾)이 있다.

표훈사 뒤쪽 800미터 지점에 정양사(正陽寺)가 있다. '금강산의 정맥(正脈)에 자리 잡은 볕 바른 곳'이라는 뜻의 정양(正陽)에서 절 이름이 나왔듯 정양사는 내금강의 40여 개 봉우리가 한눈에 보이는 전망 좋은 곳이다. 정양사 내에서도 가장 전망 좋은 곳이 헐성루(歇惺樓)다. 헐성루에는 내금강의 봉우리치고 어깨 너머로도 고개를 내어놓지 않은 것이 없다.

헐성루에는 '지봉대(指峰臺)'라는 전망 장치가 있어 정양사의 명물로 이름이 높았다. 지봉대는 헐성루에서 볼 수 있는 40여 개 봉우리 이름을 새겨 놓은 원추형 모형 돌로, 미리 고정한 줄을 당겨 방향을 잡고 바라보면 누구나 봉우리 이름을 쉽게 알아 볼 수 있게 한 장치이다.

육당이 말하길 "헐성루에서 바라보는 경관이 얼마나 뛰어났던지 금강산이 왜 생겼느냐 하면 '헐성루라는 장관 하나를 만들기 위해서'라고 해도 좋을 정도였다."라고 하였다. 그래서인지 예로부터 금강산을 구경한 시인묵객들이 헐성루에서 읊은 시들이 아주 많은데, 석전 역시 「헐성루」라는 제목의 시를 남겼다.[110]

만폭동 · 영아지 · 마하연 · 은사다리 금사다리 · 비로봉

정양사에서 다시 표훈사로 내려와 만천(萬川)을 따라 동북쪽으로 100미터쯤 오르면 큰 바위 둘이 마주보는 돌문을 이루고 있다. 내금강 금강문이다. 문 앞 왼쪽 바위에 한자로 '金剛門(금강문)'이라 새겨져 있는데, '元化門(원화문)'이라고도 부른다.

금강문을 나서면 갑작스레 요란한 물소리가 들려오고 눈앞이 번쩍 열리는데, 여기서부터 화룡담(火龍潭)까지 약 1킬로미터 구간을 만폭동(萬瀑洞)이라 부른다. 만폭동은 금강산에서도 계곡미

110 『석전시초』, 55쪽.

가 뛰어나기로 이름 높은 구역으로, 비록 길지는 않지만 폭포가 아니면 못, 못이 아니면 폭포라 말할 정도로 계곡이 온통 폭포와 못으로 가득 차 있어 만 개의 폭포가 있다는 의미에서 '만폭동'이라 불린다.

석전은 만폭동에서 「만폭동구삼산국득추자(萬瀑洞口三山局得秋字)」·「영아지절구(映娥池絶句)」·「내팔담(內八潭)」 등 세 편의 시를 읊었다.[111]

만폭동 너럭바위에는 옛날 삼신산의 신선들이 봄·여름·가을 세 계절에만 바둑을 두었다 하여 '삼산국(三山局)'이라 부르는 바둑판이 음각으로 새겨져 있다. 석전이 삼산국을 소재로 하여 쓴 시가 위에서 말한 만폭동의 첫 번째 작품인 「만폭동 동구에서 삼산국을 가을에 보다」이다.

삼산국 바둑판을 지나 만천을 따라 오르면 곧은 폭포, 누운 폭포 등과 크고 작은 못들이 잇달아 나타난다. 즉 청룡담이며 누운 폭포인 관음폭포와 그 물을 받아들이는 관음담, 세두분(稅豆盆)과 수건바위, 백룡담을 지나며 석전이 시를 읊은 영아지가 있다.

육당은 영아지를 "백룡담 조금 위에 절애(絶崖: 절벽)가 물을 떨어뜨리면 삭벽(削壁: 깎은 듯한 벽)이 그것을 받아서 얌전하다 할, 한 소(沼)를 이룬 곳이 있으니 이름조차 반드러운 영아지입니다."라고 묘사하였다.[112]

111 『중유풍악시초』(5), 최남선, 앞의 책, 424쪽.
112 최남선, 『금강예찬』, 앞의 책, 187쪽.

영아지를 지나면 만폭동의 명장면이라 할 수 있는 만폭팔담(萬瀑八潭)이 그 모습을 드러낸다. 만폭팔담은 그 이름과 같이 연이어 꼬리를 무는 맑고 푸른 여덟 개의 못이며, 외금강의 상팔담과 견줄 만하다. 그래서 내금강에 있다 하여 '내팔담(內八潭)'이라 부르는데 석전은 「내팔담」이라는 시를 읊었다.

화룡담에서 계곡을 따라 500미터쯤 올라가면 마하연사(摩訶衍寺)라는 절이 나온다. 마하(摩訶)는 범어(梵語)로 '대승(大乘)'이라는 뜻이다. 석전과 육당은 이 절에서 묵었고, 석전은 「마하연 달밤에 읊다[摩訶衍月夜吟]」[113]라는 칠언율시 한 편을 지었다.

마하연 절 뒤쪽에는 촛대봉[燭臺峰, 1,145미터], 앞쪽에는 헐망봉과 법기봉이 솟아 있으며, 왼쪽으로 중향성과 나한봉이 병풍처럼 둘러 있다.

석전은 지난 해(1923) 춘원·가람 등과 함께 마하연사에 들렀다가 금강산 최고봉인 비로봉(1,638미터)에 올랐다.

마하연에서 비로봉에 오르려면 큰 바위 너덜지대를 지나야 한다. 계곡의 물과 숲도 없는 그곳에는 오직 집채 같은 바위들만으로 이루어진 이 돌무더기의 길이가 1킬로미터에 이른다. 이 돌무더기 곁에 층층이 삐죽삐죽 솟은 톱날 같은 바위 줄기가 '은사다리 금사다리'이다. 톱날 같은 바위가 마치 까마득한 하늘에 닿아 있는 사다리같이 생겼고, 여기에 아침 해가 비치면 찬란한 황금빛

---

113 최남선, 『풍악기유』 앞의 책, 425쪽.

을 뿌린다 하여 '은사다리 금사다리'라는 이름이 붙었다.

이 은사다리 금사다리를 지나 오르면 비로봉과 영랑봉이 잇닿은 등성이에 이르고 이 등성이로 올라서서 불쑥 높아진 곳에 이르면 그곳이 금강산의 가장 높은 꼭대기 비로봉이다.

석전은 육당과 다시 비로봉에 올라 그 감회를 「다시 비로봉에 오르다[在上毗盧峯]」[114]라는 제목의 오언율시를 읊었다.

금강산 일만 이천 봉이 모두 비로봉 아래 있다. 석전이 비로봉 정상에 다시 섰을 때 발아래 계곡과 봉우리에는 구름이 피어오르고 멀리 보이는 동해 바닷물이 잔에 차는 찻물처럼 보였다.

안문령·송림사·발연·신계사·옥류동·만물초

유점사에서 마하연 가는 길 중간쯤에 안문령(雁門嶺: 안무재)이 있다.

석전은 안문령을 지나면서 "회양 태수(淮陽 太守: 강원도 회양군 태수)·봉래백(蓬萊伯: 강원도 지사)/ 높은 이름 돌 숲에 벌렸으니/ 지난 세월 많은 풍진 쓸쓸도 하고/ 서쪽 바람 주장자 하나 깊은 구름 속 달리네." 하는 「안문령을 지나면서 감회가 일어[雁門嶺有感]」[115]라는 시를 읊었다.

....
114 『석전시초』 56쪽.
115 『석전시초』 57쪽.

안무재를 넘어 7리 정도 내려가면 사람들이 곧잘 점심밥을 먹는 점심참(點心站)이라는 곳이 있는데 사람들은 흔히 '점심청(點心廳)'이라 부르기도 하였다. 이 점심청 조금 못 미쳐 좌로 꺾어서 3리가량 들어가면 칠보암(七寶庵)이 있다. 암자 뒤편으로 빙 둘러 있는 연꽃 병풍 같은 봉우리들을 더듬어 올라가면 가장 좋은 조망 지점에 칠보대(七寶臺)가 있다. 석전은 해질 무렵 칠보대를 지나면서 "해는 떨어지고 절은 멀어라." 하는 내용의 「석양에 칠보대를 지나며[落日過七寶臺]」[116]라는 제목의 시를 지었다.

백천교와 신금강 사이에 송림사(松林寺)가 있다. 송림사 일대는 금강산에서 소나무 숲이 가장 아름다운 곳이다. 석전은 송림사에서 하루 묵었다. 송림사에서 효양령(孝養嶺)을 넘어 20리쯤에 발우못[鉢淵]이 있다. 발우 모양의 이 못은 네 개가 연이어 있고 둘째 못이 발우를 가장 많이 닮았다. 석전은 발우를 닮은 그곳에서 「鉢淵」[117]이라는 제목의 오언절구를 읊었다.

발연이 있는 계류 위쪽에 발연사(鉢淵寺)라는 큰 절이 있었는데, 백 년 전에 사운이 쇠퇴하여 폐사되어 석전이 갔을 때는 기둥 뿌리 하나 남아 있지 않고, 단지 절의 문 앞에 꾸몄던 무지개 돌다리만 남아 있었다.

외금강 구룡연 구역으로 갈 때 기점으로 삼는 곳이 신계사(神溪寺)다. 신계사는 장안사·표훈사·유점사와 더불어 금강산 4대 사

---

116 『석전시초』, 57쪽.
117 『석전시초』, 59쪽.

찰로 꼽히는 명찰이었다. 신계사는 석전과 인연이 깊다.

석전은 1893년 24세 때 은사 금산 화상을 따라 처음 금강산에 왔을 때 신계사에 머물렀고 작년 여름에는 춘원·가람 등과도 신계사에 들른 적이 있었는데 또 1년 만에 육당과 같이 와서 신계사에 들러 잠을 잤다.

석전은 낙엽 진 가을날 「신계사에서 자다[宿神溪寺]」[118]라는 시에서 "쓸쓸한 나뭇잎이 빈 뜰에 가득해라[蕭蕭木葉滿空山]." 하고 노래하였다.

신계사 위쪽 만경다리를 건너 몇 걸음 옮기면 금강문이다. 금강산에 5대 금강문(원화문·하늘문·비사문·수정문·금강문)이 있는데 그 중 이곳의 금강문이 가장 기묘하게 생겼다. 금강문을 지나면 막혔던 계곡이 툭 트여 크게 열린다. 옥류동(玉流洞)이다. 너럭바위를 타고 흘러내리는 물줄기가 구슬과 같다고 하여 '옥류(玉流)'라는 이름이 붙여졌다. 개울가 오른쪽에 반반하고 큰 무대 같은 바위가 노래하고 춤추며 옥류동의 절경을 마음껏 구경하라는 듯 놓여 있다. 옛날부터 수많은 시인과 화가가 이 무대바위에서 옥류동의 빼어난 풍광을 노래하고 그림을 그렸다.

석전도 옥류동의 놀라운 경관을 「옥류동」[119]이라는 제목의 시로 읊었다. 석전은 이 시에서 너럭바위를 타고 흘러내리는 물줄기가 "구슬비와 푸른 산호와 같고, 바람조차 옥소리를 낸다."라고 하였

....
118 『석전시초』 60쪽.
119 『석전시초』 59~60쪽.

다. 심지어 그는 옥류동의 풍광이 얼마나 빼어났으면 그곳을 거닐며 맑은 꿈에 잠기니 천상에 올라간 듯하다고 하였다.

온정리에서 서쪽 온정령(溫井嶺)까지 뚫어진 30리 긴 계곡을 한하계(寒霞界)라 한다. 한하계 위쪽에 만물초(萬物草)가 있다.

석전과 함께 만물초를 구경한 육당은 금강산의 일만 이천 봉을 한꺼번에 볼 수 있도록 한 곳에 전부 조각해 놓은 곳이 만물초라면서 그 중중첩첩(重重疊疊: 거듭거듭 중복해 있음)하고 기기묘묘한 절경에 경탄하였다. 육당이 경탄을 금치 못한 만물초에 석전 역시 그 기이한 풍광에 매료되었다.

석전은 『만물초(萬物草)』[120]라는 시에서 "눈을 헤치고 솟는 [만물초의] 모양이 하도 묘해 이름하기 어렵다[雪披浪湧妙難名]."라고 하였다.

삼일포·해금강

외금강 온정리에서 동남쪽으로 12킬로미터 떨어진 지점에 자리한 삼일포(三日浦)는 예로부터 관동팔경의 하나로 이름났고 호수 풍경으로서는 전국에서 으뜸으로 알려져 있다.

석전과 함께 삼일포를 구경한 육당은 그곳의 절경을 한문 투의

---

120 『석전시초』 61쪽.

현란한 만연체의 길다란 단 하나의 문장으로 화려하게 묘사하였다. 이에 비해 석전은 정제된 오언시로 「삼일포」라는 제목의 시에서 그 풍광을 담담하게 읊었다.

해지는 단서암(丹書嵓)에서/ 삼일호 맑은 물결 굽어보니/ 가을의 서른여섯 봉우리에/ 푸른 안개 서려 있어/ 서쪽 마을 아낙네가 달빛 아래에서/ 흰 비단 씻는 모습 보는 것 같군.

落日丹書嵓 暫眺三湖波 秋峰三十六
亭亭拂靑霞 如見西家子 帶月浣素紗[121]

이 시의 첫 행에 나오는 단서암은 신라 사선의 한 사람인 술랑(述郞)이 써놓은 '술랑도남석행(述郞徒南石行)'이라는 글자가 붉은색을 낸다고 하는 바위를 말한 것인데, 호수의 물이 적을 때 '남석' 두 글자만 간신히 보인다. 15세기까지만 해도 글자가 모두 뚜렷했었는데 금강산을 구경하러 온 관리들이 으레 단서암을 보려 하였고 혹은 탁본을 하려 하였기에 그 시중을 들기 귀찮고 힘들었던 이 고을 사람들이 돌의 글씨를 짓이겨 물속에 처넣어 훼손했다고 전해온다.[122]

121 『석전시초』 61~62쪽, 최남선, 『풍악기유』, 앞의 책, 436쪽.
122 유홍준 엮음, 『금강산』, 123쪽.

이런 사유로 석전과 육당이 삼일포에 갔을 때는 술랑이 쓴 글씨는 보지 못했을 것이다. 해금강은 삼일포에서 동해 쪽 약 4킬로미터 되는 곳에 자리한 고성군 해금강리 수원단으로부터 남쪽의 해만물상·입석·칠성바위를 거쳐서 남강 하구의 대봉섬에 이르는 남북 6킬로미터, 동서 2킬로미터 내 좁은 범위의 명승지를 말한다.

말 그대로 바다의 금강산인 해금강을 둘러본 석전은 「해금강」[123] 시를 지었다. 이 시에는 '바람이 배를 끌었다[風引芳舟]'라는 구절이 있다. 이를 보면 석전과 육당은 배를 타고 해금강의 자연미를 탐승하였던 것으로 보인다.

석전과 육당의 1924년 10월, 가을 금강산인 풍악산 기행은 삼일포와 해금강 탐승을 끝으로 마무리 된다.

---

123 『석전시초』 61쪽.

눈 내리는 겨울, 남쪽지방 여행

석전은 1924년 눈 내리는 겨울에 혼자 남쪽지방으로 여행을 떠났다. 이 겨울 여행은 1924년 11월 3일(양력 11. 29) 김천에서부터 시작된다.

김천에서 석전은 「김천 남산에서 늦게사 멀리 바라보다[金泉之南山晚眺]」[124]라는 칠언율시를 읊고 곧장 해인사로 향하였다.

해인사·거창 사락정·수승대·척수대·환아정

해인사는 경남 합천군 가야면 치인리 가야산에 있다. 석전이 해인사에 갔을 때 가야산 봉우리엔 흰 눈이 내려 으스스하도록 추웠다. 날 저문 절간에 인적이 끊겨 쓸쓸한데, 석전은 멀거니 흰 구름만 바라보다가 돌이끼에 옷이 젖는 줄도 몰랐다. 석전은 쓸쓸한 「해인사 감회(海印寺感懷)」[125]를 읊고 거창(居昌)으로 떠났다.

---

124 『석전시초』, 64쪽.
125 『석전시초』, 65쪽.

거창읍에서 서쪽으로 약 30리 떨어진 마리면에 영승(迎勝)이라
는 마을이 있었다. 마을 앞을 흐르는 위천(渭川)에는 농월담(弄月
潭)이라는 못이 있고, 또한 사락정(四樂亭)과 영승서원이 수백 년
묵은 소나무들과 아름답게 어우러져 있었다. 석전은 사락정에 올
라 정자에 걸린 시편들을 읽은 후 「영승의 정자[迎勝亭]」[126]라는 시
를 읊었다. 그는 사락정을 보고 시를 지은 후 위천면 황산리로 갔
다. 영승에서 곧장 북으로 16킬로미터 떨어진 황산리에는 덕유산
이 거창에 빚어놓은 거창 제일의 유서 깊은 명소 수승대(搜勝臺)
가 있다. 수승대는 많은 현인 은사들이 찾았던 곳이라 하여 모현
대(慕賢臺)라고도 불렀다.

석전은 수승대에서 「수승대 장구(搜勝臺長句)」[127]라는 무려 오언
시 36행의 기다란 노래를 읊었다.

수승대 곁에는 척수대(滌愁臺: 근심을 씻는 대)가 있다. 석전은 그
곳에서 「척수대」[128]라는 제목의 시에서 "맑은 여울물에 시름을 헹
구자고 찾아오는 사람은 보이지 않네."라고 하였다. 척수대는 이
름 그대로 근심을 씻는 탈속의 풍광을 자랑하는 곳이었지만 석전
이 그곳에 갔을 때는 맑은 물에 근심을 씻으러 온 사람이 하나도
없었다. 석전은 눈발이 휘날리는 궂은 날씨에 서상동(西上洞)을 지
나 광풍루(光風樓)가 보이는 곳에 이르렀다. 그는 늦은 시각, 안의

126 『석전시초』 65쪽.
127 『석전시초』 66쪽.
128 『석전시초』 65~66쪽.

면의 입구에 있는 금호강변에서 광풍루를 바라보며 「늦게 광풍루를 보다[光風樓晩眺]」[129]라는 시를 읊었다.

석전의 다음 행보는 산청읍(山淸邑) 산청리에 있는 환아정(換鵝亭)으로 이어졌다. 환아정은 예 산음현(山陰縣: 산청의 옛 지명)의 객관 서쪽에 있었다. 그래서 석전은 이곳에서 읊은 시의 제목을 「산음 환아정」[130]이라 하였다. 환아정에 오르면 강물을 굽어 볼 수 있었다. 정자 이름에 오리 '아(鵝)'자가 들어간 것도 누각에서 강물에 노는 물오리를 볼 수 있기 때문이었다.

석전은 환아정을 보고 경호강을 건너 함양 방면으로 향하였다. 함양군 휴천면 대천리와 유림면 서주의 사이에는 엄천강(嚴川江)이 흐른다.

엄천강 · 실상사 · 영원사 · 벽소령 · 쌍계사 · 화엄사

『동국여지승람』에 엄천은 "[함양]군 남쪽 25리 지점에 있으며 용유담(龍遊潭) 하류이다."라고 하였다. 유림면 서주리 서주다리[西州橋]를 건너면 마을 앞을 흐르는 큰 내가 바로 엄천이다. 석전은 엄천 옆의 길을 걸으면서 「엄천 길가에서[嚴川途中]」[131]라는 시를

---

129 『석전시초』, 67쪽.
130 『석전시초』, 67~68쪽.
131 『석전시초』, 68쪽.

읊으며 그곳 경치를 노래하였다.

석전은 엄천 시냇물을 건너 실상사(實相寺)를 찾아갔다. 실상사는 전북 남원군 산내면 입석리 지리산 기슭에 있다. 엄천리에서 남원 실상사로 가는 길이 있었고, 비록 도가 달랐지만 그렇게 멀지도 않았다.

실상사는 신라 말 형성된 '구산선문(九山禪門)' 중 가장 이른 시기에 개창된 실상산파의 근본 도량이다. 이 절은 고려 초기까지는 번성했지만 그 이후는 쇠퇴했다.

석전은 실상사를 읊은 시에서 절에 들어서니 "먼 길손 오셨다고 돌장승이 반겨 맞는구나."라고 선적으로 표현하였다. 이어 그는 스산한 저문 날에 "정정하게 서 있는 탑이 서산(西山) 향해 점두(點頭: 머리 숙여 절함)하네."라고 하였다. 맑게 갠 스산한 저문 날에 실상사를 찾아가 석전이 읊은 「실상사만청(實相寺晚晴)」[132]이라는 시에는 구산선문의 하나였던 실상산파의 선도량다운 선취(禪趣)가 물씬 풍겼다.

석전은 실상사에 들린 후 영원사를 찾아 나섰다. 실상사와 영원사는 행정구역 상 도(道)가 달랐으나 같은 지리산 기슭에 있어 멀지 않은 거리에 있었다. 즉 실상사는 전북 남원군에 있고, 영원사는 경남 함양군에 있지만 실제로는 같은 지리산 기슭에 있어 노선 상으로는 오가기 어렵지 않은 곳이었다.

---

132 『석전시초』 68쪽.

석전은 「영원사를 찾아가는 도중에서[訪靈源途中]」[133]라는 제목의 시에서 "마계(馬磎: 馬川)는 스스로 울고 벽소령은 높은데…… 흐르는 물 자주 건너 영원사를 찾노매라." 하고 노래하였다.

석전은 영원사에 잠시 머물면서 영원사에 10여 년 주석하면서 하루에 아미타불 1만 편을 염송하였다는 10대 선조 설파 대사를 떠올리기도 하였다. 그는 영원사를 떠나 벽소령을 넘으면서 남녘의 봄기운을 감지하였다. 벽소령은 함양군 마천면과 하동군 화개면의 경계에 있는 고개[嶺]이다.

벽소령에 오르자 저 멀리 남해 바닷가 하동 포구에서 바다 구름이 해를 안고 하늘에 떠 있었다. 벽소령을 내려가 칠불암·신흥 마을을 지나 쌍계교를 건너 쌍계사(雙溪寺)에 이르렀다. 석전은 그 절에 잠시 머물면서 「쌍계사」[134]라는 제목의 시를 지어 그곳 정취를 노래했다. 그는 쌍계사에서 화개장터로 내려가 화개에서 구례 쪽으로 섬진강을 거슬러 올라 지리산 화엄사로 향하였다.

화엄사는 전남 구례군 마사면 황전리 지리산 노고단 서쪽에 있는 절이다. 대부분의 절이 대웅전을 중심으로 가람 배치를 하는데, 화엄사는 각황전(覺皇殿)이 중심을 이루어 비로자나불을 주불로 예불한다.

석전은 「화엄사」[135]라는 시에서 "화엄사 넓은 도량 활짝 개었는

---

133 『석전시초』 68쪽.
134 『석전시초』 69~70쪽.
135 『석전시초』 70쪽.

데 서쪽 탑 너머의 동백나무는 늙었네." 하고 읊었다.

석전은 각황전 처마 구배(句配) 아래에서 여기가 삼계유심(三界唯心) 연화장세계(蓮華藏世界)·사법계(四法界)를 설하는 화엄도량이라는 것을 실감한다.

석전 박한영의 기본 사상은 화엄적 세계관이었다. 그래서 평생 산수를 탐승하면서 자연을 화엄화하였고, 이 세계와 중생을 보되 화엄 진리를 실현할 도량으로 보는 화엄적 실천관을 지니고 있었다. 이처럼 화엄 세계관을 가진 석전에게 있어 화엄 사상을 토대로 하는 화엄사 도량은 그에게 각별한 감회를 안겨주었다.

1924년 11월, 눈 내리는 겨울에 실행된 석전의 남쪽 지방 여행은 봄기운이 움트는 하동 섬진강과 지리산 기슭의 화엄사에서 마무리되었다.

설파 대사 탑비 재건

석전은 1924년 음력 12월 20일, 조선 후기 대강백이었던 설파(雪坡) 대사의 비석 제작에 서응동호(瑞應東濠, 1876~1950) 스님에게 동참해 달라고 요청하는 서신을 보냈다. 편지 내용은 설파상언 대사의 비석을 다시 세우는 데 찬조금을 많이 내달라는 부탁이었다.

설파 대사의 비석은 1796년 선운사에 세웠는데 오래 되어 글씨가 마모되어 알아보기가 어렵게 되어 다시 세우기로 한 것이다. 비문은 석전이 다시 지었고, 순조롭게 진행되어 1925년 5월 선운사에 다시 세웠다. 비석의 글씨는 성당(惺堂) 김돈희(金敦熙)가 썼다.

심춘 순례

　을축년(乙丑年), 즉 1925년 석전은 어느덧 세수 56세가 되었다. 석전은 1925년 정월 초파일(양력1925.1.31.) 성당 김돈희 집에 가서 시우(詩友)들과 어울려 놀면서 「서원춘초소집(西園春初小集)」[136]이라는 제목의 시를 지었다. 서원은 김돈희의 집을 가리킨다.

　김돈희는 석전보다 한 살 아래로 서화협회 발기인의 한 사람이었고(1919), 제4대 회장을 지낸 유명한 서화가였다.

　석전은 그해 1월 29일 「동림(東林)의 빌린 좌석에서 수창한 서문[借座東林酬唱序]」[137]을 집필했다. 시우들은 돌아가면서 모임을 가졌는데 석전은 절에서 술과 음식을 접대하기 곤란하여 최남선의 집을 빌려 모임을 주관하였다. 여기서 '동림'은 최남선의 집을 가리키고, 이날 시를 주고받으며 즐겼으며, 이때 낙하칠자(落下七子)들이 쓴 시를 모아 『차좌동림첩』이라는 시집을 엮었다고 하는데 현재까지 발견되지 않고 있다.

　이 모임에 참석한 낙하칠자는 성당 김돈희, 난타(蘭垞) 이기(李

---

136 『석전시초』 70~71쪽.
137 『석전문초』 189~191쪽.

琦)·위창(葦滄) 오세창(吳世昌)·관재(寬齋) 이도영(李道榮)·춘곡(春谷) 고희동(高羲東)·육당 최남선·석전 박한영 등 7명이었다.

같은 해 3월 3일에는 「집초엄상인유고서(輯草厂上人遺稿序)」[138]를 썼다.

육당과 50일간 심춘 순례

육당 최남선은 1925년 3월 말부터 5월 중순까지 약 50일간 석전을 모시고 남쪽 지방 여행을 한다. 육당은 이때 쓴 기행문인 『심춘순례(尋春巡禮)』(백운사, 1926)라는 책의 서두에 "노반(路伴: 여행 동반자)은 이번에도 석전 노사를 모셨다."라고 하였다. 육당은 그 전해(1924) 가을에 금강산을 석전과 함께 기행하였으므로 1923년 3월 말부터 행한 '심춘 순례'는 석전과 동행하는 두 번째 여행이었다.

전주 포교당·오목대·경기전·심농 조기석

석전과 육당은 경성역에서 경부선 야간열차를 타고 남행하여 새벽에 대전 회덕역에서 호남선 기차로 바꾸어 탔다. 두 사람은

---

138 『석전문초』, 185~189쪽.

전주역에서 하차하였다. 두 사람은 전주역을 나서 송죽에 둘러싸인 위봉사 전주포교당으로 갔다. 30본산의 하나인 위봉사는 전북 완주군 소양면 대흥리 추출산에 있는 절이어서 전주 시내에 포교당을 설치했다. 석전과 육당은 심춘 순례의 첫 기착지로 전주포교당에 들러 하룻밤 유숙하였다.

3월 26일 아침, 육당은 석전을 재촉하여 포교당 곁에 있는 오목대(梧木臺)에 올랐다. 오목대는 전주 동향에 솟은 작은 언덕이다. 오목대는 전망이 좋은 위치에 있어 전주 시가지를 한눈에 볼 수 있었다.

오목대의 동쪽에는 이성계의 고조부인 목조(穆祖, ?~1274)를 모신 이목대가 있고, 대의 바로 밑에는 태조 이성계의 옛 자취가 남아 있는 경기전과 이성계의 시조 이한의 위패를 봉안한 조경묘가 있다. 석전과 육당은 이목대·경기전·조경묘를 둘러보고 마한(馬韓) 이래 3천여 호 1만 5천여 명의 주민들이 사는 전주 시내를 두루 구경하고 저녁때가 되어서야 전주포교당으로 돌아왔다. 다음 날 아침 일찍 포교당에는 불공이 있어 끝나기를 기다릴 수 없어 주지에게 고맙다는 인사도 못하고 두 사람은 길을 나섰다. 이날의 목적지는 맞은 편 모악산(母岳山)이었다.

석전은 모악산 가는 길에 완주군 구이면 와동(瓦洞)에 살고 있는 심농(心農) 조기석(趙沂錫, 1876~1935)을 만나보고 가기로 하였다. 서예의 스승인 조주승(趙周昇)의 아들이자 석전의 친구였던 조기석은 마침 집에 있었다. 석전과 육당은 가학(家學)을 잘 승계하여 붓글씨와 대나무 그림이 그 아버지 못지 않은 조기석의 작품을 감상하였다. 육당은 공력(功力)이 보이는 글씨의 갸륵함에 감탄하고, 서운하지만 작별을 하고 두 사람은 조기석의 집을 떠나 곧 모악산 대원사에 도착하였다.

모악산 대원사·곽법경에 관한 추문

대원사는 완주군 구이면 원기리 모악산 기슭에 있다. 두 사람은 대원사 염불당에서 하룻밤 묵기로 하였다.

1925년 3월 31일, 새벽 네 시에 대원사에서는 아침 예불을 하였다. 육당은 육칠십이 넘은 노승이 새벽 예불을 빠지지 않고 하는 것을 기특한 일이라 하였다.

육당과 석전은 전주 시내와 대원사 등지에서 만나는 스님마다 전하는 더러운 풍문을 들었다. 매법(賣法: 법을 파는 행위)을 하고 소관 사찰의 기둥뿌리와 부처님 몸뚱이[불상]까지 팔아먹은 근처 본산 주지로 있다가 갈린 자에 관한 나쁜 소문에 귀가 따가울 지경이었다. 소문의 주인공은 1925년 2월 19일자로 대본산 위봉사 주지직을 박탈당한 곽법경(郭法鏡, 1877~?)이었다.

곽법경은 사찰 재산을 부당하게 횡령·소비하였고, 심지어 위봉사 말사인 옥구읍 서수면 보천사(寶泉寺)의 대웅전을 일본인에게 팔았으며, 사찰 전답과 임야는 물론 대웅전 터까지 팔아먹은 혐의로 본사인 위봉사의 주지직이 취소되었다.

그런데 곽법경은 주지직에 미련을 버리지 못하고 자기 권속들을 위봉사 주지에 앉혀 자신의 죄를 덮고자 추한 운동을 계속하는 중이어서 전주 불교계가 매우 소란하였다. 더구나 곽법경은 전북의 대본산 금산사 주지직을 겸무하고 있었으므로 금산사에는 자신의 정부(情婦)를 두어서 절 살림을 주관하고 있다는 것이었다.

곽법경은 위봉사와 금산사 주지직에서 모두 쫓겨났지만 곽법경의 정부 묘련화(妙蓮華) 보살이 금산사의 대리 주지인 노장(老丈)스님의 공양도 챙겨주며 실질적인 금산사 주지 노릇을 하고 있었다. 곽법경은 물의를 일으킨 후 경찰의 수배를 피해 도망을 갔는데 그 행방을 알 수 없었다. 이상이 육당과 석전이 전주·대원사·금산사 등지에서 들은 곽법경을 둘러싼 추문이었다.

석전이 사미승 시절 살았던 수왕암

두 사람은 산골 절로서는 풍성한 공양을 받고 대원사를 떠나 바로 옆에 있는 수왕암(水王庵)으로 향하였다. 당시 수왕암은 대원사의 산내 암자였다. 그래서 수왕암의 행정구역도 대원사와 같은 완주군 구이면 원기리였다. 수왕암의 샘물은 호남 제일의 명천(名泉)이었고 석전이 사미승 시절 살았던 암자였다.

석전은 마을 사람들이 무랭이절이라 불렀던 그곳 사미승이었을 때 신도들의 요강을 비우고 때로는 그들의 발을 씻어주기도 했다고 한다. 그렇게 살던 중 앞에서 언급했듯이 일장춘몽(一場春夢) 도인의 권유로 장성 백양사의 산내 암자인 운문암에 가서 사교과 공부를 하였다. 육당은 이때의 기행문집인 『심춘순례』에서 석전과 수왕암에 관해 다음과 같이 짤막하게 언급했다.

  수왕암의 주지는 석전 스님의 옛날 주석지인 이 암자에서 기어이 점심이라도 먹고 가라고 권했지만 사양하고 수왕암을 떠났다.[139]

석전과 육당이 수왕암을 떠나 다음 행선지로 예정한 곳은 모악산 기슭에 자리한 금산사(金山寺)였다.

심원암의 승부인, 황폐한 금산사

두 사람은 수왕암을 나와 모악산 등성이를 넘어 금산사에서 동북쪽 1.5킬로미터 지점에 있는 심원암(深源庵)에 이르렀다. 당시 심원암에는 육당의 표현을 빌리자면 "대덕(大德: 덕 높은 스님)의 법주(法塵: 털이 달린 불자)를 걸었던 곳에 승부인(僧夫人: 승려의 처)

---

139 최남선, 『심춘순례(尋春巡禮)』, 백운사, 1926, 14쪽.

의 장경(粧鏡: 화장용 거울)이 걸려 있었다."라고 하였다. 이는 결혼한 스님, 흔히 말하는 대처승(帶妻僧)이 주지로 있는 절이라는 표현이다.

육당이 물 한 그릇 달라고 청하자 승부인은 내다보거나 대꾸도 하지 않고 "아이들 다 어디 갔어?" 하고 소리만 꽥 질렀다. 이런 승부인의 고약한 짓거리가 육당에게는 심히 아니꼬왔던 모양이다. 이에 그는 심원암 스님이 "잎 없는 꽃, 해어화(解語花: 말을 알아듣는 꽃, 즉 여자 또는 기생) 자미(滋味)"에 빠져 절이 훼손되어 보잘것 없이 되었다고 하였다.[140]

두 사람은 심원암에서 한참 내려가 금산사에 이르러 스님을 찾았으나 아무도 만날 수 없었다. 한참을 지나 노장스님 한 분을 만났는데 그는 대리 주지로 위촉을 받았기 때문에 그저 예불하고 건물이나 관리하고 있는 셈이라고 하였다.

석전과 육당이 금산사에 간 1925년 4월 초 그곳은 파계승 곽법경의 '첩댁(첩의 집)'이 되어 있었다. 육당은 금산사가 파계승의 '첩댁'이 된 것을 "치가 부르르 떨리는 일"이라 하였다.

육당과 석전은 노여움을 누르고 노장의 안내로 삼층 미륵전을 참배하였다. 전각 안의 본존은 높이 11.82미터이고 협시는 8.79미터에 달하는 거대한 규모였다. 육당이 미륵전 내부에 들어가 보니 당시 왼쪽 협시인 법륜보살을 철사 줄로 묶어 뒤쪽으로 잡아당겨

---

140 최남선, 앞의 책, 17~18쪽.

고정시켜 놓았었다. 아마 넘어지는 것을 방지하기 위해 임시방편으로 그렇게 해 놓은 모양이었다.

두 사람은 미륵전에 이어 오층석탑·대적광전 등 금산사 이곳저곳을 둘러보았다. 석전은 「금산사 절구(金山寺絶句)」[141]라는 짧은 시에서 "부처 마음 속절없이 역력하네."라고 읊었다. 그도 파계승의 첩댁이 주지 행세를 하는 금산사의 부처님의 마음이 속절없이 역력하게 보였던 것 같다.

금산사를 떠나 원평(院坪)을 거쳐 돌창이 고개를 넘어서 구 태인(泰仁)에 도착했다. 그곳에서 두 사람은 김죽헌(金竹軒)의 집에 찾아가 하룻밤 묵었다.

죽헌 김수곤, 그의 딸 서예가 몽연 김진민

김죽헌은 문학에 유의(留意)하는 이요, 진작부터 석전과는 교분이 있었고 육당을 만나길 원하고 있었다. 죽헌의 사랑방 벽에는 성당 김돈희의 글씨가 걸려 있었다. 죽헌은 가산 거사·사찰 거사로 불리는 김수곤이었다. 김수곤은 태인 갑부로 불심이 돈독하여 금산사 미륵전 보수와 법주사 미륵대불 공사에 많은 시주를 하였고, 정읍 석탄사를 중건했다.

....
141 『석전시초』 72쪽.

죽헌의 딸은 김돈희를 초빙하여 서예를 배워 근대 여류 서예가로 유명했던 몽연(夢蓮) 김진민(金鎭珉, 1912~1991)이다. 석전과 육당이 김수곤의 집을 방문했을 때는 김진민이 열네 살로 김돈희에게 배운 붓글씨를 한창 익히고 있었다. 백양사 우화루(羽化樓) 현판은 김진민이 11세 때 쓴 작품인데 그때는 '불하당(不瑕堂)'이라는 호를 사용하였다. 몽연은 금산사 미륵전의 '대자보전(大慈寶殿)'이라는 현판 글씨를 썼다. 김진민은 석전과 육당이 방문한 3년 후인 17세에 서울 휘문중학교 교사인 이진형(李珍亨, 1904~1990)과 결혼하여 10남매를 낳아 모두 훌륭한 인재로 키웠다. 그녀는 자녀 양육에 치중하느라 30세 이후에는 붓을 놓아 그 후의 작품이 별로 없다.

저녁 식사 후 석전과 육당은 죽헌과 함께 호남 제일의 정자로 평판이 높은 태인 피향정(披香亭)을 구경하였다.

4월 1일, 죽헌은 두 사람과 헤어지기 섭섭하다면서 근방을 더 돌아본 뒤 광주에서 만나 지리산행을 하자고 약속한 뒤 세 사람은 헤어졌다.

석전과 육당은 태인현 동헌을 구경하고 신태인으로 가 10시 40분발 목포행 기차를 타고 노령터널을 지나 장성 사가리(四街里)역에서 내려 백양사 가는 길로 접어들었다.

백양사·순창·구암사

두 사람이 백양사 산문을 들어서자 정원에서 흙손으로 화초를 심고 있던 주지 만암(曼庵) 화상이 반겨 맞았다. 두 사람은 만암 스님으로부터 백양사 중창에 얽힌 이야기를 들은 후 곤하게 아침까지 잠에 빠졌다. 1925년 4월 2일, 두 사람은 쌍계루·대웅전·진영각 등 근래 다시 지은 백양사 건물들을 둘러보았다. 그리고 석전이 환응 대사에게 사교과를 배웠던 운문암에도 들렀다. 두 사람은 도보로 백암산을 넘어 영구산 구암사로 향하였다.

육당이 말하기를 "영구산 구암사는 백파 이래 2백 년 선불장(選佛場: 부처를 뽑는 도량)이며 최고 강학부(講學府)였고, 석전 스님은 실로 구암사의 혜등장명(慧燈長明: 지혜의 불빛을 오래도록 밝힘)의 마지막 소임을 본 사람"이라고 하였다. 석전은 구암사에서 법사 설유 대사의 법을 물려받아 그곳에서 개강하였고 또한 구암사 주지직을 10년간이나 연임하였다. 실로 구암사는 석전에게 있어 승가의 고향이어서 그 절에는 석전의 장서와 여러 명인들의 그림과 서예 작품이 소장되어 있었다.

육당이 석전과 함께 구암사에 간 1925년 4월 초순 구암사 조사전에는 추사가 써서 기증한 '화엄종주 백파대사(華嚴宗主白坡大師)'라는 편액이 걸려 있고, 법당에 있는 '華藏(화장)' 두 글자는 추사의 글씨 중에서도 득의작(得意作)이라 일컫는 글씨라고 하였다. 육당은 기둥마다 붙어 있는 위창 오세창이 쓴 주련은 타향에서 옛 친구를 만난 듯 반갑기 그지없다고 하였다.

석전은 1922년 6월 20일 구암사 주지직을 사임하고 일헌(一軒) 김종열(金鍾悅) 스님에게 물려주었다. 일헌은 1923년 1월 7일 구암사 주지직을 인가받아 1940년대까지 연임하였다.

육당은 일헌 스님이 석전의 훈화를 잘 받아 외국 유학병에 걸리지 않고 바른 지견(知見)으로 중도(中道)를 잘 체득하고 있으며, 아울러 구암사 대중스님들도 모두 옹용(雍容: 몸가짐이 얌전하고 조용함) 한아(閑雅: 정숙하고 우아함)하여 용장(勇將) 밑에 약졸이 없음을 생각하게 한다고 칭찬하였다. 이어 그는 구암사 진영각(眞影閣)에는 설파·백파·설두·영산 등 삼학구족(三學具足)한 근대 고승들의 진영이 네 벽에 걸려 있어 구암사가 조선 근대불교의 '화장(華藏)'임을 증명하고 있다고 하였다.

1925년 4월 3일, 전날 낮부터 내리던 비가 다음날 낮까지도 끊일 새 없이 내려 잔잔하던 시내가 쾅쾅 소리를 지르며 흘렀다. 육당은 경권(經卷)도 들춰 보며 하루 동안 구암사에서 편안하게 휴식을 하였다.

4월 4일, 육당은 새벽에 바람 소리가 하도 요란하여 창을 열어 보니 어느 새 눈이 하얗게 와서 온 산을 뒤덮고 있었다. 봄눈이라 오전에 대부분 녹고 곧 햇볕이 쨍쨍한 맑은 날이 되어 구암폭포를 구경하러 갔다. 평소에는 수량이 많지 않고 길이도 3~4장(丈)에 지나지 않았으나 이틀 동안 내린 비로 제법 폭포를 살찌게 하였다.

설파·백파·설유·석전이 교학의 황금기를 열었고, 일헌 스님이 주지직을 맡은 후에는 염불결사(念佛結社)의 중심 도량이 되었다.

1923년에 작성된 구암사 염불결사 모임 명단인 「설파후인 연당대중(雪坡後人蓮堂大衆)」에는 이 결사의 회원 총 29명의 이름이 쓰여 있다. 연당(蓮堂)은 염불결사의 다른 말이다. 설파후인은 설파상언(雪坡尙彥, 1707~1791) 대사의 후손이라는 말이다.

내장산·학명 선사·비자림·도솔암

석전과 육당은 구암사를 나섰다. 두 사람은 유군치(留軍峙: 구암사에서 내장사 사이의 고개)를 넘어 내장산의 주봉인 쓰레봉[西來峰] 밑 굽이굽이 산길을 걸었다. 육당은 구곡양장(九曲羊腸)의 내장산 산길을 가면서 "내장산 구경의 반분(半分)이 이 백곡로상(白曲路上)에 있음을 알면 나무유군이보살마하살[南無留軍而菩薩摩訶薩]이라고 해야 한다."라고 하였다.

월조암(月照庵: 현재는 폐사)을 오른쪽으로 보고 6~7리 되는 부도를 지나 대로에 나서면 바로 보이는 것이 벽련암(碧蓮庵)이었다. 석전과 육당은 내장사 주지인 학명계종 선사를 만났다.

두 사람은 내장사에서 자고 4월 5일 아침 일찍 학명 선사와 함께 불출암(佛出庵)으로 향하였다. 내장산의 계곡미는 서쪽으로 들어갈수록 석기(石氣)와 더불어 늘어났다. 사방 10여 개 정(町)에 덮인 내장산 비자림(榧子林)은 조선뿐 아니라 세계에서 거의 짝이 없을 일대경색(一大景色)이었다. 내장의 자랑은 단풍보다 도리어 비자림이라 할 것이요, 또 그것이 사시에 변하는 것 아님에서, 일단의 가치를 더 알아주어야 한다고 육당이 주장하였다.

일행은 원적암을 거쳐 도솔암에 이르렀다. 벼랑을 끼고 조금 돌자 벌써 정읍 시가가 턱 아래에 있었다. 산에서 내려오자 '솔티'라는 동네에서 평지가 되어 한참 만에 정읍과 내장사 간의 대로로 접어들었다. 길가에는 기근 구제를 위해 하루 50전씩 받는 남녀노소 수십 명이 내장탐승로를 닦고 있었다. 정읍 읍내에 당도한 일행은 점심을 먹고 그곳에서 학명 선사와 작별하였다.

줄포에 중국산 소금 가득, 내소사 월명암의 낙조

석전과 육당이 정읍에서 버스를 타고 서해안 줄포(茁浦)에 도착한 것은 오후 3시가 지나서였다. 번창한 포구에는 중국 상인들이 산동염(山東鹽)을 들여다 놓고 '호염(胡鹽)'이라 한글로 써 놓은 것이 가게마다 가득하였다. 육당은 줄포에 즐비한 중국인 가게와 그 세력에 놀랐고, 중국산 소금을 잔뜩 쌓아 놓고 파는 것에 더욱 놀랐다.

두 사람은 소금이 생산되는 것을 보려고 일부러 갯가로 가서 염전과 염막의 소금가마 등을 구경하였다. 야영(野營)같이 산재한 염막(鹽幕)을 보면서 해안가로 나아가 진서리(鎭西里: 부안군 진서면)에 닿았다. 진서리에서 입암리를 거쳐 전나무 자욱한 축동으로 들어서자 그 길이 다하는 곳에 만세루(萬歲樓)라는 높은 누각이 나타났다. 누각이 나타나니 이미 내소사(來蘇寺) 경내에 들어선 것이다. 내소사의 소재지는 전북 부안군 진서면 석포리였다. 당시 내소사는 선계사(仙界寺)·청림사(靑林寺)·실상사(實相寺)와 함께 한국 8대 명승지의 하나인 변산반도의 4대 명찰로 불렸다.

석전과 육당은 내소사의 대웅전과 오층탑을 둘러보고 주지의 배려로 대웅전 왼쪽 '향적선헌(香積禪軒)'이라고 추사가 쓴 현판이 걸린 선방에서 일숙(一宿)의 인연을 맺었다.

1925년 4월 6일, 석전과 육당은 김봉수(金鳳秀) 군의 안내로 변산의 경승 구경에 나섰다. 이때 두 사람을 안내한 김봉수(1901~1974)는 부안군 산내면 격포리 출신으로 14세에 내소사 주지 만허(滿虛, 1856~1935) 화상에게 출가하여 석전이 불학을 가르치고 학장을 역임한 중앙학림 제자였다. 그는 졸업 후 내소사로 돌아와 절 앞에 계명학원을 설립하였고 훗날 서래선원을 개원하여 호남선풍을 일으켰다. 금산사와 내소사 주지를 역임하였으며 해안봉수(海眼鳳秀) 선사로 추앙받았고, 『해안집(海眼集)』이라는 법어집도 남겼다.

석전과 육당을 안내할 무렵의 그는 스물다섯 살의 청년 승려였다. 석전의 중앙학림 제자였으므로 육당은 그를 '봉수군'이라고 불렀다. 일행은 변산팔경의 하나인 '실상용추(實相龍湫)'를 보았고 쇠

잔한 실상사를 거쳐 의상봉(義湘峯, 509미터)과 쌍선봉 등을 둘러본 후 월명암에 이르렀다.

석전은 학명 선사가 주지로 재직하고 있을 때인 1915년에도 이 암자에 들른 적이 있었다. 10년 만에 다시 월명암에 온 것이다.

동해안 낙산의 일출과 서해안 월명암의 낙조는 조선반도 동·서안에 있어 일대 절경으로 일컬어졌다. 일몰 무렵 석전과 육당은 낙조대(落照臺)에 올라 서천(西天)으로 지는 장엄한 낙조를 지켜보았다. 낙조대에서 지켜본 서해안의 일몰은 장관 중의 장관이었다. 일행은 해가 진 후 월명암으로 돌아왔다. 육당은 부설거사전(浮雪居士傳)의 고사본(古寫本: 옛날 필사본)을 들추어 보다가 그대로 잠이 들었다.

4월 7일, 석전과 육당은 이른 아침 월명암을 떠나서 쌍선봉을 중심으로 아침 안개에 싸인 변산의 이모저모를 둘러보았다. 원래 변산의 경관은 울창한 삼림미가 장관이었다. 그런데 일본이 병합한 후 변산의 삼림을 마구 벌채해 가서 눈썹 뽑힌 미인이나 미남자의 풍채 좋은 수염을 몽땅 뽑아 놓은 것 같아 영 볼품이 없었다. 꼭 꼬리 없는 공작새 꼴이었다.

줄포에서 배를 타고 선운사로

석전과 육당은 변산반도를 유람한 후 줄포항으로 가서 그곳에서 배를 타고 바닷길로 장수강(長水江) 어구의 포구에서 내렸다. 두 사람은 포구에서 선운산(禪雲山, 336미터)과 소요산(逍遙山, 444미터) 사이에 있는 거의 10리나 되는 길을 따라 올라갔다. 연기동(烟起洞) 앞에서 다리를 건너면 선운산 남록이 되고, 그곳에선 선운사 도량이 빤히 들여다보였다.

선운사는 전북 고창군 아산면 삼인리 500번지 선운산(일명 도솔산)에 자리한 절이다. 두 사람을 맞이하는 대중들 가운데는 학명 선사도 있었다. 또 그 절에는 환응탄영 대사가 주석하고 있었다. 석전은 교계의 큰스님이신 환응 대사에게 사교과를 배운 바 있었다. 육당은 쇠락한 선운사가 대찰로서의 풍모를 유지할 수 있었던 것은 환응 대사가 주석하고 있기 때문이라고 하였다.

육당은 환응 대사를 친견하였다. 환응 대사가 육당에게 말하기를 "모든 것이 불력이요, 인과이니 망추망단(妄推妄斷: 망령된 추정이나 판단)은 못합니다. 그러나 하루 바삐 조선인의 숙선(宿善: 전생의 좋은 일)들이 개발되기를 기다리는 정은 잠시도 버리지 못합니다. 영웅호걸이 나야 일이 되는 것은 아닙니다. 만사가 업보니까 갸륵한 개개인의 능력으로 될 것이 아니라 필경은 새로운 과보를 장만할 만한 조선인 전체의 업력이 쌓여야 할 것입니다."라고 하였다.

육당은 환응 스님의 말씀이 마치 피히테(1762~1814)의 「독일 국민에게 고(告)함」을 듣는 느낌이라고 하였다.

4월 8일, 육당과 석전은 오전에 선운사의 전당을 모두 참배하였다. 오후에는 박봉하(朴鳳霞) 군을 안내인 삼아 산중 순례에 나섰다. 일행은 내원암(현재는 소실)·봉두암(鳳頭巖)과 그 밑에 있는 좌변굴(左邊窟: 현재 진흥굴), 하도솔암과 상도솔암, 만월대 그리고 석벽의 마애미륵상을 둘러보고 산 위에서 칠산(七山) 먼 바다를 바라보았다. 일행은 참당사(懺堂寺: 현재의 참당암)를 거쳐 큰절 선운사로 돌아왔다. 육당은 그날 밤에 선운사 고문서인 『선운사 사적』을 읽었다.

4월 9일, 석전은 설파 대사 비석 일로 선운사에 남고 육당 혼자 선운사를 떠나 무장(茂長) 길로 들어섰다. 60리 길을 걷기도 하고 차도 타면서 밤 9시 지나서 전남 창평(昌平) 폐읍(廢邑)에 도착하여 늦은 저녁 요기를 하고 곤하게 잠이 들었다.

4월 10일, 실로 오래간만에 육당은 이발도 하고 부르튼 발도 달래며 휴식을 취하였다.

소쇄원·무등산·원효암·증심사·적벽강

4월 11일, 육당은 '반기실' 주막에서 늦게 내려온 석전과 다시 만났다. 석전과 육당이 만난 곳은 전남 담양군 남면 지곡리였다. 광주 무등산 북쪽 자락과 마주한 이 동네에는 광주천이라는 제법 큰 냇물이 흐르고 지곡리 일대에는 소쇄원·식영정·한벽당·취가정이 냇물 좌우 언덕에 자리하고 있다. 그 중에서도 소쇄원(瀟灑園)은 현존하는 우리나라 원림(園林) 중에서 단연코 으뜸인 명소였다.

석전과 육당은 '지실(지곡리)' 동네로 들어서서 백일홍나무(배롱나무)에 에워싸인 식영정(息影亭)을 지나서 아직도 송강(松江) 정철(鄭澈, 1536~1593)의 자손들이 모여 사는 '지실 정촌(鄭村)'을 지나서 양산보(梁山甫, 1503~1593)가 조성한 소쇄원을 찾아 들어갔다.

소쇄원의 공교로움과 아름다움은 글로 형언키 어렵게 아주 빼어난 곳이었다. 수많은 시인과 문장가들이 소쇄원에 대한 숱한 찬시와 경탄의 글을 지었지만 어느 것 한 편도 그 아름다움을 모두 담아내지 못했다.

두 사람이 소쇄원 다음으로 본 곳은 취가정(醉歌亭)이다. 그곳은 임진왜란 때의 의병장 김덕령(金德齡, 1567~1596) 장군의 후손 김만식(金晩植)이 1890년에 장군의 덕을 기려 지은 정자이다. 정자 이름을 취가정이라 한 것은 송강의 제자였던 권석필(權石鞸, 1569~1612)이라는 분의 꿈에 김덕령 장군이 나타나서 「취시가(醉時歌)」를 불렀다는 얘기에서 따온 것이다. 김덕령 장군은 임진왜란 때 일본군이 가장 무서워하는 의병장이었으나 1596년 무고로 옥사했다. 육당은 장군이 무고로 억울하게 죽은 것을 매우 통탄하였다.

석전과 육당은 서림(西林)이라는 동네를 거쳐 무등산에 이르렀다. 샘바위에서 날이 저무는데 숙소로 정한 원효암까지는 아직 산길 10리가 남아 있었다. 두 사람은 캄캄한 밤에 원효암까지 강행해 가다가 중간에서 길을 잃어버렸다. 두 사람은 각기 헤어져 길을 찾기로 하였다. 육당은 산길을 헤매고, 먼저 원효암에 도착한 석전이 수색대를 데리고 육당을 찾아 나섰다. 석전과 수색대가 왔을 때에는 육당도 바른 길을 찾았다.

두 사람은 이처럼 어렵사리 늦은 밤 원효암에 도착했다. 원효암은 지금의 행정구역으로 광주시 동구 금곡동 846번지이고 무등산 북쪽 기슭 원효 계곡에 있다.

4월 12일, 일찍 일어나 석전과 육당은 원효암 대웅전을 참례하였다. 이날 두 사람은 무등산 산행에 귀신이라는 노인 한 사람을 안내인으로 하여 무등산 정상을 향한 등산길에 나섰다. 광주의 진산인 무등산(1,187미터)은 일명 서석산(瑞石山)이라고도 한다. '함품잇재' 마루턱에서 왼쪽 등성이를 타고 올라가면 '서석(瑞石)'이 있다.

육당은 "좋게 말하면 수정 병풍을 둘러쳤다 하겠고, 박절하게 말하면 해금강 한 귀퉁이를 떠왔다고 하고 싶은 것이 '서석'이니, 무등산을 일명 서석산이라 함은 이 대표적 서석 외에도 대소 무수한 서석이 여기저기 벌려 있기 때문이다."라고 하였다.

석전은 육당과 함께 무등산 정상인 천왕봉(天王峰)까지 답사한 후 그 소회를 「무등산 천왕봉(無等山天王峰)」[142]이라는 시로 읊었다. 두 사람은 정상까지 답사하고 그날 저녁 컴컴할 무렵 증심사에 도착하였다. 그곳에는 약속한 대로 태인의 거사 죽헌 김수곤이 이틀 전에 이미 와서 기다리고 있었다. 죽헌은 두 사람이 약속한 날보다 이틀이나 늦게 온 것을 나무랐다.

142 『석전시초』, 72쪽.

증심사는 광주시 동구 운림동 56번지 무등산 서쪽 기슭에 자리하고 있는 절이다. 석전 일행이 갔을 당시 증심사는 선암사의 말사로 광주 지역 최대 도량이었다.

4월 13일, 석전과 육당은 새벽부터 증심사 당우를 둘러보았다. 대웅전·취백루(翠栢樓)·회승당(會僧堂)·설선당(說禪堂)·오백나한전·명부전·극락전·오층탑 등을 순례하였다.

석전·육당·죽헌 세 사람은 삼인작반(三人作伴)하여 증심사를 출발하여 40리 서석산을 다시 횡단하였다. 석전 일행이 무등산을 가로질러 닿은 곳은 동복(同福) 적벽강(赤壁江)이었다. 육당은 원래 옹성산(甕城山)이었던 것이 적벽산(赤壁山)이 되고 달천(達川)이 적벽강이 된 것은 망잡(妄雜)스러운 모화광(慕華狂: 광적인 사대주의자)의 장난이라면서 신랄하게 비판하였다.

원래의 우리나라 지명을 중국의 것으로 바꾼 것을 광적인 사대주의자의 장난이라면서 강하게 비난한 것이다. 일행은 동복 읍내(지금의 동복면소재지)로 들어가 누추한 주막에서 하룻밤을 묵었다.

4월 14일, 일행은 주막 주인이 "키는 작지만 노래는 잘한다."며 붙여준 꼬마둥이를 길안내인 삼아 동복읍을 떠났다. 산길 20리를 걸어 모후산(母后山)의 명찰인 유마사(維摩寺)에 당도하였다. 이 절은 지금의 행정구역으로 전남 화순군 남면 유마리 모후산에 있다. 꽤 큼직한 대웅전이 있는 그 절에 사람을 찾았으나 아무도 없었다. 간신히 밭에서 일하는 사미승 하나를 찾아서 주지스님이 어디 갔느냐고 물었으나 대답이 모호하여 점심만 먹고 절을 떠났다.

유마사에서 순천 송광사로 가려면 모후산 남쪽에 있는 '말거리재'를 넘어야 하는데, 오르기를 5리, 내려가기를 10리나 걸어야 하는 지루한 산길이었다. 이들은 한참만에야 적벽강 하류인 낙수(洛水)로 나섰다. 산골에서 흘러내리는 시내에는 가시네들이 무릎 위까지 다리를 걷고 냇물에서 대사리[川螺, 다슬기]·밑글이 등을 줍기 바빴다. 시냇가에는 노란 개나리, 붉은 진달래가 피어 봄날의 산수를 아름답게 치장하고 있었다.

신평(新平)을 지나 외송(外松)이라는 동네에 다다르자 다리까지 나와 반기는 이는 육당의 옛 친구 김해은(金海隱) 스님이었다.

송광사·의천의 속장경·보제당의 강연

육당이 송광사에 오겠다고 해은 스님과 약속한 지도 어언 10여년 전의 일이었다. 석전 일행은 해은 스님의 마중을 받으며 고색이 뚜렷한 일주문을 지나 송광사에 들어섰다. 육당은 조선불교의 완성지가 송광사라면서 그곳에서 보조국사 지눌(知訥, 1158~1210)의 『정혜결사』·『수심결』·『간화결의론』·『원돈성불론』을 읽었다.

4월 15일, 아침 일찍 송광사 주지 율암(栗庵) 스님이 와서 석전과 육당에게 인사가 늦었다며 미안해하였다. 조반 후 기산[綺山, 임석진(林錫珍)] 스님의 안내로 송광사 당우를 둘러보기 위해 나섰다. 안내를 맡은 기산 스님은 중앙학림에서 석전에게 배운 제자였다. 그는 7년 전인 1918년 3월에 중앙학림을 졸업하였다.

석전·육당·죽헌은 그즈음 새로 놓은 제일석교(第一石橋)부터 살펴보고 일주문과 비림(碑林), 제2석교 위의 우화각(羽化閣), 그 오른쪽의 침계루(沈溪樓), 좌하(左下)의 임경당(臨鏡堂)을 둘러보았다. 침계루와 임경당에는 역대 유명한 시인 명사들의 시가 가득 붙어 있었다.

석전이 임경당에 걸려 있는 삼연(三淵) 김창흡(金昌翕, 1653~1722)의 시에서 차운(次韻)하여 「송광사 삼청각 추화 김삼연운(松廣寺三清閣追和金三淵韻)」[143]이라는 칠언율시를 지었다. 그러자 동행인 김죽헌과 육당도 한 편씩 한시를 지었다.

일행은 사천왕문·해탈문·대장전(大藏殿)·종각·법왕문을 지나 대웅전을 참배하였다. 이어서 사무실로 쓰는 승당(僧堂)과 응접실로 쓰는 용화당에 들렀다. 일행은 사무실에서 「조계산 수선사 중창기」·「목조 삼존불감」(국보 42호) 등을 보고, 더 보여 달라고 하자 기산 스님이 대각국사 의천(義天, 1055~1101)이 교간(校刊: 교정해 간행함)한 속장경(續藏經) 한 뭉텅이를 보여주었다.

송광사에서는 석전 일행에게 보여준 문헌 자료나 오래된 보물들을 일본인들에게는 일체 보여주지 않는다고 하였다. 왜냐하면 그들에게 보여주면 달라고 조르는 통에 숨겨 놓는다는 것이었다.

일행은 보조 국사의 습정처(習定處: 참선하던 곳)였던 삼일암과

---

143 『석전시초』 73쪽.

보조암, 그리고 하사당(下舍堂)·청운당(靑雲堂)·조사전(祖師殿)·국사전과 대 아래의 불조전·화엄전, 한때 임제종 종무원 사무소로 쓰였던 향로전을 돌아 대장전으로 돌아왔다. 강당으로 쓰고 있는 보제당(普濟堂)에서는 금명(錦溟) 강백이 학인스님 수십 명을 지도하고 있었다. 또 문수전과 관음전을 거쳐 왕실을 축원하던 성수전(聖壽殿)까지 봄으로써 송광사의 주요한 전각을 한 바퀴 돌아본 셈이었다.

그런데 성수전의 품계대로 신하를 묘사한 벽화는 눈이나 코가 성한 데가 없었다. 이렇게 흠집이 난 인물은 대부분 나라를 팔아먹은 대감들이었다. 이들은 친일 반민족적 행위를 한 매국대신들이었다. 육당이 이들의 이름을 구체적으로 밝히지 않았으나 아마 을사오적(이완용·이근택·이지용·박제순·권중현), 정미칠적(이완용·송병준·이병무·조중응·임선준·고영희·이재곤), 경술구적(이완용·박제순·고영희·조중응·민병석·윤덕영·김윤식·이병무·이재면)을 가리키는 것으로 짐작된다.

밤에는 기산 스님의 호의로 『선문염송』의 고각본(古刻本)과 그 외 귀중한 역사적 문헌을 얻어 보았다. 4월 16일, 해은 스님의 안내로 산내 암자를 둘러보았다. 송광사의 산내 암자는 모두 16곳이었다. 시내 건너에는 석전 일행이 갔을 당시 승방으로 사용하고 있는 부도암(浮屠庵)이 있었다.

부도암은 본 절에서 북쪽 약 400여 미터에 있어 가장 가까운 암자였고 그곳엔 28기의 부도와 5기의 비석이 있어 거기서 암자 이름이 유래했음을 알 수 있다. 일행은 청진암·남암터·은적암을 거쳐 보조암으로 내려왔다. 그런데 은적암과 보조암은 한말 의병을 소탕한다며 돌아다니던 자들의 방화로 불타버려 석전 일행은 빈 터만 바라보았다.

석전은 유서 깊은 보조암이 불타버린 빈터에서 「보조암유허(普照庵遺墟)」[144]라는 시를 쓸쓸하게 읊었다. 육당은 무지한 자들에 의해 6, 7백 년의 승람(僧藍)이 하루아침에 검은 잿더미가 된 것을 안타까워하였다. 약 20년 전 보조암이 불타는 것을 직접 목격한 해은 스님은 "보조암이 탈 때 기둥이 울고, 기와가 튀고, 산이 슬퍼하였다."면서 금세 비분의 눈물이 그렁그렁하였다.

그날 밤에는 송광사 대중의 요청으로 보제당에서 강연회를 열었는데, 청중은 사내 대중과 학인스님 등 백여 명 가량이었다. 석전 스님은 이날 강연회에서 「소감(所感)」이라는 제목으로 20년 간 불교계의 개혁과 유신에 종사한 경험을 약술하여 설파하였다.

금일의 급무(急務)는 불교인들이 본분상사(本分上事)를 잃지 말고 어디까지든지 불교인으로 신시대 창조의 무대에서 영광스러운 임무에 복(服)하여야 할 소이(所以)를 누누이 말씀하였다. 육당은 석전의 뒤를 이어 「구경(究竟: 궁극)의 마지막 일대사(一大事)」라는 제목으로 강연하였다.

4월 19일, 오전에는 다리도 쉴 겸하여 송광사에 있는 고금 제

---

144 『석전시초』 73쪽.

각(題刻)을 편집한 금석문집인 『조계문선(曹溪文選)』이라는 책자를 뒤적거렸다. 이틀 뒤 보조 국사의 제사가 있다면서 스님들이 붙잡았지만 석전 일행은 점심 공양 후 6일 간의 송광사 순례를 모두 마쳤다.

장군봉·천자암·교학의 연총 선암사

일행은 송광사 뒤편인 장군봉을 넘고 조계수(曹溪水)를 건너 고개 너머 선암사로 행하였다.

도중에 천자암(天子庵)이 있고 조계산을 동서로 연결하는 20리 장령(長嶺) 고개를 넘었다.

송광사 쪽을 '송광굴묵'이라 하였고 선암사 쪽을 '선암굴묵'이라 하였다. 선암사 경내에 들어서자 봄꽃이 송광사 쪽보다 먼저 와 있었다.

육당이 말하길, "선암사는 조선불교계 '교학의 연총(淵叢: 모여드는 곳)'이었고, 자타가 공인하는 '강사의 못자리[苗床]'라고 하였다. 송광사가 조선의 '소림사(少林寺: 달마 대사가 주석한 중국 선종의 본산)'라면, 선암사는 조선의 '나란타(那爛陀: 고대 인도의 불교대학)'였다. 즉 송광사는 조선불교 선(禪)의 발상지요, 선암사는 조선 교학의 연원지라고 중국과 인도의 경우에 비유하여 육당이 말한 것이다.

석전과 육당은 선암사에 도착하자 곧장 경운 노장을 찾아가 인사를 드리고 그의 얘기를 오랫동안 들었다. 경운 노스님은 석전의 대교과 강원의 스승이어서 감회가 남달랐다.

4월 18일 새벽, 경운 노스님이 석전과 육당에게 주는 시편을 가지고 두 사람이 있는 숙소에 왔다. 이에 석전은 「선암사화정 경운장로(仙嵓寺和呈擎雲長老)」[145]라는 시를 지어 스승에게 바쳤다.

석전 일행은 아침 공양을 마치고 경운 노장과 함께 선암사 구경에 나섰다. 먼저 승선교(昇仙橋)와 부근의 부도를 둘러보고 대승암에 들렀다. 석전은 죽림 속에 잠긴 대승암에서 30년 전 그곳에서 대교과 공부를 하던 일을 회상하며 못내 감개하였다.

경운 노장이 주석하고 있는 조실에는 내외전적(內外典籍)이 가득 쌓여 있고 구석에는 상월(霜月) 대사가 쓰던 석장(錫杖)이 세워져 있었다. 방장실에서 돌아나가는 긴 통로에는 추금(秋琴) 강위(姜瑋)의 시편들이 걸려 있었다. 이로 보건대 석전이 시의 스승으로 삼은 강위를 경운 노장이 좋아한 것에서 적지 않은 영향을 받았던 것으로 짐작된다.

일행은 큰절(선암사)로 가서 범종과 법고가 걸린 만세루 정중탑(庭中塔)·대웅전·명부전·팔상전·중수비·사적비 그리고 운수암(雲水庵) 등을 돌아보았다.

4월 19일, 일찍 라대응(羅大應) 스님 등 선암사 여러 대중과 함께 석전 일행은 조계 상봉에 올라가려 절을 나섰다. 절 뒤편의 서

---

145 『석전시초』 73~74쪽.

쪽 길로 올라가면서 도선(道詵, 827~898, 우리나라 풍수지리학의 시조) 국사가 지맥을 누르기 위해 세워놓은 돌탑과 돌무더기를 보고 중수 중인 선조암(禪助庵)과 장군수(將軍水)로 유명한 무성암(茂盛庵) 터를 지나 향로암(香爐庵)에 이르렀다. 그곳에는 선암사와 남암, 북암이 다 턱 밑에 있고, 순천 읍내도 지척 간에 있는 듯 보였다. 일행은 적멸암 터를 지나 마침내 조계산 정상에 이르렀다. 내려오는 길에는 대각 국사가 주석했던 대각암에 들렀는데, 국사의 흔적은 하나도 없고 황량하기만 했다. 큰절로 돌아와 만세루에 올라가 걸려 있는 시편들을 보았다.

4월 20일, 정중한 조반 대접을 받고 석전 일행은 선암사를 떠났다.

태안사·사성암·화엄사 동구

석전 일행의 다음 목적지는 태안사(泰安寺)였다. 30리가 넘는 '괴당이' 긴 재를 넘고 '영수'에 가서 점심을 먹고, 원달(元達)재를 넘어 곡성(谷城)으로 접어들었다. 일행이 '어사리재'를 넘어서 태안사에 다다르자 60리 길에 해가 저물었다.

태안사는 동리산(桐裏山)에 있어 흔히 동리사라고 불렀는데 조선말까지는 대안사(大安寺)라고 했다. 전남 곡성군 죽곡면 원달리 동리산 서쪽 능선에 있는 절로 화엄사 말사이다.

태안사는 구산선문(九山禪門) 중 동리산문(桐裏山門)이라 일컬어지는데, 이 절은 흔히 동리산문을 개창한 혜철(慧徹, 785~861) 선사가 창건했다고 하지만, 이는 오류이고 혜철 선사 이전부터 존재했던 고찰이다. 육당은 태안사를 "신라 이래의 절이요, 또 해동에 선종의 절로 처음 생긴 곳이다. 아마도 고초(古初)의 신역(神域: 신의 영역)과 같다."라고 하였다.

4월 21일, 밤부터 내리던 비가 자고 나니 빗줄기가 더 굵어졌다. 창문을 열자 갖가지 춘색이 점고(點考: 인원 점검) 맞는 기생처럼 대령하였다.

도화(桃花: 복숭아꽃)·행화(杏花: 살구꽃)·신이화(辛夷花: 개나리꽃)·산다화(山茶花)·벚꽃 등 꽃들이 피어 봄기운이 가득하였다. 석전은 꽃들이 핀 동리사의 봄을 「동리사의 봄날에 홀로 읊다[桐裏寺餞春日獨吟]」[146]라는 시로 노래하였다.

오후에는 비가 걷혀 최(崔)·양(梁) 두 사람을 안내인 삼아 태안사 구경에 나서 먼저 능파각(凌波閣)을 보았다. 능파각은 계곡의 시내를 건너는 다리의 기능을 겸한 건물이었다.

일행은 동리산문을 개창한 혜철 선사의 제3세인 광자윤다(廣慈允多, 864~?) 대사의 탑비와 부도를 둘러보았다. 이어 명적암·혜철암·부도전·배알문(拜謁門)·동일암(東日庵)·영자전(影子殿)·명부전·응진전·대웅전·성기암(聖祈庵) 등을 둘러보았다.

---

146 『석전시초』 75쪽.

4월 22일, 태안사 주지의 전송을 받으며 그곳을 떠나 섬진강을 끼고 지리산으로 향하였다. 오산(鰲山, 530미터) 사성암(四聖庵)에 도착하였다. 사성암은 구례군 문척면 국마리 지리산 중턱에 자리하고 있는 작은 암자였다. 이 암자는 백제 시대인 성왕 22년(544)에 연기 조사가 창건하였고, 후에 한때 신라의 원효·도선 대사, 고려의 진각국사(眞覺國師) 혜심(慧諶, 1178~1234) 선사가 주석하였다. 그래서 창건주 연기 조사와 원효·도선·혜심 네 분의 고승을 기리기 위하여 절 이름을 사성암이라 하였다.

　석전과 육당은 사성암에서 내려와 구례 화엄사의 동구에 도착했다. 동구에는 가게와 술집이 즐비하였다. 그곳은 '거재수(去災水)'를 마시러 온 많은 사람들로 절 앞은 장바닥처럼 붐볐다. 여기서 말하는 '거재수'는 지금의 고로쇠나무의 수액인 '고로쇠물'과는 차이가 있다. 거재수는 재앙을 쫓아내는 신령스런 물이라는 뜻이다. 거재수나무의 수액인 '거재수'의 맛은 고로쇠 물과 비슷한데 약간 싱겁다. 거재수나무는 거자나무 또는 곡우나무라고도 하며 그 수액을 곡우(4월 20일 경)를 전후하여 채취한다. 고로쇠 물은 2·3월에 채취한다.

　화엄사는 밀려든 '거재수' 손님들로 인해 스님도 절에서 잘 수 없을 지경이었다. 다행히 석전과 육당은 객실에서 잘 수 있었다. 육당의 기행문『심춘순례』는 화엄사에 도착하는 것으로 일단 끝난다. 그런데 기행문이 끝났다 하여 석전과 육당의 봄날 여행이 끝난 것은 아니었다. 화엄사 이후 두 사람의 여로는『심춘순례』의 끝에 첨부된 '심춘순례도'에 의하면 이러하다.

화엄사→ 천은사→ 쌍계사→ 칠불암→ 영원사→ 지리산→ 천왕봉→ 벽송암→ 실상사→ 황산(荒山)→ 법화사→ 대원사→ 덕산(德山)→ 산청→ 환아정→ 안의(安義)→ 용추사→ 거창→ 고견암(古見庵)→ 해인사→ 청암사→ 김천

석전과 육당은 김천에서 경부선 기차를 타고 경성에 도착함으로써 1925년 봄의 '심춘순례'가 마침내 끝이 났다. 육당은 『심춘순례』 끝에 "이 아래는 '지리산'이라 하여 따로 한 편을 만들겠습니다."라고 부기했으나 그의 이 계획은 실행되지 못하였다.

시회(詩會) 활동

석전은 육당과 심춘순례를 마친 1925년 여름, 산벽시사(珊碧詩社)의 동인 16명에 관해 그 호와 이름을 내건 기명시(記名詩) 16편을 썼다. 석전이 각종 시회(詩會)에서 읊은 시들을 보면 그는 1917년경부터 시사(詩社) 또는 시회 활동을 한 것으로 보인다. 시사는 요즘 말로 하면 '시동인회'라는 뜻이다.

석전이 참여한 최초의 시회

석전이 처음 시회에 참여한 것은 1917년 3월 한강 가의 두포시사회(斗浦詩社會)였다. 이는 그가 쓴 「한강 두포시사회에서[漢江之斗浦詩社會]」(1917년, 3월)[147]라는 칠언율시에서 확인할 수 있다. 그는 같은 해(1917)에 「중향정시회(衆香亭詩會)」[148]라는 시도 썼으므로 시제와 똑같은 중향정 시회에도 참석한 것이 분명하다.

....
147 『석전시초』, 28쪽.
148 『석전시초』, 28~29쪽.

1918년 늦은 봄, 석전은 청량관(淸凉館: 경성부 청량리정에 있었던 요리점)에서 개최된 문향시사(聞香詩社)에 초대받아 늦봄의 정취를 읊기도 하였다.[149]

석전은 1925년이 되면서 산벽시사의 동인들과 부쩍 잦은 시작(詩作) 모임을 가졌다. 1925년 정초에 산벽시사의 동인인 성당 김돈희의 집에 가서 시우들과 어울려 「서원춘초소집(西園春初召集)[150]이라는 제목의 시를 지었다. 이 시제에 나오는 '서원(西園)'은 김돈희의 집을 가리킨다. 이 '서원'이라는 말은 한말 여항시사(閭巷詩社: 중인 도는 하급 관료들이 만든 시 모임)의 하나였던 칠송정시사(七松亭詩社)의 별칭인 '서원시사(西園詩社)'를 연상시켜 여항시사의 여운을 진하게 풍기고 있다.

석전은 1925년 매화 향기 은은한 이른 봄, 위창 거사 오세창의 집에 초청받아 천죽재시회에 참석하여 「추화 천죽재시회운각기 위창거사(追和天竹齋詩會韻却寄葦滄居士)[151]라는 제목의 시를 지었다. 천죽재는 서울 장교동 오세창의 아버지인 오경석(吳慶錫, 1831~1879)의 서재 이름이다. 오경석은 중인 출신의 역관으로 청나라에 자주 왕래하며 신학문에 눈을 떠 유대치·김옥균·박영효·홍영식 등 소장 정치인들에게 개화사상을 고취했다. 오경석의 아들 오세창은 3·1운동 때 민족대표 33인 중의 한 사람으로 참여하

149 「聞香詩社見招淸凉館作」『석전시초』 29쪽.
150 『석전시초』 70~71쪽.
151 『석전시초』 71~72쪽.

였고, 두 부자는 시와 그림에 뛰어난 서화가로 이름이 높았다.

석전은 같은 해(1925) 청량사(淸涼寺)에서 열린 시회에 두 번 참석하였다. 이는 그의 시 「청량사동인시회(淸涼寺同人詩會)」[152]와 「청량사시회」[153]라는 두 편의 작품으로 확인할 수 있다.

시회가 두 번이나 열린 청량사는 원래 경기도 고양군 숭인면(崇仁面) 천장산(天藏山)에 있는 절이었는데 명성황후의 홍릉을 조성할 때인 1897년 현 위치로 옮겨서 지었다. 청량사는 석전이 시회에 참석하였을 때는 나무가 우거진 산중이었지만 지금은 행정구역도 서울시 동대문구 청량리동으로 바뀌었고, 주위에는 빌딩과 주택, 상가들이 빼곡히 둘러싸고 있는 도회지가 되었다.

산벽시사의 동인 16인

산벽시사는 구체적으로 언제 어디서 결성되었는지는 자료의 미비로 확실하게 알 수 없다. 앞에서 언급했듯이 석전은 1925년 여름 산벽시사 16명에 대한 기명시 16편을 지었고, 동인들은 각자 자기 집에서 돌아가면서 시회를 열었다. 시회가 열리는 날이면 화가 고희동은 그날 모임을 주관하는 사람[有祠]의 모습을 그렸고, 참석한 동인들은 한 편씩 시를 지었다. 그런데 산발적으로 해

---

152 『석전시초』 78쪽.
153 『석전시초』 92쪽.

오던 시우들의 시모임이 1925년경부터 본격적으로 진행된 것으로 보인다. 석전과 함께 시회활동을 한 산벽시사의 동인 16명에 대해 정리하면 〈표2〉와 같다.

〈표2〉 산벽시사 동인 16인

	이름	생몰연대	주요 경력
1	석전 박한영 (石顚 朴漢永)	1870~1948	승려, 개운사 조실, 교정(종정), 중앙학림 학장, 대원강원 강주, 중앙불교전문학교 교장
2	자천 서상춘 (紫泉 徐相春)	1861~?	1902년 혜민원 주사, 한말 유학자, 명륜학교 한문교사(1907)
3	성당 김돈희 (惺堂 金敦熙)	1871~1937	근대 한국 제1의 명필가, 서화협회 회장, 선전(鮮展) 심사위원
4	우하 민형식 (又荷 閔衡植)	1875~1947	여흥 민씨 척족, 관찰사·협판 역임, 조선 귀족 자작
5	석정 안종원 (石丁 安鍾元)	1874~1951	근대 서예가, 영정의숙 교장, 조선서화협회 회장
6	진암 이보상 (震庵 李輔相)	1882~?	탁지부 주사, 남해 군수, 한국병합기념장 받음
7	성석 이응균 (醒石 李應均)		1891년 식년시 합격
8	관재 이도영 (寬齋 李道榮)	1884~1933	서화가, 최초의 만화가, 『대한민보』에 시사적인 풍자화 게재
9	춘곡 고희동 (春谷 高羲東)	1886~1965	최초의 서양화가, 최초의 일본미술 유학생, 국전심사위원장
10	육당 최남선 (六堂 崔南善)	1890~1957	문인, 잡지 『소년』·『청춘』 발간, 『시대일보』 발행인, 「독립선언서」 기초
11	난타 이기 (蘭陀 李琦)	1855~1935	한학 역관, 경주 군수, 육교시사 동인, 『조야시선(朝野詩選)』 편집
12	우향 정대유 (又香 丁大有)	1852~1927	서화가, 농상공부 상무국장, 서화협회 회장, 선전 심사위원
13	규산 조중관 (奎山 趙重觀)	1868~?	회릉 참봉, 시강원 시종관, 순창·강진·해남·담양 군수
14	우당 윤희구 (于堂 尹喜求)	1867~1929	법부 법률기초위원, 이왕직 사무관, 병합기념장, 쇼와천황대례기념장 받음
15	창사 유진찬 (蒼史 俞鎭贊)	1866~1953	선산·영광 군수, 병합 후 경학원 부제학, 중일전쟁 시 일본승전기념시 씀, 『친일인명사전』 등재
16	위창 오세창 (葦滄 吳世昌)	1864~1953	독립운동가, 근대 서예가, 우정국 통신국장, 대한서화협회 창립, 민족대표 33인, 『서울신문』 초대 사장, 대한민국 건국공로훈장 복장(複章) 추서

〈표2〉 산벽시사 동인 16인에 대해 간략한 이력과 석전이 이들에 관해 쓴 작품을 중심으로 살펴본다.

① 석전 박한영

석전은 산벽시사 동인 16명의 '기명시'를 쓰면서 자신에 관해서는 「자술석전(自述石顚)」[154]이라는 제목의 시를 썼다. 이 시에서 그는 시를 쓰는 것이 모든 것을 내려놓지 못한 무능함의 하나라고 자신의 시작(詩作) 활동을 겸손하게 표현하였다. 그는 시 쓰는 벗

映湖堂和尚小影

乙丑秋日 春谷寫

영호당 소영 | 1925.
고희동(춘곡) 그림 |
선운사 소장

154 『석전시초』 84쪽.

을 따라 여러 곳을 여행하면서 시를 썼고 때로는 국화와 소나무를 읊고 저자거리에서 한바탕 웃으며 이야기 한다고 하였다.

② 자천 서상춘

서상춘의 이력에 대해서는 알려진 사실이 별로 없고 행적 일부만 남아 있다. 그는 『황성신문』1907년 2월 4일자에 수원 명륜학교 한문 교사 서상춘이라는 기사가 있다. 김창협의 『농암집(聾巖集)』별집 권4에 김영한이 서상춘과 협력해 원속집에서 빠뜨린 유문을 모았다는 기록이 있다. 그는 1902년 7월 4일 혜민원 주사에 임명되었고 조선 후기의 학자 한경원(韓慶元)의 시문집에 서문을 썼다.(1937년 간행) 산벽시사의 동인이므로 석전이 그의 기명시를 쓴 것을 보면 서상춘은 한문에도 능하고 한시에도 조예가 깊었던 인물로 보인다.

③ 성당 김돈희

김돈희는 '근대 한국 제1의 명필가'라 칭송되는 서예가이고 본관은 경주이다. 어려서 안진경(顏眞卿)·황정견(黃庭堅)의 서체를 익혔고 예서(隸書)에 일가를 이루었다. 1921년 서화협회 제4대 회장으로 추대되었고 많은 금석문을 남겼다. 『서의 연원』·『서도연구의 요점』 등의 이론서를 통해 서예의 전통 계승에 크게 이바지 하였다. 서법연구기관으로 상서회를 열어 후진을 양성하였고, 『동아일보』의 제호를 써주어 인촌(仁村) 김성수(金性洙)가 매우 좋아했다.

석전은 「김성당 돈희」라는 기명시 외에도 김돈희에 관한 두 편의 시를 썼다.

　　㉠「서원춘소소집(西園春初少集)」[김성당가(金惺堂家) 을축 정월 초
　　　　파일(乙丑正月初八日)]

　　㉡「추도 김성당십절구화김가산처사(追悼金惺堂十絶求和金迦山
　　　　處士)」(8월 13일)

시 ㉠은 앞에서 이미 언급한 바 있는데 1925년 1월 8일 김돈희의 집에 초대받아 갔을 때 쓴 작품이고 시 ㉡은 김돈희의 죽음을 추도하는 작품이다. 김돈희는 석전보다 한 살 적었는데 석전보다 12년 먼저 죽은 것을 슬퍼하고 있다. 두 사람은 연령도 비슷하고 시와 서예에 대한 취향도 같아 형제처럼 친한 사이였다.

④ 우하 민형식

민형식의 본관은 여흥(여주)이고 민씨 척족 세력의 대표적인 인물이자 탐관오리이고, 일제강점기 조선 최고 갑부였던 민영휘(閔泳徽)의 양자로 들어갔다. 1891년 별시 병과 15위로 합격한 뒤 궁내부 속진관, 평북과 경남의 관찰사, 법부 협판(協辦, 차관) 등을 역임하였다.

1907년 4월, 나인영·오기호 등이 주도한 을사오적 암살 계획에 지폐 1,400환을 제공한 혐의로 체포되어 학부 협판에서 해임되었고, 유배 10년 형을 받아 황해도 황주군 철도(鐵島)에 유배되

었다가 그해 11월 말 특사로 풀려났다.

1909년 11월 초에는 이토 히로부미를 추도하기 위해 조직한 국민추도회 준비위원을 지냈고 1915년 다이쇼(大正) 천황 즉위 대례기념장을 받았다.

1924년 4월 중추원 칙임관 대우에 임명되어 1927년 4월까지 매년 1,500원의 수당을 받았다.

1928년 11월 쇼와(昭和) 천황 즉위 대례기념장을 받았고, 1935년 12월 양부 민영휘가 죽자 자작 작위를 승계하여 조선 귀족이 되었다.

석전의 시집 『석전시초』에는 「민우하 형식」이라는 기명시와 「기증 민우하수첩(寄贈閔又荷壽帖)」[155]이라는 회갑 축시가 실려 있다. 민형식은 『친일 인명사전』에 등재되어 있다.

⑤ 석정 안종원

안종원은 서울 태생으로 순흥이 본관이고 호가 석정(石丁, 石汀)·관수 거사(觀水居士)·경묵당 주인(耕墨堂主人)이다. 고종 3년 (1866) 별시 병과(丙科)에 합격하고, 양정의숙을 졸업한 뒤 이 학교 숙감·학감을 거쳐 양정고등보통학교 제2대 교장으로 10년간 근무하였다.

장사동 안종원의 집 사랑채 경묵당에는 서화가·언론인·고위

---

155 『석전시초』 82쪽.

관료·재력가 등이 모여 시회를 열어 서화를 주고받았다.

1921년 개최한 제1회 서화협회에 출품한 이래 1936년 제15회 마지막 협회전에 출품하였고 회장을 역임하였다. 특히 예서·행서·초서에 뛰어났고 『경향신문』의 제호를 써주어 오늘날까지도 쓰고 있다. 기명시 외에 그와 관련된 세 편의 시가 『석전시초』에 수록되어 있다.

　　㉠ 「이월십일위창석정제로래방대원난야공부(二月十日葦滄石汀
　　　　諸老來訪大圓蘭若共賦)」(己巳, 1929)

　　㉡ 「안석정수연회초부(安石汀壽宴會招賦)」(1939. 4. 16)

　　㉢ 「시월하현유안석정시회(是月下弦有安石汀詩會)」(1939. 4. 16)

시 ㉠은 1929년 2월 10일 석전 안종원과 위창 오세창이 석전이 사는 대원암을 방문하여 함께 읊은 작품이다. 시 ㉡은 안종원의 회갑 잔치에 초청받아 가서 쓴 시이고, 시 ㉢은 안종원이 개최한 산벽시사의 동인 시회에서 지은 작품이다. 1925년 여름, 안종원의 경묵당에서 산벽시사의 동인들은 방린소회(芳隣小會)라는 시회를 가졌다. 이 모임에서 동인 16명이 직접 쓴 자작시 16편이 수록되어 있는데 이때 만든 것이 고려대학교 박물관에서 소장하고 있는 '서화합벽(書畫合壁)'이다.

　⑥진암 이보상

이보상의 생몰 연대는 미상이지만 행적 약간이 알려져 있다. 그는 고종 22년(1885) 가감역관(假監役官, 종9품)에 임명되었고,

1908년에는 기교헌이 간행한 『대동풍아(大東風雅)』에 서문을 썼고, 같은 해 8월 탁지부 주사를 지냈다.

병합 후 경남 울산군·의령군·함양군 서기를 역임하고 1917년 12월 남해 군수가 되어 1924년 12월까지 재직했다. 한국병합기념장 등을 받은 친일 행적으로 『친일인명사전』에 등재되었다.

⑦ 성석 이응균

생몰연대 미상이고 1891년 식년시에 3등으로 합격했다는 사실 외에는 알려진 이력이 없다. 이응균과 관련된 작품은 기명시 외에 3편이 있다.

　㉠ 「등함흥반용산여이성석공부(登咸興盤龍山與李惺石共賦)」

　㉡ 「윤유월구일동이성석최육당유관북칠보산한운공부(閏六月九日同李惺石崔六堂遊關北七寶山限韻共賦)」

　㉢ 「윤삼월삼일약여오위창이치재심동주이성석고춘곡제익아집우한강상봉산관공부(閏三月三日約與吳葦滄二耻齋沈東洲李惺石高春谷諸益雅集于漢江上鳳山館共賦)」

시 ㉠은 석전과 이응균이 함흥 반룡산에 올라갔을 때 읊은 작품이고, 시 ㉡은 1930년 윤9월 9일 성석 이응균과 육당·석전이 관북 지방에 있는 칠보산에서 같이 읊은 작품이다. 이응균은 석전과 함께 함흥 반룡산·관북 칠보산 등지로 같이 여행하고 산벽시사의 동인으로도 더불어 활동한 것으로 볼 때 한문 실력이 뛰어나고 작시(作詩)에도 능했던 인물로 보인다.

⑧ 관재 이도영

이도영(1885~1934)은 일제강점기의 유명한 서화가이자 최초의 만화가이다. 그의 호는 관재 외에도 면소(芇巢) · 벽허자(碧虛子)도 있고, 본관은 연안(延安)이며 서울 출신이다. 안중식 · 조석진 문하에서 붓글씨와 그림 수업을 받았다. 글씨는 예서 · 행서에 능했고 그림은 산수 · 인물 · 화조(花鳥) · 절지(折枝) · 기명(器皿: 그릇 류) 등에 뛰어났다.

1906년 대한자강회 간사, 대한협회 교육부원으로 활동했으며, 1909년 창간한 민족언론 「대한민보」에 일제와 반민족적인 인사를 비판하고 민족적 각성을 촉구하는 시사적인 풍자화를 발표했다. 그의 선구적인 시사만화는 전통 목판화 형식을 근대적으로 계승한 점에서 의의가 크다.

1908년 3월에 최초의 근대적인 대중교육용 미술교과서 『도화임본』에 그림을 그렸고, 서화미술협회에서 후진을 양성하였다. 1918년 조석진 · 안중식 · 김응원(金應元) · 오세창 등과 서화협회를 조직했고, 조선미술전람회의 동양화부 심사위원을 지냈다. 기명시 외에는 그와 관련된 시가 없지만 석전과는 산벽시사의 동인으로 자주 어울렸던 것으로 보인다.

⑨ 춘곡 고희동

고희동(1886~1965)은 우리나라 최초의 서양화가로 본관은 제주이고 서울 출신이다. 어려서 한문을 배우고, 1903년 한성법어학교를 졸업했는데, 법어(法語)는 프랑스어를 말한다. 이듬해 궁내부 주사(主事)로 들어가 궁궐의 프랑스어 통역을 맡았다. 이 무렵 서화를 시작하여 한말 궁중 화가인 심전(心田) 안중식(安中植)과 당시 명성을 떨치고 있던 화가 조석진(趙錫晉)에게 배웠다.

1908년 한국 최초의 미술유학생으로 일본 동경 미술학교에서 서양화를 공부하고 1915년 졸업과 동시에 귀국하여 휘문·보성·중동 등의 학교에서 서양화를 가르쳤다. 1918년 서화협회를 창립, 총무·회장을 역임하였고, 협전(協展)을 18회나 개최했다. 1930년 이후 동양화로 되돌아갔다.

광복 후 조선미술협회 회장, 1955년 예술원 원장이 되었으며 민주당 고문으로 추대되었다. 1960년 민주당 공천으로 참의원(參議院) 의원에 당선되었다. 5·16쿠데타 후에는 은거했다. 기명시 외에도 그와 관련된 작품이 세 편이 있다.

　　㉠「중동구산재일고춘곡래방시여원북시회기념제작추화동인운
　　　(仲冬龜山在日高春谷來訪示與苑北詩會記念諸作追和同人韻)」
　　㉡「구산소하중고춘곡래방공음(龜山消夏中高春谷來訪共吟)」
　　㉢「윤삼월삼일약여오위창이치재심동주이성석고춘곡제익아집
　　　우한강상봉산관공부(閏三月三日約與吳葦滄二恥齋沈東洲李惺
　　　石高春谷諸益雅集于漢江上鳳山館共賦)」(1936)

시 ㉠은 석전이 1925년 겨울, 영구산 구암사에 머물고 있을 때, 고희동이 방문하여 함께 읊은 작품이고, 시 ㉡은 1927년 여름, 석전이 구암사에서 피서하고 있을 때 역시 고희동이 찾아와 함께 지은 작품이다. 시 ⓒ은 ⑦ 성석 이응균 항에서 이미 언급한 작품이다. 시제에 나오는 인물 중 이치재(李恥齋)는 이상직(李相稷, 1878~?)이다.

이상직은 이상설의 아우로 문명학교의 지리·역사·법학 교사를 역임하였다. 기명시를 포함해 그와 관련된 시가 네 편이나 되고 여름과 겨울 두 번이나 구암사로 석전을 방문한 것 등을 볼 때 석전과 춘곡은 각별하게 정을 나누었던 친밀한 사이로 짐작된다. 또 고희동은 1925년 산벽시사 모임에서 석전의 소상(小像)을 그렸다. 이 소상은 선운사에서 보관하고 있고 서첩은 군산 동국사에서 보관하고 있다.

⑩ 육당 최남선

최남선(1890~1957)은 관상감 기사로 근무하면서 한약방을 경영했던 아버지 최헌규와 어머니 진주 강씨의 3남 3녀 중 둘째 아들로 태어났다. 대대로 중인 계층의 명문이었고 매우 유복한 환경에서 성장했으며 본관은 철원이다. 호는 육당 외에 한샘·남악주인·곡교인(曲橋人)·축한생(逐閑生)·대몽(大夢)·백운향도(白雲香徒) 등이며 서울 출생이다.

그는 자습으로 국문을 깨치고, 1902년 경성학당(京城學堂)에 입학하여 일본어를 익혔다. 1904년 황실 유학생으로 도쿄부립중학교에 입학했으나 3개월 만에 귀국했다가 1906년 다시 도일하여 와세다(早稻田)대학 지리역사학과에 입학했다. 1907년 모의국회

사건으로 퇴학, 이듬해 귀국해서 자택에 아버지가 내준 30만환(지금의 70~80억)으로 신문관(新文館)을 세워 인쇄 출판 사업을 했다. 육당은 여러 가지 잡지를 발행했는데, 『소년』(1909년)·『붉은저고리』(1912년)·『아이들보이』(1913년)·『청춘』(1914년) 등을 발간했다.

1919년 3·1운동 때 「독립선언서」를 작성해 2년 8개월간 복역하였다. 1922년 동명사(東明社)를 설립해 시사주간지 『동명』을 발행했다.

1923년 7월 일간지 『시대일보』의 발간을 인가받아 1924년 3월 31일 창간해 사장 겸 주간으로 활동했다. 육당은 1924년 가을 석전과 함께 금강산을 여행한 후 『풍악기유』와 『금강예찬』을 간행하였다. 1925년 봄에는 석전과 호남지방을 기행하고는 『심춘순례』(백운사, 1926년, 280쪽)를 출간하였다. 1926년 여름에는 석전과 동행하여 백두산 탐사를 하고는 『백두산근참기』(한성도서주식회사, 1927년)를 간행하였다.

육당은 1928년 10월, 조선총독부의 조선편수회촉탁을 거쳐 12월부터 조선사편수회 위원으로 활동하면서 친일로 기울기 시작하였다.

1935년경 한국과 일본의 문화는 그 근원이 같다는 '문화동원론(文化同源論)'을 주장하여 친일에 앞장섰고 1936년 6월 조선총독부의 자문기구인 중추원 주임관 대우 참의에 임명되어 1938년 3월까지 재임하면서 매년 1,200원의 수당을 받았다.

중일전쟁(1937. 7월)이 일어나자 시국좌담회에 참석하여 친일 발언을 하였고, 1938년 4월에는 일본 관동군이 만든 괴뢰국가인 만주국이 설립한 만주건국대학 교수로 부임하였다.

1941년 9월에는 일본의 침략전쟁 협력단체인 '조선보국단'의 발기인으로 참여했고, 대동아전쟁(1941. 12)이 일어나자 학도병 지원을 권유하는 친일활동을 하였다.

광복 후 육당은 1949년 2월 반민특위에 의해 '친일반민족행위자'로 체포되어 서대문형무소에 수감되었다. 그는 『친일인명사전』(민족문제연구소, 2009, 688~691쪽)에 등재되어 있다.

1975년 고려대학교 아세아문제연구소에서 『육당최남선전집』(현암사, 전16권)을 펴냈다.

⑪ 난타 이기

이기(1855~1935)는 3대째 역관 출신으로 1880년 한학역관에 임명되었다. 1877년 주영국, 독일 · 러시아 등지의 공사관 3등 참서관, 1899 주미 공사관 2등 참서관, 1901년 주 프랑스 · 벨기에 공사관 2등 참서관, 1919년 창원 부윤, 경주 군수 등을 역임하였다. 이기는 한말 마지막 여항시사인 육교시사의 회원이었다.

기명시 외에도 난타와 관련된 작품이 세 편 있다.

㉠ 「난타장상초대동인공음(蘭陀莊上招待同人共吟)」(1928. 4)

㉡ 구월삼일송리 · 난타 · 창사제로개운산방공부(九月三日松里蘭陀倉史諸老開雲山房共賦)

㉢ 「용금관시회(이난타 · 오위창) 공부[湧金館詩會(李蘭陀 · 吳葦滄)

共賦]」

시 ㉠은 석전이 난타의 집에 초대받아 1928년 4월에 쓴 작품이고, 시 ㉡은 1929년 4월 송리(松里)·난타·창사 세 사람이 석전이 주석하고 있는 개운사로 찾아와 함께 읊은 시이다. 시제에 나오는 난타와 창사 유진찬(俞鎭贊)은 같은 산벽시사 동인이다. 송리는 정봉시(鄭鳳時, 1855~1937)의 호이다. 본관은 초계(草溪), 본적은 강원도 횡성군이며, 1891년 식년시에 합격했다. 1896년 춘천부 참서관(參書官)을 시작으로 1906년 함경남도 관찰사로 승진하였다. 합병 후 한국병합기념장(1912)과 쇼와[昭和]대례기념장을 받았다. 1936년 경학원 대제학 겸 명륜학원 총재로 재직하는 등 친일 행적으로 『친일인명사전』에 등재되었다.

시 ㉢은 난타와 위창·석전이 같이 용금관 시회에서 1930년 2월 24일 함께 읊은 작품이다. 작품에서 볼 수 있듯이 석전은 난타의 집에 초대받아 가기도 하고, 난타가 석전의 산방을 방문하는 등 석전과 난타는 산벽시사의 동인으로서 매우 친밀한 사이였던 것으로 보인다.

⑫ 우향 정대유

정대유(1852~1927)는 한말 서화가로 본관은 나주이고, 괴석(怪石)과 난죽(蘭竹) 그림으로 유명한 정학교(鄭學敎)의 아들이다. 관직은 외부주사·통상국장·농상공부 상무국장을 역임하였다.

서화미술회 강습소(1911)의 교수진으로 글씨와 문인화를 가르

첬고 서화협회 제3대 회장(1921)을 역임하였다. 제1회 조선미술전람회(1922) '서와 사군자'부 심사위원을 맡았다. 예서와 행서가 고격하고 매화와 괴석을 즐겨 그렸다. 기명시는 '산곡시사 8곡병'에 남아 있다.

⑬ 규산 조중관

조중관(1968~?)은 양주 출신으로 환구단·희릉 참봉을 역임하고 시강원 시종관에 임명되었다.

순창 군수 재직 시(1903) 구암사 주지 설유 대사에게 준 한시 서각 작품이 선운사 박물관에 보관되어 있다. 전남 강진 군수를 거쳐 해남 군수로 재직했는데 병합 후에도 해남 군수에 유임되었다. 한국병합기념장(1912. 8)과 다이쇼(大正) 천황 즉위 대례기념장을 받았고(1915. 11), 1926년 8월 담양 군수가 되었고, 1918년 퇴직했다. 1928년 4월부터 1932년 1월까지 조선사편수회 촉탁으로 근무했고 쇼와(昭和) 천황 즉위 대례기념장을 받은 친일 인물이다. 석전이 쓴 기명시는 남아 있지만 1932년 이후의 행적은 알려져 있지 않다.

⑭ 우당 윤희구

윤희구(1867~1929)는 한말과 일제강점기 유교 계열 인물이다. 본관은 해평이고 가숙에서 한문을 수학했다. 1897년 7월 사례소(史禮所) 직원에 임명된 이래 내부주사(1898. 10월)·법부 법률기초위원(1900. 2월)·규장각 전제관(典製官) 등을 역임하였다.

병합 후, 이왕직 장사계(掌祀係) 사무관·중추원 촉탁으로 근무했다. 1925년 7월 경학원 부제학에 임명되어 사망할 때까지 재임했다.

1928년 쇼와(昭和) 천황 즉위 대례기념장을 받았고 같은 해에 이임하는 정무총감 유아사 다이라(湯淺倉平)의 귀국을 전송하면서 그를 찬송하는 친일시를 지었다. 또 그해에 총독 야마나시 한조(山梨半造)의 진해 순시 때 그를 찬양하는 시를 지었는데, 총독을 오색찬란한 단풍에 비유하는 친일 아첨을 하였다.

1916년 중양절에 윤희구가 시를 지어 석전에게 보내자 석전도 화답시를 보냈다. 기명시 외에 석전이 「청룡암에서 우당과 함께 읊다[靑龍庵與于堂共賦]」[156]라는 시가 있다. 윤희구는 친일 행적으로 유교계의 친일 인물로『친일인명사전』에 등재되었다.

⑤ 창사 유진찬

유진찬(1866~1947)의 본관은 기계(杞溪)이고 본적은 지금의 서울 종로구 종로 6가이며, 한양 북서(北署) 양덕방(陽德坊) 계산동(桂山洞)에 살았다. 1888년 별시 병과 12위로 급제했다.

1894년 내부아문 주사로 시작하여 우부승선·내부 참서관·한성재판소 검사·안변 군수·영광 군수를 역임했다.

병합 후 중추원 촉탁·경학원 부제학·명륜학원 평의원을 역임

156 『석전시초』, 103~104쪽.

하였다.

중일전쟁이 일어나자 일본 승전을 기원하는 시를 『성전시집(聖戰詩集)』에 실었고, 일본군 위문금을 냈다. 1939년 총독부가 전시체제 강화를 위해 조직한 '조선유도연합회'의 임원인 '참여(參與)'라는 직책을 맡았고, 1940년 11월에 열린 일본 기원 2600년 '축전기념장'을 받았다. 1941년 조선임전보국단의 발기인으로 참가했다.

1942년 미나미 지로(南次郎) 총독과 모노 로쿠이치로(大野綠一郎) 정무총감이 이임할 때 이들을 찬양하는 친일시를 지었다. 유진찬은 유교계 친일 인물로 『친일인명사전』에 등재되었다.

기명시 외에도 '난타 이기' 항에서 시 ㉠으로 언급한 작품에 창사 유진찬이 언급되어 있다.

⑯ 위창 오세창

오세창(1864~1953)은 독립운동가로 3·1운동 때 민족대표 33인 중의 한 사람이며 언론인이자 서예가이다. 본관은 해주이고 아버지는 중국어 역관이자 개화파인 서화가 오경석(吳慶錫)이다. 아버지의 영향으로 20세에 역관이 되었고, 1886년 박문국 주사가 되어 『한성순보』 기자를 겸했으며, 1894년 군국기무처 낭청 총재 비서관(郞廳 總裁 祕書官)이 되었다가 농상공부 참의(參議)·우정국 통신국장을 역임했다.

1896년 일본 문부성으로부터 외국어학교 조선어 교사로 초빙

되어 일본에서 1년간 교편을 잡았다.

1902년 개화당 사건으로 일본에 망명, 손병희(孫秉熙)의 권유로 천도교에 입교하고, 이후 손병희의 참모로 활동하였다. 1906년 손병희와 함께 귀국하여 장지연(張志淵) 등과 함께 '대한자강회'를 조직했으며, 손병희의 후원으로 『만세보』를 발간하면서 사장이 되어 계몽운동에 주력했다. 일제의 통감부가 대한자강회를 강제로 해산시키자(1907. 8) 같은 해 11월 대한자강회의 이념을 계승한 대한협회를 조직하여 부회장이 되었다. 1909년 유길준과 융희학교를 설립하고, 대한협회의 기관지 『대한민보』(사장)를 발간하여 친일 단체인 일진회(一進會)에 대항했다.

1910년 일제가 조선을 강제로 병합하자, 천도교 비밀결사 조직인 삼갑(三甲)운동을 추진하였다. 삼갑이란 1894년 갑오동학농민운동과 1904년 갑진개화신생활운동을, 1914년 갑인년에 재현한다고 해서 붙여진 명칭이다. 즉 삼갑은 '갑오·갑진·갑인'의 세 '갑'자를 뜻한다.

3·1운동 때는 민족대표로 독립선언서에 서명하여 3년간 복역하고 출옥 후에는 대한서화협회를 창립했다. 위창은 아버지와 자신이 수집한 서화 관련 자료를 모아 『근역서휘(槿域書彙: 글씨)』·『근역화휘(槿域畵彙: 그림)』 등을 편찬·간행했다. '근역'이란 무궁화 피는 땅, 즉 우리나라를 뜻하고 그가 만든 이 4가지 문헌은 한국 서화사 연구에 없어서는 안 될 귀중한 자료들이다. 전서와 예서에 뛰어났고, 그의 글씨는 전국 여러 곳에 남아 있다.

광복 후, 『서울신문』 초대 사장, 민주의원, 대한촉성국민회 회장, 전국 애국단체 총연합회장 등을 역임하고, 육이오 전쟁 때 대구로 피난 갔다가 1953년 그곳에서 89세를 일기로 죽었다. 1962년 대한민국건국공로훈장 복장(複章)이 추서되었다. 『석전시초』에서는 「오위창 세창」이라는 기명시 외에도 다음과 같은 여러 편의 위창 관련 작품들이 수록되어 있다.

    ㉠「추화천죽재시회운각기위창거사(追和天竹齋詩會韻却寄葦滄居士)」

    ㉡「이월십일위창석정제로래방대원난야공부(二月十日葦滄石汀諸老來訪大圓蘭若共賦)」(己巳, 1929)

    ㉢「용금관시회이난타오위창공부(湧金館詩會李蘭陀吳葦滄共賦)」(癸酉, 1933년 2월 4일)

    ㉣윤삼월삼일약여오위창이치재심동주이성석고춘곡제익아집우한강상봉산관공부(閏三月三日約與吳葦滄李恥齋沈東洲李惺石高春谷諸益雅集于漢江上鳳山館共賦)(1936)

    ㉤「부오위창초회(赴吳葦滄招會)」(戊寅, 1938. 正月元日)

석전의 시집 『석전시초』에 이처럼 한 사람과 관련된 시가 무려 5편이나 실려 있는 것은 위창 오세창을 제외하고는 없다. 이로 볼 때 위창은 석전보다 여섯 살이나 많았지만 두 사람은 의기투합하여 석전이 주석하고 있는 대원암에도 자주 들렀고, 위창은 자신의 집에 석전을 초청해 함께 시를 읊고 시회에도 자주 어울렸다.

기명시 이후의 시회 활동

석전이 16명의 산벽시사 동인들의 기명시를 쓴 후 시회 활동은 더욱 왕성하게 진행된다.

1925년 9월의 삼청동 이송당시회(二松堂詩會), 1928년 4월 난타 이기의 집에서 개최된 시회, 1929년 석전의 주석처인 대원산방(大圓山房: 대원암)에서 열린 산벽시사 동인 시회, 1931년 9월 14일과 1932년 4월 5일의 송석원 시회(松石園詩會), 1932년 5월 16일의 성북동 용화묘시회(龍華廟詩會), 1933년 2월 24일의 용금관(湧金館) 시회, 같은 해 3월 6일의 봉산관구로(鳳山館九老) 시회, 1938년 안석정(安石汀) 시회 등으로 이어진다.

석전과 그 동인 16명의 산벽시사 시회 활동은 1917년 시작되어 1938년까지 21년간 계속되었다. 이들의 시회 활동이 전혀 보이지 않는 것은 1938년 이후이다. 이는 일본이 1937년 7월 침략 전쟁인 중일전쟁을 일으켜 일제가 조선인들에게 전시 착취와 압박을 심하게 가했기 때문에 동인들도 시회 활동을 계속하기 힘들어진 것이 그 원인이었다.

산벽시사의 특징 중 두드러진 점은 동인 16명 가운데 서예와 그림에 능한 서예가와 서화가들이 여러 명(7명) 있다는 점이다.

성당 김은희는 한국 근대 제1의 명필가였고, 서화협회 제4대 회장(1921)이었다. 우화 민형식과 석정 안종원은 손꼽히는 서예가였고, 관재 이도영은 예서와 행서에 능했으며, 또한 그림도 잘 그린 서화가이자 한국 최초의 시사만화가였다. 춘곡 고희동은 최초의 일본 미술유학생으로 한국 최초의 서양화가였는데, 훗날 젊을 때 배운 동양화로 회귀하였고, 서화협회를 창립해 총무·회장을 역임하였다.

우향 정대유는 한말 서화가로서 서화협회 창립 때 발기인이었고 제3대 회장을 지냈다. 위창 오세창은 전서와 예서에 뛰어난 서예가이자 아버지 오경석과 자신이 수집한 금석문과 고서화를 바탕으로 삼국시대부터 근대에 이르기까지 우리나라 서화에 관한 자료를 여러 권의 문헌으로 편찬·발간하여 한국 서화사 연구에 없어서는 안 될 귀중한 자료를 집대성해 커다란 업적을 남겼다.

석전 역시 구한말 3대 서예가 중 한 분인 벽하 조주승에게 서예를 배운 훌륭한 서예가였다. 이렇듯 산벽시사 동인 16명 가운데 성당·우하·석정·춘곡·우향·위창·석전 등 7명이 서예와 서화에 뛰어난 서화가들이었다.

그런데 훗날의 일이지만 산벽시사 동인들 중 우당·창사·육당·진암·우하·규산 등 6명이 『친일인명사전』에 등재된 친일 행적의 오점이 있는 인물들이다. 이들의 친일행적이 시인으로서 산벽시사의 동인 활동에 영향을 미친 사실은 보이지 않는다. 그렇다 하더라도 동인 16명 중 6명에게 친일 허물이 있다는 것은 일제강점기 지성인들의 삶이 역사의 굴절을 피할 수 없었다는 냉혹한 현실을 마주하게 된다.

현존하는 산벽시사 동인들의 작품

① 선운사 소장, 〈산벽시사체증동인시첩 팔곡병(珊碧詩社遞贈同人詩帖 八曲屛)〉

이 8곡 병풍은 원래 전북 군산 동국사(東國寺)에서 대대로 석전의 유품과 함께 보관해 왔던 것이다. 2011년 벽송문도회(석전의 손상좌 재훈 스님의 문도회)에서 선운사 성보박물관에 기증한 석전 대종사의 유품 중 하나이다. 산벽시사 동인 16명의 한시를 모아 1폭에 두 사람의 작품을 총 8폭 병풍으로 표구하였다. 동인 16명의 시가 모두 쓰여 있는데, 동인들 각자가 각기 특유의 서체로 썼는데 해서·행서·전서 등 여러 서체로 쓰여 있다. 석전은 행서로 '방하무능(放下無能)'으로 시작되는 한시 칠언율시(『석전시초』 84쪽에 제목이 「자술석전(自述石顚)」으로 되어 있다.)를 직접 썼다. 이 시는 말미에는 '석전 정호자음(石顚鼎鎬自吟)'이라 쓰여 있다. 선운사에 보관되어 있는 고희동이 그린 석전 소상은 이 무렵의 작품으로 보이며 병풍에 같이 표구되지 않고 별도로 보관되어 왔던 것으로 보인다.

② 고려대학교 박물관 소장, 〈서화합벽(書畫合壁)〉, (1915, 지본묵서, 수묵담채, 39.0×129.3cm)

이 〈서화합벽〉은 을축년(1925)에 만들어진 작품으로 산벽시사 동인 16명 전원의 자작시 16편이 각자 자필로 쓰여 있다. 석전은 중앙 하단에 행서로 시를 쓰고 석정호(釋鼎鎬)라는 필명을 적었다.

③ 서강대학교 박물관 소장, 〈십오대가합작시화(十五大家合作詩畫)〉
족자

고려대 소장 〈서화합벽〉과 동일한 형식인데 세로형으로 만들었다. 이 모임의 주관자는 진암 이보상이고 그의 소상을 고희동이 그렸으며 을축년(1925)이라는 간기가 있다. 동인 16명의 시와 사군자로 구성되어 있다.

석전은 행서로 '조해차산(阻海遮山)'을 마름모꼴 형태로 글자(시)를 배치하고 말미에 '석전 석정호(石顚 釋鼎鎬)'라고 썼다.

④ 국립중앙도서관 소장, 〈한동아집첩(漢衕雅集帖)〉

1925년 1월 박한영이 서(敍)와 칠언율시를 직접 쓴 〈한동아집첩〉에는 오세창·김돈희·이도영·고희동·이기·최남선 등 7명이 최남선의 집 일람각에서 시회를 갖고 이를 기념하여 남긴 시회첩이다. 〈한동아집첩〉에는 산벽시사 16명의 동인들 중 7명만 등장하고 있다. 한동(漢衕)은 서울 중부의 지명으로 보인다.

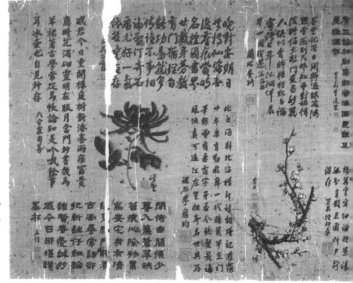

산벽시사 16동인 〈서화합벽〉
| 1925| 지본수묵담채 · 지본
묵서 | 고려대 소장

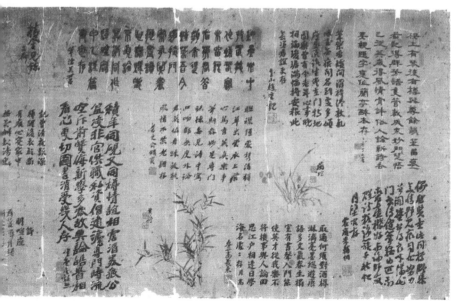

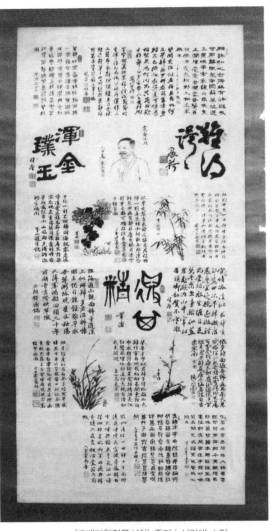

阻海遊山覿面稀重逢漢
上似鄕歸多君溫粹懷
明玉悅自龍鍾襲草衣
吾華漸踈曉星在秋陽
又薄塞鴻飛回頭三十年
前湖寺書燈映翠微
石顚釋鼎鎬

옆의 작품 석전 시 부분

〈15대가합작품시화〉 족자 | 서강대 소장

漢衍雅集敍

一自漢鼎覆餗以後漢上蓺苑極至荒蕪所
謂渢二風雅不可復見是亦爲齎志者呵深嘆
矣矣顧此漢衍雅集再無出風雅再然此吉光頁
然漢衍雅集不曰雅集因實自客歲小春之
北苑初集焉耳且初集之起已提芟南二集之
首簡固不足東言而歲將耆春爲東園三集又今
年頭爲西園四集及此上元爲五集於中府漢

〈한동아집첩〉박한영의 한동아집서, 성당 김돈희의 달마도 | 국립중앙도서관 소장

龍公侶妬月眺宵行
雪春空積未銷高燭
難紅連甍屋萬枝熒
白屬磽橋茶廚煙嶺
齋猶冷佛海香深遍
澎運己喝羔陽何所憶
綠江南路伴漁進

石顚釋鼎鎬

〈한동아집첩〉석전 한시 부분 | 국립중앙도서관 소장

묘향산과 경주 여행

묘향산 기행: 보현사 · 단군굴 · 영변 육승정 · 벽상루

석전은 56세인 1925년 10월 4일(음, 8. 17), 육당과 함께 묘향산 기행에 나섰다. 석전은 청천강(淸川江)에 이르러 「청강 도중에서 [淸江道中]」157라는 시에서 "저녁노을 곱게 물든 강 위에 소낙비 몰아치는데 북산(北山)으로 향하네."라고 읊었다. 석전은 장려한 묘향산 보현사에 도착하여 「향산보현사(香山普賢寺)」158 시에서 "묘향산이 높고 높아 감히 가까이 가기가 어렵다."라고 하였다.

묘향산은 '아미산(峨眉山) · 향산(香山)'이라 불리기도 하였다. 아미산은 고래로 보현보살의 신령한 도량이라는 뜻이었고, 『증일아함경』에서는 역풍이나 순풍이 불어도 향기를 내는 절묘한 산을 향산이라 하였다.

보현사는 평북 영변군 북신현면 하향리 묘향산에 있는 절로, 일제강점기에 31본사의 하나였고, 북한에서 가장 큰 사찰이다.

---

157 『석전시초』 85쪽.
158 『석전시초』 85~86쪽.

일찍이 서산 대사 휴정(休靜, 1520~1604) 스님은 4대 명산에 대하여 금강산은 빼어나지만 장려하지 않고, 지리산은 장려하나 빼어나지 않으며, 구월산은 장려하지도 않고 빼어나지도 않으며, 묘향산은 장려하면서 빼어나다고 하였다.

4대 명산 중 묘향산은 금강산의 빼어남과 지리산의 장려함을 모두 갖춘 산이다. 그래서 석전은 묘향산의 경관에 취하여 '묘향산 이곳에서 남은 생을 의탁할까.' 하는 생각마저 하였다.[159]

석전이 어렵사리 묘향산 법왕봉 아래에 있는 상원암(上元庵)에 갔을 때, 그곳엔 세 줄기 폭포가 굉음을 내며 흘러내리고 붉은 단풍잎에는 구슬비가 주룩주룩 내리고 있었다. 암자에 오르는 계곡은 험난하였으나 막상 그곳에 이르자 그 풍광이 수려하여 얼굴이 활짝 피었다. 석전은 「상원암」[160]이라는 시에서 상원암 일대의 빼어난 절경을 칠언율시로 노래하였다.

한때 묘향산에는 360여 개의 암자가 있었는데, 석전이 갔을 무렵에는 관할 말사가 122개였고, 산내 암자가 17개였다.

석전은 묘향산에서 비에 막혀 이틀 동안 보현사에 머물렀는데 산내 암자인 불영대(佛影坮)에 갔을 때 또 비를 만나 머물렀다. 그는 단군이 탄생했다는 전설을 간직한 단군굴에 이르러 동명의 시에서 나라 잃은 백성의 슬픔을 읊었다.[161]

---

159 『석전시초』 위의 시, 85~86쪽.
160 주석 없음.
161 『석전시초』 87쪽.

석전은 「단군굴」 시에서 단군이 하늘을 열어 온 나라가 빛났는 데, 지금은 우리 백성이 풍진에 시달려 황황하게 돌아갈 곳도 없 는 가엾은 신세가 되었다고 탄식하였다. 일제의 압정을 '풍진'에 비유하였다. 이 시는 당시 조선 민족이 일본의 식민지배로 고통 받고 있음을 은유한 것이다.

석전은 임진왜란 때 승병을 이끌고 활약한 서산 대사 휴정 스 님의 영정을 모신 보현사 영산전 앞에 있는 수충사(酬忠祠)를 참 배하면서 대사의 민족과 나라를 위해 애쓴 애국충정을 떠올리기 도 하였다.

석전은 묘향산에서 내려오는 길에 영변에 들러 그곳의 명승지 를 둘러보았다. 그는 영변 육승정에 올라 강가 버들가지 따라 떠 오르는 시상을 「영변육승정(寧邊六勝亭)」[162]이라는 제목의 시로 읊 었다.

석전은 영변에서 관서팔경의 하나인 약산 동대(藥山 東臺)와 서 운사(棲雲寺)에 들렀을 때도 시를 읊었다.[163]

그는 청천강 하류에 있는 안주(安州) 백상루(百祥樓)에 올랐다. 백상루는 안주 북쪽 성안에 있다. 이 누각에 올라 시를 지은 이가 많았다.

석전 역시 「안주 백상루」[164]라는 제목의 칠언율시 한 편을 읊고

162 『석전시초』 88쪽.
163 『석전시초』 89쪽.
164 『석전시초』 90쪽.

는 묘향산 기행을 마무리하였다.

묘향산에 다녀온 후 석전은 삼청동(三淸洞) 이송당(二松堂) 시회에 참석하여 산벽시사 동인들과 시를 읊으며 즐거운 하루를 보냈다.

경주 답사

석전은 그해(1925) 10월 말경(음력 9월 14일) 경주로 답사 여행을 떠났다. 신라 천년의 영화가 서린 옛 서울이 경주이다. 석전은 경주에서 「경주 회고(慶州懷古)」[165]라는 시를 읊으며 고도의 감회를 노래했다.

반월성에는 풀만 우거져 있고, 왕기(王氣)가 사라진 왕릉엔 낙엽조차 우는 듯하였다. 석양에 지는 붉은 구름도 시름에 잠긴 곳이 옛 왕도 경주였다.

석전이 읊은 「경주 회고」 시에는 몰락한 신라의 옛 영화와 늦가을의 쓸쓸함이 어우러져 나그네의 수심을 돋우는 양 우울하다. 김대성(金大城)은 전생의 부모를 위해서는 석불사(石佛寺: 석굴암)를 세웠고, 현생의 부모를 위해서는 불국사(佛國寺)를 세웠다. 석전은 토함산 발치의 퇴락한 불국사에 이르러서는 그곳의 쇠락한 절 모

---

165 『석전시초』 91쪽.

습을 「불국사」[166]라는 시에서 "지금은 쓸쓸한 불국사"라는 구절로
시작하였다.

불국사는 임진왜란 때 왜병의 방화로 잿더미가 되었다가 60년
이 지나서야 겨우 여러 스님에 의해 조금씩 복구되었다. 일제강점
기의 불국사는 여전히 쇠락하여 신라시대의 성대하던 대가람의
위용을 잃어버렸다. 퇴락한 불국사에 불경 소리는 드물고 세속에
찌든 스님들의 이야기 소리만 시끄러웠다. 당시 석전이 본 불국사
는 뜨락의 국화꽃만 고고할 뿐 고찰의 품격을 잃고 있었다.

석전은 1925년 늦가을 여행에서 4편의 기행시를 남겼다.[167] 여
행 시점이 낙엽 지는 소슬한 계절이라는 점도 작용했겠지만, 일
본의 식민 지배를 받는 망국민의 회한과 비애감을 드러내고 있다.
그의 경주 기행시들은 시름에 싸인 분위기로 가득하다.

내장산 설경

석전은 1925년 겨울, 순창 구암사에 있었다. 그곳으로 화가 고
희동이 찾아왔다. 두 사람은 산벽시사의 동인들 얘기를 하면서 함
께 시를 짓기도 하였다.[168]

166 『석전시초』 92쪽.
167 『석전시초』 91~92쪽.
168 『석전시초』 92~93쪽.

1925년 동짓달, 석전은 내장사에 갔다. 내장산에 겨울눈이 내려 하얀 설경이 장관을 이루고 있었다. 석전은 찬란한 내장산 설경을 30운(韻)으로 길게 읊어 학명 선사에게 건넸다.「내장상설삼십운기증학명선사(內藏賞雪三十韻寄贈鶴鳴禪師)」[169]

이때 석전이 쓴 시에 의하면 내장산은 단풍이 유명하지만 겨울의 설경도 수려하다고 하였다. 눈 내린 내장산의 풍광은 중국 회계산 섬계나 용문보다 뛰어나고 눈 덮인 벽련암은 새하얀 보배로 일산을 덮어 놓은 것 같다고 묘사하였다. 그는 눈 내린 내장산의 절경을 감상하며 새어나오는 감탄을 금할 수 없었다.

순종 승하, 6·10만세운동

1926년 4월 26일 대한제국의 마지막 임금이었던 융희(隆熙) 황제 순종(純宗)이 승하하였다. 순종 국장일인 그해 6월 10일, 만세운동이 일어났다.

청년 학생들이 서울에서 격문을 살포하고 '독립만세'를 외쳤다. 석전은 개운사 조실에서 젊은이들의 항일운동을 지켜보았다. 그의 세수 57세 때 일이었다.

석전은 1926년 5월 5일 「화엄종주 연담당 대사 제2 비음기」[170]

<hr>

169 『석전시초』 93~94쪽.
170 『석전문초』 124~126쪽.

를 지었다. 연담당은 연담유일(蓮潭有一, 1720~1799) 대사를 말한
다. 연담 대사는 석전의 10대조인 설파상언의 강하에서 『화엄경』을
수학하여 설파와 더불어 당대 선교(禪敎)의 대가로 일컬어졌다.

승려 육식취처론 반박

조선불교회 이사 석전 박한영은 『시대일보』 1926년 6월 20일자
신문에 「승려 육식취처론」에 대하여 이는 총독부의 잘못된 정책
에서 시작되었고, 이를 조선불교계 전체 문제로 인식하는 것은 잘
못되었다고 논하였다.

백두산 등반

석전, 백두산 참근대 등반 대장

『동아일보』1926년 6월 22일자 1면 '사고(社告)'에는 「백두산 참근대 파송, 7월 중순 출발」이라는 제목으로 '백운향도 최남선, 석전산인 박한영'을 등반대장으로 민족의 영산 백두산을 등정한다는 기사가 있다.

이 기사가 예고했듯이 1926년 7월 24일, 석전은 육당과 함께 백두산과 압록강 일대 박물탐사단의 일원으로 백두산 등반길에 올랐다. 이 박물탐사단의 백두산 답사는 조선교육회가 주관하고 『동아일보사』가 후원했다.

석전의 백두산 등반은 육당 최남선이 쓴 『백두산 근참기(白頭山 觀參記)』[171]에 탐사 일정 순으로 소상하게 기록되어 있다.

....

171 최남석의 백두산 기행문은 『동아일보』1926년 7월 28일부터 1927년 1월 23일 까지 연재되었고, 1927년 7월 한성도서주식회사에서 『백두산근참기』라는 제목의 단행본으로 간행되었다. 『백두산근참기』는 『육당최남선전집』제6권(현암사, 1973), 13~152쪽에 수록되었고, 2013년 임선빈이 풀어쓴 『백두산근참기』가 경인문화사에서 발간되었다.

백두산 박물탐사단의 집결지는 함경남도 풍산(豊山)이었다. 석전과 육당은 집결지 풍산으로 향하고자 1926년 7월 24일 밤 경성역에서 기차에 올라 검불랑(劍拂浪)·오봉산(五峯山)·안변을 거쳐 25일 아침 원산에 도착하였다. 원산에서 함경선(咸鏡線)으로 갈아타고 영흥·함흥·홍원(洪原)·신포(新浦)를 거쳐 속후(俗厚)에 도착하였다. 석전과 육당은 속후에서 자동차로 후치령(厚峙嶺, 1335미터)을 넘어 북청(北靑)에 이르렀다.

풍산에서 육당 강연, 갑산·혜산진의 환영회

7월 26일 아침 8시 30분, 석전과 육당은 자동차로 북청에서 풍산을 향하여 출발했다. 풍산까지 직로는 180리인데 신작로로 가는 길은 250리였다.

오후 2시 30분 풍산에 도착했다. 풍산은 4천 척의 고원지대여서 여름이 극히 짧아 베옷 입는 더위는 복중(伏中) 수십 일에 지나지 않는다.

7월 27일, 저녁에는 풍산 야소교당(耶蘇敎堂: 교회)에서 열린 강연회에 육당이 「조선심(朝鮮心)」이라는 제목으로 강연하였다. 이 강연회에는 군내의 교사들과 군민들이 다수 참석하여 벽지의 강연회치고는 뜻밖의 성황을 이루었다.

7월 28일, 박물탐사단은 풍산에서 등반 기점인 혜산진으로 가

기 위한 출발 준비로 부산하였다. 탐사단을 태우고 갈 자동차 10
대가 징집되었다. 자동차는 행여 중도에 고장이 날까 하여 새벽부
터 굉음을 내며 점검하느라 시끄러웠다. 오전 8시, 1호에서 10호
까지 자동차가 늘어서고 차량 한 대에 6인 혹은 7인씩 탑승하여
풍산을 떠나 혜산진으로 향하였다.

　관민의 전송을 받으며 풍산을 출발한 탐사단은 응덕령(鷹德嶺)·
호린령(呼麟嶺)을 넘어 허천강(虛川江)에 당도하였다. 며칠 동안 강
우가 많아서인지 강에는 수량이 꽤 많았다. 그곳에서는 쇠밧줄을
붙들고 배를 운항하는 나룻배로 강을 건너는데, 자동차 한 대를 싣
고 갔다가 오는데 20분씩 걸려 2시간 이상 지체되었다. 갑산(甲
山) 읍내에 도착하자 다수 관민이 나와 탐사단을 환영하였고, 보
통학교에서는 성대한 환영식까지 거행하였다. 갑산에서 출발하여
진동천(鎭東川)−함정포리(含井浦里)−대덕산(大德山)−운룡강(雲龍
江)−마상령(馬上嶺)을 지나 혜산진에 도착하였다. 읍내에는 구경
나온 인파가 많았고, 학교 생도들도 질서 있게 일행을 반겼다.

　탐사단원들은 도착 즉시 일본군 수비대영(守備隊營)에 가서 반
합취팽(飯盒炊烹: 반합으로 밥을 짓는 방법), 군막(軍幕) 사용법 등 야
영에 필요한 잡다한 것을 배운 후 일기정(一旗亭)에서 성대한 환
영회를 받았다.

총인원 2백 명, 말 50필이 혜산진 출발

1926년 7월 29일, 장차 산중에서 일주일 이상 노숙해야 하므로 여행 장비를 엄밀히 점검한 다음 아침 8시에 집합장인 혜산진 소학교에 모두 모였다. 학교 운동장에는 백두산을 등반할 탐사단과 수많은 구경꾼이며 산적한 짐, 그리고 운반할 말과 인부 등으로 온통 시끌벅적하였다.

그런 소란 속에서 단원에 대한 인솔자의 주의사항 지시가 있었다. 특히 독사에 물리지 않도록 조심하고 구렁텅이에 빠지지 말 것이며, 국경지대이므로 마적이 습격할 염려가 있으므로 반드시 행렬에서 낙오하는 일이 없도록 하라는 주의사항을 들었다.

탐사단원 60명 중 기일을 지키지 못한 사람 1인과 건강상의 이유로 가지 못하는 1인 등 2명을 제외한 58명의 단원은 대부분 교사로 박물채집을 주목적으로 하는 사람들이었다. 그 외 신문기자·화가·실업가·사진사와 활동사진 촬영반 등이었다. 단원은 5반으로 나누어 12명을 한 반으로 하고, 각 반에는 반장이 있어 단장과 연락을 취하고, 반마다 높은 깃발을 세워 선두에 세웠다.

대원들은 가벼운 옷차림과 편한 신발에 각반을 졸라매고 배낭에 물통 등을 주렁주렁 매달았다. 인마(人馬)의 정리가 끝나자 다시 수비대로 가서 기념 촬영을 하였다. 박물탐사단의 백두산 등반에는 대위가 인솔하는 병사 40명의 호위대가 경비를 담당하여 동행하였다.

9시경, 키 큰 한국인 순사 1명과 왜소한 일본인 순사 1명이 선도로 앞장서고 단원들이 차례대로 반 깃발을 중심으로 늘어서고, 또 각반 소속 고용인과 태마(駄馬: 세 낸 말)를 거느렸다. 그 뒤에 혜산진체육회의 탐사 희망자 20여 명이 뒤따르고, 또 개인적으로 따라나선 이가 6~7명이었다. 그래서 전체 인원은 2백여 명이었고, 말이 50필이었다. 이 거창한 백두산 탐사에 나선 사람들은 뻐기면서 운집한 군중 앞을 지나 행진을 시작하였다. 카메라가 여기저기 셔터를 누르고, 활동사진반에서는 촬영하느라 바빴다. 전송하는 군중은 반기(班旗)가 지날 때마다 만세를 부르며 탐사단의 장도를 축복하였다.

길은 압록강을 끼고 북으로 뚫려 있었다. 압록강이라 하지만 혜산진 인근의 강은 상류여서 배도 다니지 못하는 큰 개천에 지나지 않았다. 강 건너에는 푸른 옷을 입은 호인(胡人: 중국 변방족)이 채찍을 들고 여러 필의 말과 소를 관리하고 있었다. 10리 내외의 역마다 순사 주재소가 있는데, 마치 견고한 요새와 같아 작은 성루를 이루고 있었다. 그쯤에서 압록강의 명물인 뗏목이 내려오는 것이 점점 자주 눈에 띄었다.

탐사단은 혜산진을 떠나 50리 길을 행군하여 목재 생산 요지인 보천보(普天堡)에 오후 4시에 도착하였다. 그곳엔 경찰주재소, 수비대 병영, 학교, 그리고 민가 18호, 일본 상점 두 곳이 있었다. 일본인 가게는 목재 노동자의 주머니를 노리는 주막이었다.

석전과 육당은 보천보 보성(普成)학교 숙사(塾舍)에서 난생 처음 군용 반합으로 선 밥을 지어 먹었다. 육당은 보천보 보성학교의 숙사 촛불 밑에서 『동아일보』에 보낼 기행문을 썼다.

보천보 · 보태리 · 허항령 · 삼지(三池)

7월 30일, 보천보의 기온은 아랫녘과는 딴판이었다. 새벽에 창을 열자 찬바람이 뼈에 스며 놀라지 않을 수 없었고, 이 날이 중복인데도 문을 꼭꼭 닫고 겹옷을 껴입은 꼴이 쑥스럽고 겸연쩍었다.

오전 8시, 대오를 정비해 보천보를 출발하였다. 여기서부터는 마적의 출몰이 빈번하다는 소문이 잦아 보초병을 두 패로 나누어 선두와 후미에 배치하였다. 나아갈수록 깊은 산의 심산미(深山味)가 점점 더해져 가는데 청림동(靑林洞)에 들어섰다. 그곳에는 영림창(營林廠)의 작업장이 10곳이나 있었다. 영림창은 일제가 한국의 숲에 있는 목재를 수탈하고자 만든 산림행정 기구이다.

장군봉이 바라보이는 통남동(通南東)을 지나 보태리(寶泰里)에 이르렀다. 보천보에서 40리인 그곳에서 점심을 하였다. 보태리에서 '공장덕'이라는 30리 길의 긴 잎갈나무 밀림을 뚫고 어렵게 행군하였다. 영(嶺)을 다 내려가자 신당(神堂) 한 채가 있고, 좀 나아가자 '남포태산 등산구 해발 8천 34척'이라는 이정표가 길가에 꽂혀 있었다. 저녁 무렵 백두산 아래 첫 동네라는 포태산리(胞胎山里)에 당도하였다.

백두산. 왼쪽부터 김충희(휘문의숙 숙장), 석전, 최남선.(육당전집 6, 현암사, 1973)

백두산 아래 첫 동네, 포태산리

포태산리는 혜산진에서 130리요, 백두산 등반길에 인가가 있는 마지막 지점이었다. 그곳은 큰 산 깊은 골짜기에 냇물을 끼고 떳집이 산재하여 원시 촌락을 이루고 있었다. 민가는 6~7호에 불과한데 순사주재소는 크고 웅장하였다. 더 놀라운 것은 이 작은 원시적 촌락에 사립학교가 있다는 사실이었다. 학교 건물은 8할 정도 공사를 마쳐 탐사단은 교실을 빌려 숙소로 삼았다. 원래 계획에는 그곳에서부터 노숙할 예정이었는데 하룻밤 더 노숙을 면하게 된 것이다.

탐사단이 점심을 먹은 보태리는 50~60년 전에 개척되었고, 포태산리에 사람이 들어와 산 지는 30년 정도밖에 되지 않은 곳이었다. 그런데 그곳에 순사주재소가 세워지면서 국경 밖에서 습격해 오는 무장독립단에 의한 주재소원의 피살이 두 차례나 있었다. 1916년 7월 28일 오전 영시에 수십 명의 독립군이 쳐들어와 순사부장 이하 수 명을 죽이고 물러간 일이 있었다고 하였다.

이 난리로 포태산리의 주민이 대부분 흩어졌다가 겨우 7호만이 다시 모여 촌락을 형성하였다는 것이다. 무장독립단이 포태산리 순사주재소를 공격하고, 탐사단을 일본군 40명이 호위한 것 등을 보면 1920년대 한·중 국경지대에는 무장독립군의 항일무력투쟁이 빈번하였음을 알 수 있다.

7월 31일, 밤부터 내리기 시작한 비가 아침이 되자 더욱 심해졌다. 수백의 인마가 일시에 비옷을 차리느라 한참 법석을 떨고 9시나 되어서야 포태산리를 출발하였다. 동리 위부터 별안간 급격한 경사를 이루어 숨을 헐떡이며 1리쯤 올라가자 다시 평로가 되었다. 실상은 여기부터가 허항령(虛項嶺) 마루턱에 올라선 것이었다.

허항령·포태산·천평 천리·무산·능곡

허항령은 백두산 정맥의 주요한 고지로 지질학적으로는 이른
바 만주지대에 속하는 곳이요, 도끼나 칼이 없으면 사람이 뚫고
들어갈 수 없는 지대였다. 걸음을 뗄 적마다 숲은 점점 더 빽빽해
지고 곳곳이 햇빛도 비치지 않을 정도로 숲이 울창하다. 낙엽 송
림과 총림(叢林)이 가득하고 짙은 밀림의 색은 사람의 뼛속까지
파랗게 물들이는 듯하였다. 원체 숲이 빽빽하고 햇살이 엷은데다
가 땅이 무르고 그 위에 비까지 내려 숲 속은 걷기가 여간 힘든
게 아니었다. 또 얕은 물웅덩이가 곳곳에 있었는데, 그런 곳마다
기다란 잎갈 나무를 떼같이 매어서 교량 비슷하게 길로 깔아
놓았다. 그런 다리를 7~8곳이나 지나서야 비로소 밀림을 벗어났
으니 지루하고 걷기 어려운 밀림 길 등반이었다.

석전은 포태산 북녘 기슭 허항령 천평(天坪)의 울창한 밀림 길
을「허항령 천평행(虛項嶺天坪行)」[172]이라는 제목의 긴 칠언시로 읊
었다.

석전은 이 시에서 허항령에서 무산 농곡(戊山農谷)까지는 사람
이 살지 않는 외진 곳이고, 허항령 서쪽은 만주 여동 땅이며 천평
천리 길에는 전혀 사람 사는 마을이 없다고 하였다.

탐사단은 50여 리 여정 끝에 허항령 한복판에 자리한 사당에

---

172 『석전시초』 96~97쪽.

다다랐다. 좀 더 갈 예정이었지만, 비도 오고 땅도 질척거려 그곳에서 야영하기로 했다. 신당을 들여다보니 정면의 목주(木主)에 '천왕지위(天王之位)'라는 큰 글자를 깊이 새긴 신주가 놓여 있었다. 백두산 산신을 '천왕(天王)'으로 모신 사당인 듯하였다. 이 천왕당을 중심으로 수백인 인마가 야영 준비로 한동안 야단법석을 벌였다. 여기저기서 도끼로 나무를 찍는 소리가 요란하고 뒤이어 나무가 쓰러지는 소리가 쾅쾅 들려왔다. 우선 화톳불을 피워야 습한 땅을 말리고, 또 그 불에 물도 끓이고 밥도 지을 것이었다.

사람들은 화톳불을 피우고 베어 온 나무로 군막을 쳤다. 한편 일부 반원은 본부에 가서 양식과 반찬을 타다가 샘가에서 쌀을 씻고 된장을 걸러 군대에서 빌려 온 반합에 한 사람당 1개씩 쌀과 반찬을 쟁여서 기다란 장대에 꿰어서 화톳불 위에 걸쳐 익히느라 손과 마음이 바빴다.

비에 젖은 무거운 연기가 뭉게뭉게 피어오르는 가운데 반마다 각양각색의 군막이 우뚝우뚝 세워져 인적 없는 밀림에 갑자기 일대 촌락이 하나 생겨났다. 한 반에 12명씩 화톳불을 둘러싸고 앉아 담소를 나누며 반합을 기울여 식사를 하였다. 배급되는 식량은 한 사람 당 하루에 쌀 다섯 홉이었다. 밤에는 추웠다.

반원들은 화톳불 가에서 비에 젖은 옷과 행구를 말려야 했다. 자는 둥 마는 둥 하는 사이에 동녘이 희뿌옇게 밝아오고 말울음 소리가 닭 대신 새벽을 알렸다. 군 막사 쪽에서 기상 나팔소리가 울리면, 모두 일어나 아침 점심 두 끼 양식과 반찬을 타다가 아침

밥을 지어 먹었다.

8월 1일 오전 8시, 행장을 수습하여 허항령 사당 앞에서 출발하였다. 나팔이 뚜뚜 울리고 깃발이 펄럭이는 가운데 탐사단은 다시 밀림 속으로 나아갔다. 가도 가도 여전히 밀림지대였다. 작은 호수가 나타나자 사람들이 쉬어 가자고 졸랐으나 길 안내인은 조금 더 가면 좋은 곳이 있다면서 허락하지 않았다. 얼마를 더 가자 과연 눈이 번쩍 뜨이는 광경이 눈앞에 펼쳐졌다.

삼지연 · 세 개의 호수 · 대야심림(大野深林)

삼지연(三池淵)의 세 개의 호수 '삼지'는 장쾌하고 거대한 호수였다. 전문가의 설명에 의하면, 이곳의 삼지는 허항령의 광대한 밀림지대를 가로지르던 큰 강이 백두산 화산 폭발 때 영암과 토사로 메워져 일부는 작은 호수나 늪이 되거나 말라버리고 이 삼지는 커다란 그대로 호수가 되었다는 것이다. '삼지'는 명칭 그대로 세 개의 호수로 이루어져 있는데, 그 중 가운데 것이 둘레가 7~8리나 되고 파란 물이 잠자는 듯 고요하였다. 삼지는 호수만 아름다운 것이 아니라 그 주위에 있는 백두산이 거느린 간백산(間白山) · 소백산(小白山) · 포태산 · 장군봉 등 7~8천 척의 준엄한 산악들이 멀리서 에워싸고, 일면으로는 천리 천평이라는 대야심림(大野深林)이 끝없이 펼쳐져 있기 때문에 그 경관이 대단한 장관이었다.

석전은 세 개의 호수로 이루어져 있는 아름다운 삼지에서 「삼지연」[173]이라는 제목의 칠언절구 한 수를 읊었다. 그는 시제 밑에 삼지의 옛날 이름은 '칠성호(七星湖)'였다는 말을 덧붙여 놓았다. 이로 보건대 삼지는 원래 7개의 호수로 이루어져 있다가 세 개로 축소된 모양이었다. 삼지의 승경에 취해 있는데 출발을 알리는 나팔 소리가 들려 아쉽지만 일어나 휴식을 끝내고 좁은 길로 들어서서 북으로 행진하였다.

정상으로 가는 길, 신무치·한변외 왕국

허항령에서부터 백두산이 밀림 밖으로 조금씩 보였는데, 삼지에 오자 비로소 전신이 환하게 보였다. 서너 개의 늪을 지나자 황무지와 푸른 초지도 보이고, 예전에 개울 바닥이었던 백사장도 뻗어 있었다. 계곡과 언덕을 수없이 오르내려 25리쯤 가다 점심을 해결하였다. 그런데 허항령에서 삼지까지 오는 동안에 작은 샘 하나 만나지 못해 사람들은 준비한 수통의 물이 떨어져 갈증에 시달려야 했다.

허항령의 천리 천평은 가도 가도 끝이 없는 광활한 밀림이요,

173 『석전시초』 97~98쪽.

수많은 계곡과 산악으로 이루어진 드넓은 지역이었다. 오후 4시 30분에야 겨우 신무치(神武峙)에 당도하였다. 그곳에서 쏟아지는 소나기를 맞으며 군막을 치고 야영 준비를 하였다.

무더기로 내리는 소나기 속에서 화톳불을 피우고 반합으로 밥을 지었다. 화톳불이 이곳저곳에서 피어오르는 신무치의 야경은 그야말로 장엄하며 깊고 웅장한 일대 장관이었다.

그날 밤 잠결에 갑자기 총소리와 군도 소리가 시끄럽고 사람들이 왔다 갔다 하는 수런거림이 들려왔다. 간부의 기별에 의하면 부근에 비상경계령이 내려졌고 순사들이 수색과 정찰을 나갔다는 것이다. 만일 일이 생기면 길게 호각을 불 테니 각 반은 즉시 간부가 있는 곳으로 집합하라고 하였다.

백두산 근처는 여름 한철은 녹용과 산삼 채취, 양귀비 재배 등으로 바쁘다고 한다. 따라서 마적들도 이때 활동하며 사람을 상하게 하고 물건을 약탈한다는 것이었다. 그런 일이 빈번하다고 하였다. 도중에서 만난 사냥꾼의 말에 의하면, 불과 한 달 전쯤에도 녹용 4~5백 원어치를 천지 부근에서 도적떼에게 빼앗기고 겨우 목숨만 건져서 도망하는 일이 있었다고 하였다.

이런 수선스런 와중에도 반원 중의 일본인 한 사람은 석전 노사가 대덕(大德)임을 알고는 왕생(往生)의 심요(心要)를 설해 달라는 법문 요청을 하기도 하고, 어떤 이는 여차하면 고깃값이라도 한다면서 식물 표본 채집용 작은 칼을 만지작거리는 등 비상 기분이 농후하였다. 이제나 저제나 기다리는데 다시 통지가 오기를 순사가 사방을 수색해 보았으나 가까운 지역에는 도적떼가 없는 것으로 확인되었다고 하였다. 그래서 사람들은 다시 솜옷에 담요를 두르고 잠을 청하였다.

'한변외'라는 민간 통치 세력

8월 2일 8시 20분, 연방 퍼붓는 소나기를 맞으며 신무치를 출발하였다. 토성같이 생긴 곳에 올라가니 벽돌과 기와가 많이 쌓여 있고 그걸 구운 가마터까지 있었다. 이곳에는 기이한 내력이 숨어 있었다.

안내인이 전하기를, 칠팔십 년 전에 명천(名川: 함경북도 명천군 소재지)에서 백두산 아래에 들어와 사냥꾼이 된 한모(韓某)라는 사람이 있었다. 그는 백두산 산중으로 돌아다니며 곰과 사슴 등을 사냥하여 먹고 살았다. 어느 날 상류 원지변(圓池邊)에서 마적을 만나서, 갖고 있던 포획물을 모두 빼앗기고 목숨마저 잃어버렸다. 도적들은 그의 시신을 원지(圓池) 속에 던져 넣고 가버렸다.

죽은 사냥꾼 한씨의 아들 한병화(韓秉華)는 당시 13~14세였다. 소년은 아버지의 원수를 꼭 갚겠다고 맹세하였다. 이때부터 소년은 복수의 일념으로 총 쏘는 기술을 연마하여 마침내 신기(神技)에 이르러 백발백중 사수가 되었다. 그는 백두산으로 들어가 사냥으로 생계를 유지하면서 마적이나 도적을 만나면 닥치는 대로 사살하여 능히 혼자서 수십, 수백 명을 상대할 수 있는 기량을 갖추었다. 그러자 그의 휘하에 차차 사람들이 몰려 들었고 힘을 모아 도적떼 소탕에 노력한 결과 백두산 일원에 마침내 도적들의 자취가 끊어졌다.

한병화의 용명(勇名)이 사방에 전해져 그의 휘하에 들어오는 사람들이 나날이 많아졌다. 그리하여 한병화의 세력은 슬그머니 자치권을 가진 지방 정부 같은 조직력을 갖추게 되었다. 이것이 소위 백두산 북록 송화강(松花江)과 휘발하(輝發河) 사이 동서 4백리나 되는 통칭 한변외(韓邊外)라는 민간인 통치 세력이다. 한변외에서는 사병(私兵)을 쓰는 별천지가 형성되어 가히 소왕국이라 일컬을 만하였다. 지금도 한병화의 후손이 권력을 계승하여 여전히 세력을 유지하고 있다는 것이다. 한병화는 아버지의 시신이 있었던 원지 둘레에 목책을 두르고 벽돌과 기와를 구워 굉묘(宏廟: 큰 사당)를 세우려고 하였다. 그래서 신무치 계곡의 흙이 재료로 적당하므로 벽돌과 기와를 구웠고 이어 대규모 토목공사를 일으키고자 하였다. 그러나 정세가 어지러워 중단하였다.

몇 해 전 이 부근에서 일본군 헌병분견소를 지을 때 한병화가 만든 벽돌과 기와를 주인 없는 물건으로 여겨 날라다 쓰려고 하자, 한씨 측에서 강력하게 항의하여 가져갔던 것까지 도로 날라다 쌓아 놓은 것이 1926년 8월 2일 석전과 육당이 보고 있는 벽돌과 기와 무더기였던 것이다.

육당은 백두산을 근거지로 나라를 세운 예가 허다하다 하면서 그 사례로 부여·고구려·발해·여진·조선이 모두 백두산을 모태로 하여 국가를 세웠고, 최근의 청나라까지 그러하다고 하였다. 육당은 한변외 왕국이 금나라·청나라의 건국과도 비교됨에도 더 이상 발전하지 못하고 있는 것을 안타까워하였다.

석전은 한병화가 아버지의 굉묘를 세우고자 구워 놓은 벽돌과 기와가 있는 곳에서 「신무성(神武城)」[174]이라는 시를 읊었다. 그곳은 속칭 신무성이라 하였는데, 그곳에서 백두산으로 가는 길은 연이은 가파른 오르막길이었다. 가는 도중에도 비가 계속 내렸다. 그러던 중 나팔 소리가 들려오므로 탐사단은 행진을 멈추고 행구를 비에 젖은 땅에 내려놓았다. 무두봉(無頭峰) 아래였다.

신무치에서 무두봉 아래 짐을 푼 곳까지는 약 40리이다. 탐사단은 군막을 치고 막사 안에 구덩이를 파서 땅 화로를 만들어 불을 피웠다. 땅 화로의 연기로 눈이 매웠지만 따뜻하여 좋았다. 백두산 정상까지 가는 길이 험하니 내일은 새벽 2시에 출발한다는 전갈이 왔다.

다음날 조반은 군용 견면포(堅麵包: 밀가루 빵)에 건어(乾魚) 몇 마리로 대용하였다. 이것을 먹는 동안 점심밥을 지어 각자 지참하고 두 시가 되자 출발 준비를 하였다. 그런데 마부들이 "이 비가 오는데 어딜 간단 말이오!" 하면서 늑장을 부렸다. 그래서 말 50필 중 10여 필만 데리고 가기로 결정하였다. 그럭저럭 짐을 정리

174 『석전시초』 98쪽.

해 말에 싣는 등 준비를 마치고 실제 출발한 것은 8월 3일 새벽 4시 반이었다.

조잡한 분수령 정계비

길은 무두봉 덜미에서 서북 방향으로 잎갈나무 숲속으로 뚫려 있었다. 산등성이로 올라갈수록 나무의 키가 작아져 1장(丈) 5척(尺)에서 겨우 2~3척밖에 되지 않았다.

백두산에서 남으로 찢겨 나온 첫 번째 봉우리인 연지봉(臙脂峰) 밑에서부터는 고도가 점점 높아지고 풀과 나무도 거의 멸종되다시피 하여 살았는지 말았는지 모를 명색만의 풀들이 누렇게 바다처럼 펼쳐져 있었다. 연지봉에서 얼마를 더 가자 두두룩한 긴 등성이가 동으로 뻗어 있는데, 그 등성이에 몽우리 돌을 수백 개씩 모아 놓은 무더기가 수십 보 간격으로 놓여 있었다. 이는 청조(淸朝)에서 국경 경계의 표지로 축조한 것이라 하였다.

분수령(分水嶺)에 이르자 조그마한 비(碑)가 보였다. 원체 작아 이정표인가 하고 살펴보았더니, 놀랍게도 그건 수백 년간 한청(韓淸) 갈등의 주인공인 분수령 백두산 정계비(定界碑)였다.

정계비가 있는 등성이는 압록강과 토문강(土門江), 두 강의 발원 지점을 한 손에 휘어잡은 분수령이었다. 정계비의 비신(碑身)은 청색 자연석으로 앞면만 편편하게 다듬었고, 높이는 2척 3촌,

너비는 1척 8촌 남짓하였다. 육당이 말하길 강희(康熙) 51년(1721) 5월 5일 청나라 총관(總管)과 조선 군관 이의복(李義復)·조태상(趙台相)이 세운 정계비가 국경의 표지로는 너무나 조잡하여 창피한 것이라 하였다. 달리 생각하면 우리 땅 수천 리를 싸워보지도 못하고 포기한 치욕의 낙인이라면서 훗날 적당한 때에 뽑아 내던지기 편케 하려고 이렇듯 작고 보잘것없이 만들었는지 모른다고 하였다. 그리고 비신에 쪼르르 흐르는 빗물은 설움의 눈물처럼 보였다고 육당은 백두산 기행문에 썼다.[175]

정계비가 세워져 있는 곳은 해발 2,150미터의 분수령 산등성이였다. 정계비의 오른쪽은 압록강 발원지요, 왼편은 토문강 발원지인 건구(乾溝)이다.

두만강 발원지는 백두산 상봉에서 가장 가깝다는 석을수(石乙水)로 동남으로 70리나 되는 여러 등성이 너머에서 발원한다. 흔히 일반인이 말하는 바, 압록강과 두만강이 백두산 천지에서 발원한다 함은 사실이 아니다.

석전은 정계비가 서 있는 분수령에서 「분수령, 정계비가 있는 곳[分水嶺 定界碑墟]」[176]이라는 제목의 시를 지었다.

그는 이 시에서 "압록강과 두만강의 원류가 나뉘는 분수령의 작은 비석 정계비에는 구름이 감돌고 벼랑에는 무지개가 섰다."라고 읊었다.

175 최남선, 『백두산근참기』, 앞의 책, 98~99쪽.
176 『석전시초』, 98쪽.

탐사단이 정계비에 도착한 것은 오전 7시 반이었다. 비문을 탁본하고 부근의 지형을 살피면서 쉬는 등 약 한 시간 가량 그곳에 머물렀다.

분수령에서는 백두산 분화구의 외곽을 덜미로 잡아 산등성이를 올라갔다. 반마다 장작과 불쏘시개를 단단히 마련하여 정상을 향하여 올라갔다. 무두봉 이후로는 변변한 나무가 없고 더욱이 상봉에는 풀 한 포기 없으므로 땔감을 미리 준비해야 했기 때문이었다.

정계비 뒤의 산은 이미 위용을 나타내기 시작하고 골짜기에는 쓸려내려 가다 남은 눈더미가 높이 쌓여 있었다. 정상으로 가는 길에는 진동이 치듯 바람이 불어댔다. 거기다 눈보라 치고 우박처럼 아픈 비가 폭포수처럼 쏟아졌다. 땅은 잔돌과 그 부서진 모래와 화산재로 뒤덮인 곳이어서 내린 비는 곧장 스며들어 빗물이 고이지 않았다. 급격하게 경사진 산등성이를 모두 땀을 뻘뻘 흘리며 계속 올라갔다.

아! 백두산 천지

상봉까지는 아직 한참 멀었거니 하고 가쁜 다리를 끌며 오르는데, 앞서 간 이들이 한 마루턱에 올라 우뚝우뚝 서서, 곧 "이크!" 하고 소리를 질렀다. 먼저 간 반원이 미처 말할 틈도 없이 앞선 석전이 육당에게 "어서, 어서!" 오라고 연신 손짓을 한다. 용약일번(勇躍一番)하여 줄달음치듯 올라간즉 단지 '아!' 하는 탄성만 흘러나왔다.

드디어 백두산 상봉에 오른 것이었다. 그런데 보이는 것은 안개와 구름 속에 가린 백두산 정상 천지(天池)였다. 육당은 안개와 구름에 가린 천지와 정상의 모습을 볼 수 없어 간절한 마음으로 그 모습을 보게 해 달라고 기도하였다. 육당은 빌기 위하여 연방 눈을 감았다 떴다 하였다.

그의 기도가 효험이 있었던지 갑자기 일순간에 구름이 걷히면서 무변광경(無邊光景)이 전개되었다. 정상을 덮고 있던 구름이 바람에 쫓기는 연기처럼 줄달음치듯 휙 흩어지고 신비의 세계가 눈앞에 활짝 열렸다. 마침내 백두산 정상의 천지가 환하게 그 모습을 드러낸 것이다. 그 광경은 천지개벽의 설화를 실지로 보는 듯하였다.

육당은 백두산 정상과 천지를 고색창연한 한문 투의 수다스런 문장력으로 박진감 있게 묘사하였다. 그에 비해 석전은 백두산 정상에 올라 천지를 내려다 본 경외감을 절제된 시어로 노래하였다. 석전은 「백두산 정상에 올라 천지를 굽어보면서[登白頭山頂俯瞰天池]」[177]라는 제목의 시에서 민족의 영산 백두산 정상에 올라 천지를 굽어보는 벅찬 감회를 오언배율(五言排律) 46행으로 읊었다. 긴

---

177 『석전시초』, 99쪽.

시이므로 그 일부만 옮겨 본다.

비바람 불어대자 나는 급해서
잰 걸음으로 백두산 정상에 오르니
봉우리는 돌에 밀려 빼어나 솟고
찬 안개 허공 높이 두리두둥실
바위들 우뚝 솟아 사자와 같고
(중략)
아침 햇살 아래 밝은 우리 땅
만주의 가을바람 차갑게 부네
아촉불(阿閦佛) 불국 같은 무진한 영산
이 뒤에 다시 보기 어려운 불함(不咸)
(중략)
온 세상 간교하게 서로 다툴 때
천손(天孫)은 오래오래 우직만 했지.
(중략)
곱은 손 녹이자 깃발 펄렁대
걸림 없는 산새가 더욱 부럽다.

風雨吹吾急
輕輕上白頭
岡巒觸石拔

滄渤騰空浮

突兀嵓獅立

朝旭明東土

金風冷滿洲

猶如阿閦佛

一見難再藂

四海爭隨黜

天民長守愚

呵凍催旋斾

深羞浩蕩鷗

　　석전은 이 시에서 백두산을 등반한 경외감과 감회, 그 웅장함
에 대한 놀라움과 성취감을 잘 나타냈다. 그는 백두산이 아촉불
(阿閦佛: 東方妙喜國에서 법을 설하는 부처)이 계시는 영산 같은 곳이
지만 다시 오기 쉽지 않다는 것을 예감하였고, 실제로 그가 백두
산에 온 것은 이때가 처음이자 마지막이었다. 그는 이 시에서 세
상 사람들이 간교하게 서로 다툴 때 우리 민족은 우직했다면서
착한 민족성을 옹호했지만 이 대목을 뒤집어 해석하면 주위의 이
민족이 조선을 탐내어 치열하게 다툴 때 현명하게 대처하지 못했
다는 것을 꼬집은 것이기도 하다. 일망무제(一望無際)한 백두산 장
관을 바라보며 석전은 찰나라도 그곳에 더 머물고 싶었을 것이다.
그래서 출발을 알리는 신호가 야속했던지 자유로운 새가 부럽다

는 말로 마지막 구절을 마무리했다.

백두산 정상은 한여름인데도 영하 6도였다. 그래서 솜옷을 입은 사람도 추워서 입술이 새파래졌다. 신고 올라간 장작으로 화톳불을 산같이 피워놓고 언 몸을 녹여 가면서 흑요석(黑曜石)의 인재(印材: 도장의 재료)가 될 만한 것을 위시하여 몇 가지 암석을 박물 교사들이 채집하는 동안에도 내려가자는 독촉이 성화같았다.

풍우와 한기에 떨면서도 석전·육당·김충희(金忠熙, 1890~1960, 휘문의숙 숙장), 세 사람은 백두산 천지를 배경으로 등정 기념사진을 찍었다.[178]

탐사단은 백두산 정상에서 30분가량 머물다 9시 20분에 하산을 시작하여 분수령 정계비를 거쳐 전날 군막을 세워 둔 곳으로 돌아왔다. 그곳엔 해가 높이 떠 있었고 정상보다는 기온이 따뜻하여 모두 옷과 행구를 햇볕에 말리며 감추어 두었던 위스키를 꺼내어 자축연을 벌이는 사람들이 여기저기 있었다.

8월 4일, 오랜 비에 씻긴 하늘은 구름 한 점 없이 청명하였다. 탐사단은 새벽 6시 30분에 출발하여 10시 40분에 신무치에 당도하여 점심을 먹었다. 신무치에서 60리 길 삼지까지는 물 구경하기 어려우므로 각자 수통에 물을 가득 채우고 12시에 출발하였다.

무산 가는 갈림길에서 마주 오는 일본 군대 행렬을 만났다. 무산에 주둔하는 일본군은 매년 여름이면 백두산 행군을 하는데, 그

---

178 이 사진은 최남선의 『백두산근참기』에 수록되어 있다.

속에는 수십 명의 조선 청년들도 있었다.

세 갈래 갈림 길에서 눈빛이 유난히 총명한 사람이 썩 나서면서 석전 대사에게 반가이 악수를 청하였다. 그 사람은 금강산에 사는 찬하(餐霞) 거사 또는 찬송(餐松) 거사로 불리는 최기남(崔基南, 1875~1946)이었다. 최기남은 함경북도 경성군 출신으로 일진회 평의원과 총무원을 역임하고 일제의 순사로 근무하다가 1916년 사직한 후 금강산에 입산하여 불교 수행을 하였다. 천평의 세 갈래 갈림길에서 만난 최기남과는 인사와 간단한 얘기만 나누고는 곧 헤어졌다.

탐사단은 천평에서 점심을 먹고 저녁 때 삼지에 도착하여 군막을 치고 야영을 하였다. 삼지의 밤은 추웠다. 석전은 하산 길에 삼지에 자면서 「삼호(三湖: 三池)에 돌아와 자면서[回宿三湖上]」[179]라는 시에서 "야윈 뼈가 추위를 못 이기겠네."라고 하였다. 세수 57세의 석전은 추위에 떨면서 "일생을 사는 것이 갈매기와 같아서 못 가에 모였다 다시 떠난다."라고 읊조렸다.

8월 5일 새벽, "저것 좀 보라."는 소리가 여기저기서 들리므로 석전과 육당은 눈을 비비며 천막 밖으로 나왔다. 밖에 나가자 저절로 "히야!" 하는 감탄사가 나왔다. 9분의 어두운 색에 1분의 밝은 빛이 비치면서 삼지호의 호면 전체에 굼실거리는 기운이 서렸다. 밝은 기운이 느는 대로 어두운 색이 줄면서 요사스럽다고 할

---

179 『석전시초』 100쪽.

정도로 무놀이 변화가 기이한 장면을 연출하고 있었다. 삼지의 무놀이가 특히 변화무쌍하고 기이한 것은 삼지의 물이 온천수이기 때문이고, 또 온천만이 아니라 냉수하고 맞닥뜨리는 물이기 때문이었다.

탐사단은 늦게 출발하여 40리 밀림 길을 단숨에 통과해 허항령 입구의 포태리 촌락에 이르렀다.

오후 1시 반에 도착했는데, 촌락의 전 주민이 총 출동하여 환영하였다. 탐사단은 주민의 환영을 받으며 숙소로 제공한 널찍한 순사주재소로 들어갔다. 곧 차(茶)가 끓고, 술이 데워지고, 목욕물이 설설 김을 내었다. 교사들은 채집표본을 햇볕에 말리느라 분주하였다.

8월 6일, 8시 반에 포태리를 출발하여 곤장덕(昆長德)을 단숨에 돌파하였다. 물방아 많은 보태리에서 일신(日新)학교 박 선생이 대접하는 귀리국수를 맛나게 먹고, 청림(靑林)을 거쳐 오후 5시 20분에 보천보(보타이)에 도착하였다. 원래 계획은 청림에서 대평리로 가서 압록강 뗏목을 타고 혜산진으로 내려갈 예정이었으나 비가 많이 와서 갑자기 강물이 불어나 위험하므로, 그 계획을 취소하고 보천보에서 일박하였다.

8월 7일, 보천보에서 길을 떠났다. 혜산진 가까이 이르자 곳곳에 환영하는 이들이 나와 있었다.

괘궁정(掛弓亭) 못 미쳐 혜산진 시가 입구에 이르자 주민과 학생·군인들이 늘어서서 탐사단을 환영하였다. 환영식장에는 떡과

과일·과자 등의 식품이 산적하여 마치 개선군을 맞이하듯이 성대하여 오히려 황송하기 그지없었다. 탐사단은 7월 29일 혜산진을 출발하여 8월 7일에 돌아왔으니 꼭 열흘 동안 백두산 등반 일정을 마치고 모두 무사히 돌아온 것이다.

석전과 육당은 혜산진 여관에서 일박을 하고 8월 8일 새벽 혜산진을 떠났다. 석전은 새벽에 혜산진을 떠나는 소회를 「새벽에 혜산진을 떠나다[曉發惠山]」[180]라는 시로 읊었다. 육당의 『백두산 근참기』에는 8월 7일 혜산진에 도착하여 오후 4시 여관에 투숙하는 것으로 끝나기 때문에 그 이후의 일정은 알 수 없었다.

석전의 백두산 기행시 '백두유초(白頭遊草)'의 마지막 작품이 「여럿이 웅비정 배에 올라 압록강을 내려오면서[同等雄飛艇流下鴨綠江雜節]」[181]라는 제목의 10수로 쓴 시이다. 제목 밑에 "삼수 신갈파로부터 신의주까지 천팔백 리[自三水新乫坡至新義州一千八百里]"라는 설명을 덧붙여 놓았다. 이 시를 근거로 추정하면 석전 일행은 혜산진에서 삼수 신갈파(함경남도 삼수군)로 가서 그곳에서 1천8백리 압록강을 3일 동안 내려와 서해안 연안을 따라 항해하여 강서군 남포에서 하선하여 평양을 거쳐 경성으로 돌아온 것으로 보인다.

---

180 『석전시초』 100쪽.
181 『석전시초』 101~102쪽.

석전 박한영 진영 (영호당 정호 대종사)

4부

·
·
·

종정(교정)시대 :
인재 양성,
교육 헌신

개운사 불교전문 강원 강주

석전은 1919년 이래 서울 안암동 개운사(開雲寺)에 주석하고 있었다. 개운사에서는 주지 동봉(東峯) 스님이 1926년 10월 불교 전문강원을 개원하여 당시 불교계의 독보적인 대강백인 석전에게 강원의 주맹(主盟)이 되게 하였다. 강원 개원에는 안월송·홍상근 스님이 재정 지원을 하였으며, 개운사에 살고 있는 60여 명의 대중스님들도 자발적으로 3백여 원을 갹출하여 강원에 보태는 등 주위에서 많은 협력이 있었다.[182]

석전 박한영을 강주로 한 개운사 불교전문강원은 1926년 10월 3일 대웅전에서 성대한 개원식을 거행하였다.[183]

석전은 강주로 학인들을 지도하는 바쁜 나날을 보내는 1927년을 맞이하여 세수 58세가 되었다. 그해 1월, 「성령(性靈)과 과학변(科學辯)」이라는 논설을 『불교』지 제31호(1927. 1)에 발표하였다.

1927년 3월 29일, 신간회 회장 월남(月南) 이상재(李商在, 1850~1927)가 재동 자택에서 78세로 사망하였다. 이상재는 주미공사관

----

182 「개운사 개강」 『불교』 제28호, 1926. 10. 1, 39쪽.
183 「개운사 강원 개원식」 『불교』 제29호, 1926. 11. 1, 46쪽.

서기관·우부승지·학무국장 등을 역임하고 1896년 서재필과 독립협회를 조직하여 부회장이 되어 우리나라 독립운동에 힘썼다. 1902년 개혁당 사건으로 구금되어 복역 중 기독교 신자가 되었고, 이후 기독교 청년 회장·조선교육협회 회장·신간회 초대 회장을 지냈다.

석전은 종교가 다르긴 했으나 이상재가 조국 독립과 후진 양성에 힘쓴 공적을 떠올리며 그의 죽음을 애도하는 「만이월남이절(晩李月南二節)」[184]이라는 만시(輓詩)를 지었다.

석전은 1927년 여름, 강원이 하기휴가에 들어가자 영구산 구암사에서 여름을 보냈다. 그곳으로 산벽시사의 동인 춘곡 고희동이 방문하였다. 석전은 그와 담소하면서 춘곡이 자신의 재능을 잘 연마하여 당대의 훌륭한 화가가 된 것을 칭찬하는 시를 지었다.[185]

그해 중양절 전날 밤에는 석전이 주석하고 있는 개운사 산방으로 윤벽수(尹碧樹)와 김국헌(金菊軒)이 방문하였다. 석전은 벽수·국헌 두 사람과 어울려 허리띠를 풀어 제치고 한담을 나누며 함께 시를 읊었다.[186] 이때 방문한 윤벽수는 순종의 장인인 윤택영의 형 윤덕영(尹德榮, 1873~1940)이다. 윤덕영은 한일병합 때 순종에게 옥새를 찍게 했고 조선 귀족 자작이 되었으며 이왕직 찬시(贊侍)를 지냈다.

184 『석전시초』, 103쪽.
185 『석전시초』, 104~105쪽.
186 『석전시초』, 106쪽.

국헌은 김승규(金昇圭, 1861~?)의 호이다. 김승규는 좌의정 김병학(金炳學)의 양자로 별시 문과에 급제해 이조 참의·대사성·좌승지·대사헌을 역임하고, 일본·영국·벨기에 주차전권공사(駐箚全權公使)를 지냈으며 1910년 8월 규장각 제학에 올랐다.

개운사 불교전문강원에서는 1927년 10월 5일, 개강 1주년 기념식을 거행하고 강주 석전이 제자들에게 수업증서를 수여하였다. 이날 행사에는 최남선·권상로·정인보·박범화(朴梵華)가 내빈 축사를 하였다. 이때 강원에 재학 중인 학인스님은 초등과 4명, 사집과 3명, 사교과 14명, 대교과 3명 등 모두 24명이었다.[187]

전주 풍남정(豊南町) 오목대 밑에 있는 구암사 전주포교당에서 원주(院主) 임종산(林鍾山) 스님과 신도 10여 명의 발심으로 이리(익산)의 김화형(金和泂, 1870~1938, 삼남은행 이사)이 시주하여 불교전문강원 강주 박한영 스님을 초청하여 '법화경 대강연회'를 개최하였다. 1928년 1월 11일부터 17일까지 7일간 매일 청강 대중이 70~80명에 이르는 성황을 이루었다. 『동아일보』는 부녀자 중심의 한국불교를 발전시키고자 이 '법화경 대강연회'를 개최했다고 보도하였다.[188]

같은 해 4월, 난타 이기는 석전을 비롯한 산벽시사의 동인들을 자택에 초청하여 함께 시를 읊으며 즐거운 시간을 보냈다.[189] 당시

---

187 『불교』 제41호, 1927. 11. 1, 53~54쪽.
188 「전주불교법화회」『동앙일보』, 1928. 2. 11, 4면.
189 『석전시초』 107쪽.

불교계에서는 중앙학림이 휴교한 후 다시금 대학 수준의 교육기관 설립을 요구하는 여론이 점점 커졌다. 이에 중앙학림 자리(지금의 서울 명륜동 1번지)에 2층 서양식 건물로 교실 215평을 신축하여 1927년 10월 21일 준공하였다.

중앙교무원에서 설립한 불교전수(佛敎專修)학교는 총독부의 인가를 받아 1928년 4월 30일 개교해 5월 1일부터 강의를 시작하였다. 학생 50명인 불교전수학교에서 석전은『선문염송』을 강의하였다.

그해 5월 28일 경성부 숭일동 불교전수학교에서 불전교우회(佛專校友會)를 창립했는데 석전은 종교부장으로 선출되었다.

석전은 1928년 7월,『불교』제49호(1928. 7. 1, 24~26쪽)에「어떤 것이 대승불교인가」라는 글을 발표했다. 그는 1928년 여름휴가 때 춘천·오대산·설악산·봉정암·대승폭포·강릉 경포대·양양 낙산사 등지를 여행하였다. 이 여행에서 석전은「강릉경포대」[190]라는 시에서 경포대를 "천하제일의 누대(樓臺)"라고 하면서 그곳의 빼어난 풍광을 노래하였다. 이 여행의 동반자는 육당과 송계(松溪) 노병권(盧秉權, 1897~1961)이었다.

순창군 쌍치면에 있는 노병권의 사랑채 운교장(雲橋莊)에는 1만 2천 권의 장서가 있었다. 송계의 미발표 육필 원고 시집인『송계병중혼초미정고(松溪病中昏鈔未定稿)』에는 석전과 동행한 여행

---

190 『석전시초』, 110쪽.

기록은 물론 최남선·정인보·송진우·인촌 김상수·백관수·가인 김병로·민세 안재홍·추강 김용무·금하 이명섭·변영만 등 여러 명사와 교유한 내용을 담은 시가 300여 편 수록되어 있다.

석전은 1928년 9월 8일, 태안사 사적기를 필사하고 비를 세운 자세한 내용을 부기하여 「동리산기실비문(洞裡山紀實碑文)」[191]을 지었다.

불교전문강원 1회 졸업식, 대원암으로 이전

개운사 불교전문강원에서는 개원한 지 2년 만인 1928년 11월 1일에 제1회 강원 졸업식과 수료식을 거행하였다. 이날 수료한 학인스님은 화엄삼현부(華嚴三賢部)에 6인(박영춘·김병규·조종현·김병하·박무근·김영선), 화엄현담부(華嚴玄談部)에 11인(이순호·배성원·김형진·이성엽·황보안·정화진·서병재·이해일·권장완·김보섭·황하석), 사집과 졸업생이 4인(이민호·김성인·김완기·전동춘), 선문염송 수료자가 1인(김낙한), 사집과 수료생이 3인(김득성·선충신·권정하) 등이었다.[192]

강원 졸업식 다음날인 1928년 11월 2일, 개운사에 있는 불교전문강원을 바로 뒤편의 대원암으로 옮겨 신축 낙성하였다. 강원을

---

191 『석전문초』 104~106쪽.
192 「개운사불전수료」『불교』 제54호, 1928. 12. 103쪽.

이전 신축하는 데는 봉선사의 전 주지 홍월초 화상의 도움이 컸다. 강원 이전 비용이 없다는 말을 들은 월초 화상은 현금 6백 원을 희사하였다. 그래서 개운사 대중과 강원의 학인스님들은 월초 화상의 미거(美擧: 훌륭한 일)에 대하여 칭송이 자자하였다.[193] 누구보다 강원의 신축 이전을 기뻐한 것은 강주 석전 스님이었다. 학인들이 기거하는 곳도 비좁아 애를 먹었기 때문이었다. 이제 강원을 이전 신축하여 보다 좋은 여건에서 강의할 수 있게 된 것을 석전은 매우 흡족해 하였다.

석전은 불교전수학교 교우회에서 간행하는 『일광(一光)』 제1호에 「고목춘(古木春)」[194]이라는 수필을 발표하였다.

조선 불교 학인대회

조선 불교 학인대회는 불교를 배우는 과정에 있는 젊은 승려들이 교계의 발전에 관한 의견을 결집하고, 이를 바탕으로 새로운 활로를 찾기 위한 목적에서 개최되었다.

학인대회 발기 모임은 1927년 10월 29일 개운사에서 열렸고, 제1차 학인대회는 1928년 3월 16일 다음과 같은 요지로 교시를 하였다.

---

193 「개운사 강당에 대한 월초 화상의 미거(美擧)」, 『불교』 제54호, 103~104쪽.
194 박한영, 「고목춘(古木春)」, 『일광』 제1호, 1928. 12. 28, 10~11쪽.

우리 조선불교는 명진학교 시절부터 오늘에 이르기까지 서구식 과학교육의 덕택에 유학생을 많이 배출하였고 불교 진흥을 위해 힘써 왔다. 그러나 현해탄만 건너면 나에게 배운 제자마저도 모두 나를 배신했다. 부산에 상륙하면 어김없이 레이디(lady: 숙녀)를 동반하니 한심한 일이다. 과학만 알면 그건 과학이지 불교도는 아니다. 또한 불교 중대사를 재가자인 거사들이 걱정하는 형국이 되었으니 조선 중의 한심한 정도를 말할 수 없다. 더 이상 말할 수 없다.

조선 불교를 걱정하라.[195]

석전은 일본에 유학한 승려들이 부산에 상륙할 때면 어김없이 여자를 동반하니 한심한 일이라고 하였다. 석전이 여자를 '레이디' 라는 영어 단어를 사용한 것도 이채롭다. 또 불교의 중대사를 재가자인 거사들이 걱정하는 형국이 되었으니 조선의 승려들은 "조선 불교를 걱정하라."라고 질타하였다.

2차 조선불교 학인대회는 1929년 3월 15일 개운사에서 개최되었다. 이 대회에서는 교육제도 개선 건의안을 중앙교무원과 종회에 제출하였다. 이 건의안은 부분적으로 수용되어 중앙교무원은 매년 2,400원의 보조금을 지원하여 석전이 강주로 있는 개운사 불교전문강원에 '고등연구원'을 설립하기로 하였다.

---

195 이순호, 『조선불교학인대회록』, 비매품, 500부, 동국사 소장.

3차 조선불교 학인대회는 1932년 3월 15일 개운사에서 열렸다. 이어 이 대회는 '조선불교학인총연맹'으로 바뀌었다. 학인연맹은 1933년 이후는 침체되어 활동 기록이 보이지 않는다.

조선불교 선교양종 교정(종정)

7인의 교정 중 한 분으로 추대

조선 불교 선교양종 승려대회가 1929년 1월 3일부터 1월 5일까지 3일 동안 각황교당에서 개최되었다. 이 승려대회에서는 종헌을 비롯하여 중앙교무원 원칙, 교정회 규약, 종회법 등을 통과시키고, 대회 3일째인 1월 5일 교정 전형위원 11인이 일곱 분의 고승을 교정(敎正)으로 선출하였다. 즉 석전 박한영 스님을 위시하여 김환응(金幻應) · 서해담(徐海曇) · 방한암(方漢岩) · 김경운(金擎雲) · 이용허(李龍虛) · 김동선(金東宣) 등 일곱 분의 고승석덕이 조선 불교계의 최고 지도자인 7인의 교정으로 선출되었다.[196]

석전은 사교과 스승 환응 대사, 대교과 스승 경운 큰스님과 함께 교정으로 선출됨으로써 마침내 당대 불교계 최고 지도자 일곱 분 가운데 한 분으로 추대된 것이다. 그해(1929년) 1월 22일 개운사에서는 석전 박한영 대종사에게 올리는 교정정첩식(敎正呈牒式)

---

196 「조선불교선교양종 승려대회 회록」, 『불교』 제56호, 1929. 2. 1, 120~140쪽.

을 거행하였다.[197] 이 의식은 영호당 정호 큰스님에게 교정 추대장을 올리는 의식이었다. 경기도 대본산 봉선사에서는 2월 2일 금강계단을 설치하고 교정이신 석전정호 큰스님을 전계사(傳戒師: 계를 내려주는 스승)로 초청하여 비구계와 보살계 수계식을 하였다.[198]

2월 10일에는 산벽시사의 동인인 위창 오세창과 석정 안종원 두 사람이 석전이 주석하고 있는 대원암을 방문하였다. 세 사람은 차를 마시며 7분의 교정으로 추대된 일과 동인들의 근황을 이야기하며 함께 시를 읊었다.[199]

전북 김제군 만경면 화포리에 있는 조앙사(祖仰寺: 진묵사)에서는 1929년 3월 초에 이순덕화 보살이 곽동석을 석전에게 보내 진묵(震黙) 조사(1562~1633)의 무봉탑(無縫塔) 비문을 지어달라고 청하였다. 이에 석전은 그해(1929년) 3월 2일 「진묵조사무봉탑송병서(震黙祖師無縫塔頌幷序)」를 지어 주었다. 석전이 써 준 비문을 새겨 석비를 세웠는데, 현재는 비석이 그 자리에 없다. 조앙사는 진묵조사와 그 어머니를 모신 절인데 1920년대에 창건되었다.

조선불교선교양종 제1회 종회에서 불교연구원을 설립하기로 결의하였다. 그래서 교무원에서는 1929년 4월 석전 박한영을 원장으로 한 불교연구원을 경성부 동대문 밖 개운사 대원암에 설립하였다. 그리고 '불교연구원 모집 광고'를 『불교』지 제59호(1929.

---

197 「교정정첩식」, 『불교』 제57호, 1929. 3. 1, 109쪽.
198 「금강계단」, 『불교』 제57호, 117쪽.
199 『석전시초』, 113쪽.

5. 1)에 게재하였다. 이 광고에 의하면 수업 연한은 3개년 이상이고, 입학 자격은 강원 사교과와 대교과를 수료한 자로 품행이 단정한 자였다. 학과는 정과(正科)에 『능엄경』·『기신(起信)』·『반야(般若)』·『원각(圓覺)』·『화엄현담(華嚴玄談)』·『삼현(三賢)』·『십지(十地)』 중 일부를 전문으로 연구하고 보조과는 『유식론(唯識論)』·『구사론(俱舍論)』·『상종팔요(相宗八要)』·『법화경』·『열반경』, 불교사 등을 임의로 선택하여 연구하게 하였다.

학비는 매삭(每朔: 매월) 15원이고 입학원서를 먼저 제출한 후 5월 18일까지 불교연구원에 내도(來到)하라고 하였다.

조선에 살고 있는 일본인 나카무라 겐타로(中村健泰郞, 1881~1969)가 발행하는 『조선불교』에서 창간 5주년을 기념하는 축시 한 편을 써 달라고 석전에게 청탁하였다. 이에 석전은 1929년 5월, 「축 5주년 기념이절(祝五周年記念二絶)」[200]이라는 제목의 칠언절구를 지어 주었다.

흥국사는 경기도 고양시 덕양구 한미산 기슭에 있는 절이다. 구한 말 암울했던 시기인 1904년 혜월 스님이 연사(蓮社)의 화주가 되어 '흥국사 만일회(興國寺 萬日會)'를 시작하였다. 1905년 해공 스님이 이어서 20여 년을 계속하였다. 석전은 1929년 봄에 이 공덕을 찬양하여 「한미산흥국사만일회비기(漢美山興國寺萬日會碑記)」[201] 비문을 지었다. 비문의 글씨는 김돈희가 썼으며 각(刻)은 김창용

200 『조선불교』 제60호, 1929. 5. 1, 57쪽.
201 『석전문초』, 152~154쪽.

이 하였다. 당시 흥국사 주지는 해송(海松) 스님이고 시주자는 순종비와 고종의 후궁인 귀인 양씨 등 상궁 8명과 스님, 거사, 여신도 등 55명이었다. 그때 세운 이 비석은 현재 흥국사 입구에 자리하고 있다.

석전은 1929년 음력 7월 보름날 경기도 양주에 있는 소요산(逍遙山)에 갔다. 경치가 아름다워 경기의 소금강이라 불리는 소요산에서 석전은 청량(淸凉) 폭포를 보고 「7월 15일 소요산에서 폭포를 보다(七月十五日逍遙山觀瀑布)」[202]라는 시를 썼다. 석전은 폭포를 보고서는 "여기처럼 기이한 곳 일찍이 못 보았다."라고 하였다. 석전이 간 소요산에는 원효가 창건했다는 자재암(自在庵)이라는 고찰이 있다. 석전은 소요산에 갔을 때 이 암자에서 묵었다. 이는 위의 시에서 "창문에 닿는 물소리 들으며 한가로이 누웠는데, 새어드는 가을 소리 찬 베개에 소곤댄다."라는 시구로 확인된다. 1929년 9월 초순, 이 무렵 석전은 여러 사람과 어울려 담소를 나누고 자주 시를 읊었다.

9월 3일, 송리(松里)·난타·창사 세 사람이 개운사 석전의 산방을 방문하였다. 이때 지은 시가 「9월 3일, 송리·난타·창사 등 여러 사람이 개운산방을 방문하여 함께 읊다[九月三日松里蘭陀蒼史諸開雲山房]」[203]이다. 시제에 나오는 송리는 강원도 횡성 출신의 관료 정봉시(鄭鳳時, 1855~1937)이고, 난타 이기와 창사 유진찬은 산

202 『석전시초』 114쪽.
203 『석전시초』 114쪽.

벽시사의 동인이다.

9월 6일에는 우석(又石)·소호(小湖)·경농(鏡農)·명헌(茗軒) 네 사람과 함께 어울려 시를 읊었다.[204]

이때 석전과 함께 시를 읊은 우석은 일제강점기의 한의사 박승산(朴勝山, 1895~1970)으로 익산 출신이다. 그는 석전의 고향 삼례에서 천광 한의원(天光韓醫院)을 개업하여 인술로 봉사하다가 차남 길서(吉緒)에게 넘겨주고 완주 봉동에서 삼인당한약방(三仁堂韓藥房)을 경영하였다. 경농은 일제 친일 관료 출신인 강릉 선교장 주인 이근우(李根宇, 1877~1938)이고 명헌은 성락순(成樂淳)이다. 소호는 서화가 김응원(金應元, 1855~1921)인데 흥선대원군 이하응의 수종이었다는 기록이 있다. 소호의 작품은 창덕궁에서 소장하고 있는 웅장하고 환상적인 구도의 대작 「석란도(石蘭圖)」 등 많은 작품이 있다. 명헌은 쌍은(雙隱) 이연설(李然卨)이 1935년에 발행한 『수연시첩』에 경농 이근우와 함께 그의 휘호가 있는 것으로 보아 이들 4명은 절친한 사이였을 것으로 추정된다. 이들은 다음날 다시 석전을 방문하여 함께 시를 읊었다.[205]

석전은 이때 지은 시에서 이들이 '국화꽃 피는 가을이나 설중매(雪中梅)가 피는 이른 봄날 다시 찾아 달라'고 하였다. 이로 볼 때 그들은 품격 있고 아취(雅趣) 있는 인물들이어서 석전도 꽤 그들이 마음에 들었던 모양이다.

204 『석전시초』 115쪽.
205 「명일중회(明日重會)」 『석전시초』 115쪽.

개운사 불교전문강원에서는 강주 석전이 주관하여 1929년 10월 22일 제2회 졸업식 및 수료식을 거행하였다. 이날 대교과를 졸업한 학인은 6명이었고, 수료생은 대교과 삼현부 4명, 사교과 능엄부 3명, 사집과 3명, 선문염송과 4명이었다.[206]

1929년 10월 31일, 한힌샘 주시경 선생의 유지를 받들어 석전 스님과 이극로·이승빈 등 사회 각계 유지들 108명이 모여 조선어학회를 조직하여 한글사전을 만드는 사업에 착수하였다.[207]

불교전수학교 동맹 휴업, 중앙불교전문학교 승격

석전이 『선문염송』을 강의하고 있는 불교전수학교에서 1930년 2월 14일 전교생이 '전문학교로의 승격을 요구'하며 동맹 휴학을 감행하였다. 학생들의 요구는 관철되어 그해(1930) 4월 7일 불교전수학교는 '중앙불교전문학교'로 인가되었다. 승격이 되자 학생들은 편입 시험을 거쳐 중앙불교전문학교 학생이 될 수 있었다. 중앙불교전문학교는 4월 25일 제1회 시업식이 거행되었다.[208]

석전이 세수 61세로 환갑을 맞이한 1930년 춘분(春分)날 밤에 노석(老石)·심재(心齋)와 함께 「春分夜會老石心齋共賦」(1930. 2)[209]

206 「개운사불교강원 제2회 졸업식」 『불교』 제65호, 1929. 11. 1, 68쪽.
207 「사회각계망라, 조선어사전편찬회」 『동아일보』 1929. 11. 2.
208 『일광』 제3호, 1931. 3. 12, 126쪽.
209 『석전시초』 117쪽.

라는 시를 읊었다.

노석은 김태흠(金泰欽), 심재는 궁중화가 출신인 백두용(白斗鏞)의 호이다. 심재는 1912년경 지금의 인사동 거리 중간에 한남서림을 차리고 많은 서적을 출판했으나 운영에 어려움을 겪자 1932년 간송 전형필에게 서점을 팔았다.

석전은 1930년 2월 27일, 경제(敬齊) 김화형(金化澗)의 회갑에 칠언율시를 지어 축하였다.[210]

석전이 회갑시를 지어 보낸 김화형(1870~1936)은 익산 출신의 유림이자 실업가로 1919년 9월 전주에 세워진 삼남은행 설립에 참여하였다. 그는 문집도 남겼다.

석전은 1930년 음력 윤유월 9일(양력 8.3)에 성석 이응균·육당 최남선과 함께 관북 칠보산을 여행하고 시를 읊었다.[211] 칠보산은 함경북도 길주(吉州) 명천지구대(明川地溝帶)의 동쪽에 있는 산이다. 명천지구대의 지괴는 주로 화강암으로 되어 있고, 칠보산에는 전장사(全藏寺)·개심사(開心寺) 등의 고찰이 있다.

석전의 강원 대교과 스승인 경운 노장이 세수 79세의 노령에도 불구하고 환갑을 맞이한 제자 석전의 생일에 편지를 보냈다.[212] 또 육당 최남선과 위당 정인보도 축하시를 지어 보냈다.

210 『석전시초』 117~118쪽.
211 『석전시초』 121쪽.
212 한정섭 편저, '철운(鐵雲) 조종현 대종사(趙宗鉉大宗師) 소장', 『근대고승명인서한집』 불교통신교육원, 2000, 44~45쪽.

중국 강남지역 여행

석전은 1930년 가을, 중국 강남 지역 불교 유적지를 돌아보는 여행을 한다. 중앙불교전문학교 3학년생 24명이 졸업수학여행으로 중국에 갈 때 동반한 것이다.

중전(中專) 졸업수학여행단은 1930년 9월 23일 밤 10시 경성을 떠나 다음날 새벽 부산항에서 헤이안 마루[平安丸: 조선우선주식회사 여객선, 인천-청도-상해-운항, 선장 유항렬(劉恒烈, 1900~1971)] 기선을 타고 상해로 향하였다.[213]

석전은 상해로 가는 배에서 항해하는 소감을 무려 10수의 칠언절구로 노래했다. 그는 「항해잡감(航海雜感)」[214] 제1수에서 외국으로 멀리 항해하는 느낌을 읊으면서 그 첫 구절을 "남으로 가는 길 바다에 문은 없고[南征有指海無門]"라고 시작하였다. "바다에 문이 없다."는 대목은 그 표현이 탁월하다. 그렇다. 바다에 무슨 문이 있겠는가?

석전은 「항해잡감」 제3수에서 나라를 빼앗긴 것에 대한 심중을

---

213 편집실, 「3년」, 『일광』 제3호, 1931. 3. 10, 88쪽.
214 『석전시초』, 126~128쪽.

드러냈다.

조화옹이 주신 땅 누가 해롭혔는가?
由來神物誰堪害

러시아·중국·일본·영국 등 열강은 조선을 서로 차지하려고 요괴처럼 다투었다. 유래 깊은 이 조선 땅을 어떤 자들이 해를 입힌 것인가? 결국 나라는 망하고 이 땅은 왜놈들의 식민지가 되어 버렸지 않은가. 이 대목에는 조국에 대한 석전의 나라 사랑이 달빛처럼 은은하게 배어 있다.

평안환은 출항한 지 사흘째 낮이 되어서야 상해 부두에 정박했다. 뉴욕의 마천루와 같은 고층 건물이 즐비한 상해항은 각국의 기선과 군함이 가득한 대무역항이자 세계 경제전쟁의 본무대이며 인종 전람회장 같았다.

10월 28일, 중전 졸업여행단은 절강성 항저우(杭州) 구서면(區西面)에 있는 서호(西湖)를 둘러보고 중국 선종 10대 고찰 중의 하나인 영은사(靈隱寺)와 고려사(高麗寺)를 참배하였다.

영은사는 『종경록(宗鏡錄)』 100권과 『만선동귀집(萬善同歸集)』 6권을 저술한 영명연수(永明延壽, 904~975) 선사가 주석했던 절이다. 석전은 중전 학생들과 영은사를 참배한 후 「영은사를 찾아서[訪靈隱寺]」[215]라는 제목의 시를 읊었다. 고려사는 우리나라 천태종

----

215 『석전시초』 128~129쪽.

을 개창한 대각국사 의천(義天, 1055~1101)과 밀접한 관련이 있다.

의천은 중국에 구법 여행을 갔을 때 혜인원(慧因院)에서 정원(淨源) 스님을 만났다. 의천은 정원과 『화엄』·『능엄』·『원각』·『기신론』 등에 관해 많은 토론을 했다.

의천은 귀국 후 혜인원의 정원 스님에게 금 2천 냥을 보내 경각(經閣) 건립과 사원 수리에 쓰게 했다. 이런 연유로 혜인원을 '고려사'라고 고쳐 부르게 되었다. 석전은 의천과 정원 스님의 깊은 법연(法緣)이 얽힌 고려사를 참배하고는 역시 칠언율시를 지었다.[216]

10월 29일, 중국의 대혜종고(大慧宗杲, 1089~1163) 선사가 『화엄경』을 열람한 소주(蘇州)의 호구사(虎丘寺)와 시인 한산(寒山)이 머물렀던 한산사를 순례하였다. 한산사의 원래 이름은 묘보명탑원(妙普明塔院)으로 남조 양(梁)나라 천감 연간(501~529)에 건축된 절이다. 후대에 시인 한산자(寒山子)가 오래 머물렀다 하여 한산사로 절 이름이 바뀌었다. 이어 석전은 서원방생지(西園放生池)에 있는 계당율사(戒幢律師)·사자림·창랑승적(滄浪勝蹟)도 답사하였다.

10월 30일, 진강역(鎭江驛) 부근에 있는 금산사(金山寺)를 바라보며 「진강역에서 금산사를 바라보다[鎭江驛望金山寺有吟]」[217]라는 제목의 오언고시(五言古詩) 한 편을 읊었다.

금산사는 중국 민간설화인 청사(靑蛇)·백사(白蛇) 두 자매 뱀의 비극적인 운명을 그린 『백사전(白蛇傳)』이 태동한 절이다.

----

216 『석전시초』 129쪽.
217 『석전시초』 131쪽.

10월 31일, 금릉(金陵)의 계명사(鷄鳴寺)를 참배하고, 진회하(秦淮河) 근처의 다루(茶樓)에 올라 차를 마시며 느낀 그날의 감회를 「진회하다루에서[秦淮河茶樓]」[218]라는 제목의 시로 남겼다.

석전은 금릉[金陵: 난징(南京)의 옛 지명]의 각경처(刻經處)를 중전 학생들과 함께 답사했다. 경판을 보관하고 있는 곳에 들어가니 그곳에는 인산(仁山) 양문회(楊文會, 1837~1911) 거사가 40년간 심혈을 기울여 만든 경판이 가득 쌓여 있었다. 양거사가 만들어 유통한 경전은 백만여 권이 넘었고, 또한 그곳에는 장경각과 별도로 인쇄소와 제본소도 같이 있었다. 그곳에는 정원과 연못은 물론 사당도 있었다. 중전 학생들이 사당 안을 살펴보니 양 거사를 모신 대형 사리탑을 향해 존경을 표시하여 '경건계수(敬虔稽首: 공손하게 머리 숙여 절함)'하고 있는 석전 노스님을 한동안 바라보았다.[219] 석전이 양문회 거사의 불교에 대한 위업에 고개 숙여 절하며 존경을 표한 것이다.

금릉 각경처는 청나라 동치 5년(1866)에 양인산 등이 창립하여 불학 연구와 포교, 경전 각판과 유통 등을 활발하게 벌여 근대 중국 불교문화의 주요 중흥지로 자리 잡았다. 석전과 중전 학생들이 그곳에 갔을 때 양 거사의 제자가 이어받아 각경처를 운영하고 있었다.

---

218 『석전시초』 132쪽.
219 북림생(北林生), 「중국여행단장(斷章)」, 『일광』 제13호, 1931. 3. 10, 53쪽.

상해의 가릉정사

11월 1일, 석전은 신대장경을 간행한 상해의 가릉정사(현재는 상해공업전람관)[220]에서 「상해의 가릉정사[上海之伽陵精舍]」라는 시를 읊었다. 가릉(伽陵)은 극락세계에 산다는 상상의 새 가릉빈가(빈가조, 묘음조)에서 따온 용어이다.

상해판 신대장경은 상해 프랑스 조계지(租界地)의 빈가정사(頻伽精舍)에서 1913년에 일본 홍교원본(弘敎院本)을 모각하여 새로 찍은 것이다. 빈가정사에서 만든 대장경을 빈가장이라 하는데 이 경전은 일본 명치시대에 『고려장경』을 저본으로 하여 송·원·명 3본을 추가하여 『축쇄장』을 만들었던 것을 다시 인쇄한 것이다. 정사의 주인인 합동(哈同: Silas Aarron Hardon, 1851~1931) 거사는 가릉라시(伽陵羅詩: Liza.R, 1864~1941, 중국계 프랑스 혼혈인)의 남편으로 유태계 영국인이며 상해의 최고 거부였다. 그는 문예에 널리 통달하였고 불교서적을 매우 좋아하였다.

그는 상해 프랑스 조계지 정안사로(靜安寺路)에 있었던 초호화 개인 화원(花園)인 '합동화원' 내에 그의 호를 딴 가릉정사(빈가정사)를 창건했다. 석전은 합동화원 안에 있는 가릉정사를 보고 위와 같은 제목의 시를 지었던 것이다. 그는 "소리 좋은 부처님의 새[가릉정사]가 자신을 이끌어 중국 땅에 왔다."라고 하면서 가릉정사

---

220 『석전시초』, 133쪽.

의 훌륭함은 부처님 생존 시에 기타 태자와 급고독 장자가 절을 지어 기증한 기수급고독원을 능가할 만하다고 칭송하였다.

석전은 1916년 가릉정사에서 간행한『신대장경』416책(1,916부, 8416권)을 영구산 구암사에 봉안하였다. 지금 그는 빈가장판『신대장경』을 구암사에 모신 지 14년 만에 그 경전을 출간한 가릉정사를 방문하니 그 감회가 남달랐다.

11월 4일, 석전은 황포에서 열흘 남짓한 중국 강남지방 여행에 대한 소감을 「황포의 돌아오는 배에서[黃浦回舟]」[221]라는 제목의 시에서 "열흘 남짓한 좋은 꿈같은 강남 여행"이라 하였다.

석전과 중전 학생 일행은 11월 6일, 귀국하는 길에 청도에서 하룻밤 묵었다. 청도에서 유숙하면서 석전은 「청도에 머무르며[泊靑島]」[222]라는 시에서 "스산한 청도항의 가을 정취는 흡사 신라만 같고 산천은 눈에 익은 듯하다." 하고 그 소회를 토로하였다.

석전과 중전 졸업여행단은 11월 6일 귀국하여 11월 9일 새벽 요양(遼陽)을 거쳐 인천항으로 귀국하여 11월 9일 경성에 도착했다. 전체 일정이 18일에 걸친 중국 여행이었다.

---

221 『석전시초』 133쪽.
222 『석전시초』 133쪽.

시자가 말하는 석전과 대원 강원

불교전문강원이 있는 경기도 고양군 숭인면에 소재한 개운사(지금은 서울시 성북구 안암동)를 『불교』 제28호(1928. 10)에서는 "외문(外聞: 소문)의 성예(聲譽: 명성과 명예)가 높다."라고 하였다. 그런데 1920년대에 개운사로 출가한 운성(雲惺) 스님의 회고에 의하면 실상은 그렇지 못하였던 것으로 보인다.

개운사는 두부를 만들던 작은 조포 사찰

개운사는 1396년(태조 6)에 무학 대사가 창건할 당시 이름은 영도사(永導寺)였다. 1779년(정조 3) 정조의 후궁 홍빈(洪嬪)의 능인 명인원(明仁園)을 이 절 근처에 쓰고, 동쪽으로 800미터쯤 되는 곳에 영도사를 이전하여 개운사(開運寺)라고 절 이름을 바꾸었다. 개운사는 명인원에 제사를 지낼 때 두부를 만들어 주는 조그마한 조포(造泡: 두부를 만듦) 사찰이었다.

운성이 처음 개운사에 갔을 무렵인 1920년대 중반, 개운사는 사찰 재산이 별로 없었다. 그래서 개운사 근처에 사는 스님들이 큰법당만 공동으로 사용하면서 조석 예불 시간 외에는 초막이라 부르는 개인 집에서 절과 그 인근에 놀러오는 손님을 상대로 밥 장사를 하는 것이 주된 일이고 주요 수입원이었다. 개운사 주변에는 이렇게 밥장사를 하는 여러 초막이 오밀조밀 모여서 한 단지를 이루었고, 그곳에 서울 성안의 사람들이 놀러 나와서 초막에서 음식을 사먹으며 놀다 가곤 하였다.

운성 스님은 출가하기 전 시골에 사는 이수동이라는 소년이었다. 이수동은 고학해서 공부하겠다고 상경했지만 갈 곳이 없어 개운사 옆의 밥장사 하는 초막에서 허드렛일을 하며 살고 있었다.

이수동 청년은 초막에 얹혀 살면서도 틈틈이 책을 읽었고 또한 한문 실력도 어느 정도 갖추고 있다는 소문이 돌았다. 이 소문이 개운사에 퍼졌고, 개운사 불교전문강원의 학인이었던 청담 스님(당시 이순호 스님)이 이 사실을 알게 되었다. 1930년 청담 스님은 23세의 이수동 청년을 데려다 개운사 조실이자 교정이고 강주이신 석전 스님에게 소개시키고 석전 스님을 은사로 하여 머리를 깎이고 출가시켰다. 이때 받은 법명이 승희(昇熙)이고, 훗날 법호를 운성이라 하였다.

운성, 석전을 은사로 출가, 시자와 학인

운성승희(1908~1995)는 강화도 출생으로 11세까지 강화도에서 서당에 다닌 뒤 신교육기관인 4년제 합일학교에 입학하여 14세에 졸업하였다.

부친의 권유로 인근의 보문사에서 친구들과 2년간 공부한 후 향학열에 불타 더 공부하고자 무작정 상경하였다. 서울에 올라온 이수동은 고학생 자활단체인 칼톱(갈톱)에서 생활하다가 일제가 불온단체라며 강제 해산시키는 바람에 오갈 데가 없는 신세가 되었다. 이를 안타깝게 여긴 칼톱 이준열 회장이 소개하여 개운사 초막에 기거하면서 밥장사를 돕는 일을 하였던 것이다.

청담의 권유로 석전의 상좌가 된 운성은 강원에서 내전을 배우면서 석전의 시자를 하였다. 운성은 시자로서 석전 바로 곁에서 방청소, 빨래, 간식과 공양을 챙기는 일 등 온갖 일과 손님 접대도 도맡아 하였다. 이처럼 대원강원에서 공부하면서 석전의 시자로 다년간 일했으므로 운성이 석전과 대원강원에 관해 말하는 사실은 신빙성이 매우 높다고 판단된다.

운성은 훗날 법주사 강원의 강주로 있었는데 이 무렵인 1981년 7월부터 1982년 4월까지 총 10회에 걸쳐 『불광(佛光)』지에 「우리 스님, 석전 박한영 스님」[223]이라는 제목의 회상기를 연재하였다.

....
223 운성, 「우리 스님, 석전 박한영 스님」, 『불광(佛光)』 통권 81호(1981. 7)~통권 90호(1982. 4)

그의 이 회상기에는 1926년 10월 개운사 불교전문강원이 개강한 이래 1930년대의 강원과 석전의 모습에 대하여 생생하게 회고하고 있다. 따라서 여기서는 운성의 회상기를 바탕으로 석전이 강주로 가르치고 있던 개운사 불교전문강원(대원강원)의 실상과 면모에 대하여 살펴보고자 한다.

강원의 일과와 교수법

1930년대 강원의 학인들은 개운사 산내 암자인 대원암과 칠성암으로 나뉘어 거처하였는데, 학인 수는 80~100명으로 방 하나에 10명가량이 무릎을 맞대고 생활하였다. 일과는 이러했다.

새벽 도량석에 이어 범종이 울린 후 쇳송(새벽 종성) 새벽 예불을 올린다. 예불 후 모두 입선(入禪)에 들어갔다. 아침 공양을 마치면 잠시 쉬었다가 청소를 하고 대방에 모여 논강을 했다. 대원 강원의 공부 방법은 전통적인 방식이 그대로 지켜졌다.

먼저 강통을 빼어 발기와 중강을 정한다. 발기가 글을 새기고 질문을 하면 중강이 나서서 질문에 답하고 토론의 중심이 된다. 토론을 논강이라 하는데 논강에서 문제점이 해결되면 그걸로 끝나지만, 토론 과정에서 결론이 도출되지 않으면 석전 스님께 문강해서 결론을 얻는다. 강주인 석전 스님이 논강의 주제에 대한 결론을 내리지만 독단론은 없었다. 대개는 과거 고승석덕의 학설과

의견을 소개하는 데 중점을 두었지만 그 과정에서 자연스럽게 석전 스님의 견해가 포함되어 있었다고 한다.

좀 더 구체적인 전통강원의 논강 방식은 이렇다. 다음날 공부할 주제가 정해지면 하루 전에 각자가 공부해야 한다. 다음날이면 산통(算桶)을 흔들어 뽑힌 사람이 공부한 내용을 발표하는 것이 강원의 전통 교습인 논강법이다.

산통으로 뽑힌 사람이 중강(中講)을 맡아 경의 내용을 상세히 새겨야 하고 나중에 뽑힌 사람은 발기(發起)를 맡아 글의 앞뒤를 두루 꿰어야 했다. 그렇게 논강을 하다가 어려운 대목을 만나면 강주스님에게 문강(問講)을 했다. 논강에서 공부한 정도가 쉽게 들통이 나는 것이고, 누가 뽑힐지 알 길이 없으니 공부를 안 할 도리가 없다. 논강에서 자꾸 지적을 받아 게으름뱅이로 몰리면 쫓겨나는 신세를 면할 수 없는 것이 무서움이기도 했다. 또 하나 더 무서운 것은 월종강(月終講)이다. 다달이 공부한 것을 점검하는 것이다. 점검이란 다름 아닌 경전을 줄줄 외우고 오차 없이 뜻을 새기는 것이다. 거기서도 말문이 막혀 지적을 받으면 혼찌검이 났고, 거듭 막히면 쫓겨나기도 했다.

학인들의 독서회와 일본 경찰의 탄압

대원 강원 학인들은 독서회를 만들어 각 방면의 책을 왕성하게 섭렵했다. 지금으로 말하면 독서 동아리 활동이다. 이 독서회에는 보성전문학교 학생들도 강원 학인들과 어울려 활동했다. 이들은 구하기 어려운 책들을 구해다 서로 돌려보는 것을 낙으로 삼았다. 독서 분야는 광범위했는데, 특히 사회과학 쪽 책이 많았다. 당시 이들은 칼 마르크스(1818~1883)의『자본론』, 포이에르바하(1804~1872)의 유물론적 변증법 이론서와 임마누엘 칸트(1724~1804)의『순수이성비판』, 장 자크 루소(1712~1778)의『에밀』과『민약론(民約論)』, 몽테스키외(1689~1755)의『법의 정신』등을 읽었다고 한다.

어느 날 일제 경찰이 이 독서회를 불온단체로 규정하고 회원들을 불순 청년들이라 하여 동대문 경찰서로 잡아가서 취조하고 마구 두들겨 팼다. 일본 경찰의 탄압으로 독서는 해체되고 말았다. 독서회가 없어지자 울분에 못 이긴 젊은이들은 술을 마시고 싸우는 것으로 독서회 와해의 화풀이를 하기도 했다. 운성은 이때의 사정을 이렇게 전했다.

지나가는 일본 사람을 혼내 준다든가 일본 경찰과 싸우기도 하였다. 한번은 단성사 극장에서 영화를 보고 나오다가 일본 경찰을 실컷 두들겨 주고 종묘 담을 뛰어넘어 동소문으로 빠져나와 도망쳐 온 패들도 있었다. 말하자면 그때의 젊은이들은 외세의 압제에 젊은 넋을 가눌 길 몰라 울고 있었던 것이다. 그 무렵 "석탄 백탄 타는데 연기만 폴폴 나고요……"라는「사발가」가 한창 유행하기 시작했는데 그 노래는 당시 젊은이들의 속 타는 가슴의 일면

을 말해주는 것이었다.[224]

대원 강원에는 학인스님들 외에도 석전 스님의 심후한 학덕을 존경하고 따르는 재가 거사와 준수한 청년들이 모여 들었는데, 운성의 기억에 남는 이름으로는 김형태·김동리·이봉구·신석정·서정주·이종익 등이었다. 그 외에도 여러 사람이 있었지만 오래전 일이라 기억할 수 없다고 하였다.

강원에서는 학인들이 자기 식비를 부담하는 것이 관례였다. 대원 강원에서는 한 달에 일인당 현물로 백미 3말과 찬값 1원씩을 냈다. 또 학인들은 학우회비라 하여 1인당 50전을 갹출하였다.

당시 학인들은 대개 각자 소속 본사에서 공비 장학금으로 학자금을 지급받았다. 운성 스님처럼 소속 본사가 없이 공부하는 학인도 10여 명 있었다.

그때 일반 속가에 하숙하는 경우 독방이 8원이었고, 불교전문학교에 다닌다 해도 한 달 생활비는 10원이면 넉넉했다. 당시 스님들은 삼보정재 관리에 엄격했지만, 도제 양성을 위한 교육비 부담에는 인색하지 않았다.

---

224 운성, 「50년 전의 대원 강원」, 『불광(佛光)』 통권 83호, 1981. 9, 60~61쪽.

강원의 풍습

대원 강원의 승풍은 청정했고 청규 역시 엄정하였다. 당시 학인들의 연령은 대개 십대 후반에서 20대의 청년 승려들이 대부분이었지만 간혹 나이가 지긋한 분들도 있었다고 한다. 50살이 지난 스님도 약간 다녔는데 모두가 비좁은 방에서 머리를 맞대고 침식을 같이 하였다. 겨울이면 따뜻한 아랫목은 연로하신 학인스님에게 양보했고, 젊은 스님들은 당연히 찬 윗목에서 지내는 것을 미덕으로 삼았다.

어디나 그렇듯이 한 구석에는 이른바 육군비구(六群比丘: 부처님 당시 떼 지어 몰려다니며 나쁜 일을 하던 6인의 악한 비구)가 있게 마련이다. 뒷방에서 흡연을 하거나 밖에 나가 몰래 술을 마시는 등 무례한 행동으로 대중의 눈살을 찌푸리게 하는 학인들도 없지 않았다. 그 무렵 불교계 일각에 몹쓸 풍조가 있었는데, 학인 사회에도 일부 흘러 들어갔던 것이다.

이른바 '음주식육이 곧 무방반야'라는 궤변을 말한다. 물론 조실 석전 스님이나 상급반 학인들은 그런 걸 용납하지 않았다. 그렇지만 한 구석에서는 승풍을 흐리는 못된 풍조가 안개처럼 피어올랐던 것도 사실이었다.

직함 4가지, 석전의 위의 있는 일상생활

운성이 석전 스님의 시자 노릇을 하며 강원에서 공부하고 있을 당시 석전 스님의 공식 직함은 무려 4개나 되었다. 조선불교 교정, 개운사 조실, 대원 강원 강주, 중앙불교전문학교 교장이 그것이다. 시자 운성이 말하는 석전의 일과는 이러하다.

새벽 3시면 어김없이 일어나 새벽 참선을 하였고, 역시 잠자리에 드시기 전에도 밤 9시부터 1시간은 하루도 거르는 일 없이 입정에 드셨다.

아침 공양 후에는 강원의 학인들을 지도하고 문강(問講)이 끝나는 시각은 대개 오전 11시였다. 그 시각에 석전 스님은 중앙불교전문학교로 출근하였다. 개운사에서 나와 큰 길을 따라 우회전하고, 혜화동 로터리에서 현재 서울과학고 자리에 중앙불교전문학교가 있었다. 그는 매일 왕복 8㎞나 되는 거리를 걸어서 다녔다. 강의와 교무를 끝내고 대원암으로 돌아오는 시각은 오후 5시~6시경으로 매일 변함이 없었다. 학교 강의가 없는 날이면 석전 스님은 방에서 밤낮으로 책만 읽었다. 운성이 회고하기를 석전 스님께서 손에서 책을 놓는 것을 본 기억이 거의 없다는 것이다.

운성이 석전 스님을 모시기 시작한 해는 1930년으로 스님의 세수 61세로 환갑을 맞이한 해였다. 운성이 기억하는 석전 스님의 일과는 강의와 독서, 집필이 전부였다. 주무실 때는 평상시 입던 옷 그대로 누우셨고, 한겨울에도 솜이불 하나 없이 지냈다. 평생을 요 하나, 담요 한 장으로 침구를 삼았다.

스님은 될 수 있으면 몸소 자기 일을 하셨고, 특히 독서 환경을 어지럽히는 것을 못마땅해 하시는 듯 보였다. 예를 들면 종일 방에서 책 보시고 글만 쓰셨기에 방을 정리 정돈해 드릴 시간이 잘 없었다. 그래서 스님이 세수하러 나오시는 틈을 기다렸다가 번개같이 방을 청소해야만 했다.

시자 운성이 지켜본 말년의 은사 석전 스님은 말없이 적묵하시고, 삼매에 빠져 있는 듯 항상 고요하고 편해 보였다. 아침저녁으로 강의를 위해 20리 길을 왕복하시었고 인간인지라 감정의 물결이 일 수도 있었는데도 불구하고 항상 마음이 안정되어 있었다. 보고 듣는 데도 무심하여 한결같이 흐트러짐 없이 출가인의 길을 외길로만 사셨다.

배와 곶감, 숙지황이 유일한 간식

석전 스님이 좋아하는 간식은 배와 곶감, 그리고 숙지황이었다. 어쩌다 선물이 들어오면 대개 강원으로 보냈지만, 배와 곶감, 숙지황만은 꼭 챙겨 당신이 드셨다. 숙지황은 대추를 넣고 달여서 차로 드셨고, 곶감은 책을 보시는 동안 줄곧 잡수시었다. 또한 표고버섯도 즐겨 드셨지만 맛에는 무관심하였다. 국에 들어간 식재료가 표고 찌개인지 느타리 찌개인지도 모르고 그냥 드시기만 할 뿐이었다. 당신의 방에는 물건을 진열하고 치장하는 법이 없었고, 아예 방문을 잠그지 않고 열어두고 사셨다. 혹 물건이 없어져도 관심을 두지 않는 게 스님의 사시는 방식이었다.

월급 120원 중 100원은 강원 운영에 기부

중앙불교전문학교에서 석전 스님이 받는 월급은 한 달에 120원이었다. 월급을 타면 100원은 강원에 내놓아 학비가 모자란 학인들을 돕게 하였고, 20원만 당신의 용돈으로 챙기셨다. 그것마저도 주머니에 넣는 법 없이 당신의 책상머리에 던져 놓고 필요할 때 조금씩 쓰셨다. 혹 장난꾸러기 학인스님이 그 돈을 가져다 써 버려도 이렇다 저렇다 별 말씀이 없었다. 돈에도 무심하였고, 쓸데없는 생각은 아주 버린 듯싶어 보였다.

이런 무심 도인의 기질을 보였던 것은 한둘이 아니다. 겨울에는 별 반찬이 없었으므로 주로 대원 강원에서는 김치를 많이 먹었다. 100여 명이 먹어야 하므로 김장을 많이 담갔는데도 항상 부족하였다. 김장이 끝나면 석전은 학인 몰래 야밤에 김장독을 열고 소금을 한 바가지씩 집어넣었다. 김치를 짜게 해 절약하기 위해서였다.

학인들이 일부러 조실스님을 골탕 먹이려고 짠 김치로 국을 짜게 끓여도 "그래, 국은 좀 짭짤해야 맛있는 법이지."라고 하셨고,

반대로 물을 많이 넣고 국을 싱겁게 끓여도 "그래, 국은 원래 심심해야 맛있는 법이지."라고 하셨다.

둥그런 계법

대원 강원은 학인들이 100여 명이나 되었으므로 말썽과 잡음이 없을 수 없었다. 그러나 사안이 생기면 일일이 그것을 탓해서 문제 삼는 일은 없었다. 어떤 학인이 담배를 피웠다든가 술을 마셨다든다 욕을 했다는 말이 귀에 들어와도 직접 목격하지 않는 한 문제 삼지 않았다. 한번은 이런 일도 있었다.

개운사 아래 어떤 초막에 자주 출입하는 세탁소가 하나 있었다. 그런데 그 집 젊은 여자와 학인 사이가 수상쩍다는 소문이 돌았다. 개운사의 어느 노장이 이 일을 석전 스님에게 알리고 단속해 줄 것을 청하였다. 그 말을 듣자마자 석전 스님은 언성을 높여 "그런 것을 스님이 직접 보았소?" 하고는 오히려 노장을 되게 나무랐다. 이 일이 있은 후 소문은 잠잠해졌고 당사자인 학인도 자숙하였다.

여름방학이 되면 석전 스님은 방방곡곡 여행을 즐겼다. 여행 중 들르는 절에서도 대접하려고 공양을 특별히 장만하지 못하게 하였다. 자신의 방문으로 폐를 끼치지 않으려 배려하는 마음에서였다. 스님은 음식 중에서 냉면을 즐겨 드셨다. 맛이 있건 없건 주인이 해내는 대로 받으시고 다만 국수만 건져 드시고 육류는 한 점도 드시는 법이 없었다. 또 냉면 다음으로 녹두죽을 아주 좋아하셨는데, 길을 가다가 노점이라도 녹두죽을 파는 곳을 만나면 찐한 사투리로 "어이, 춘원! 육당! 녹두죽 먹게." 하고는 기어이 같이 녹두죽을 먹게 하였다.

석전 스님이 여행을 가면 따라 붙는 일행이 상당히 많았다. 동행하고자 하는 사람이 오면 누구나 사양하지 않고 함께 가는 것을 좋아하였다. 그래서 어떤 여행길은 일행이 20명을 넘을 때도 있었다. 석전 스님과 함께 자주 여행을 한 거사로는 정인보·최남선·홍명희·안재홍, 그밖에도 예술인 몇몇이 더 있다고 운성은 회고했다. 금강산 여행은 운성도 두 번이나 석전 스님을 모시고 다녀왔다. 여행지는 대체로 명산대찰이었다.

도착하는 여행지마다 석전 스님의 제자들이 없는 곳이 없었다. 그동안 길러낸 제자들이 곳곳에 깔려 있었던 것이다. 석전 스님 일행이 도착하면 우선 성대한 차담[茶果]이 나오고 환영인사가 이어진다. 떠날 때는 으레 여비를 주었는데, 부자 절에서는 100원이고 보통 절에서는 50원, 못 사는 절에서도 30원을 내놓았다. 석전 스님은 여비로 받은 돈을 사적으로 쓰지 않고 강원에 내놓아 유지비에 충당하였다.

평등한 대인 접대

일상 찾아오는 육당과 위당은 이미 손님이 아니라 자연스러운 그대로가 되었고, 그러나 석전 스님을 처음 방문하는 사람은 사정이 사뭇 달랐다. 석전 스님은 대체로 말수가 적은 편이었다. 그래서 손님이 말하는 것을 기다렸다가 간략하게 대답만 할 뿐이었다. 이것은 무성의한 것이 아니라 필요 없는 말은 전혀 하지 않았을 뿐이었다. 대개 처음 방문한 손님과의 대화는 15분이면 끝이 난다. 손님이 말이 없으면 자연스레 놓았던 책을 다시 손에 들었다. 이렇게 되면 손님도 일어설 수밖에 없었다.

한번은 운현궁의 마님이 석전 스님을 방문했다. 운현궁은 흥선 대원군 이하응의 사가이다. 운성이 말하는 운현궁 마님은 고종의 다섯째 아들 의왕 이강(李堈, 1877~1955)의 정실부인인 김수덕(金修德, 1878~1964)을 말한다. 김수덕과 이강 사이에는 소생이 없었으나 이강은 13명의 후궁을 두어 무려 12남 9녀의 자녀를 두었다. 김수덕은 불교에 관심이 많아 유명한 석전 스님의 친견을 벼르다가 드디어 이날 찾아오게 된 것이다.

당시 보기 드문 황실 세단을 타고 대원암에 왔는데 세단 정면에는 이왕가의 상징인 배꽃 문양을 달았고, 순사부장 한 사람을 대동하였다. 시자 운성이 운현궁 마님이 오셨다고 했는데도 석전 스님은 방안에서 꼼짝도 않고 책에서 눈을 떼지 않았다. 운성이 운현궁 마님 보기에 민망하기도 하고 딱해서 안절부절못하다가 다시 석전 스님께 거듭 마님이 오셨다고 했다. 그제야 석전 스님은 자리를 고쳐 앉고 운현궁 마님을 향해 앉은 채로 "무슨 일로 오셨습니까?" 하고 인사를 건넸다. 마님은 오래 별러서 큰스님 한 번 친견하겠다고 찾아왔지만, 석전 스님이 워낙 적연부동이라 말문을 열지 못하고 있었다. 침묵만이 방안에 가득했다. 이렇게 한참 앉아 있던 마님은 아무 말 없이 일어나 가버렸다.

이렇듯 석전 스님은 신분의 고하를 막론하고 귀한 분이라고 특별한 예우를 갖추거나 대하는 태도를 달리하지 않았다. 당신을 찾아오는 사람이면 남녀노소 빈부귀천에 조금도 차별 없이 대했다.

대원암으로 석전 스님을 찾아오는 사람은 수도 없이 많았다. 운성의 기억에 남는 인물 중에는 일본인 두 명도 있었다. 불교학자 고교형(高橋亨)과 총독부 고등탐정(고등계 형사) 나카무라[中村]였다.

운성이 돌이켜 회상하기를, 육당이나 위당은 석전 스님을 찾아오면 대원암 입구에서부터 큰 소리로 "석전 선생님! 석전 선생님!" 하면서 들어왔고, 석전 스님도 그들을 반갑게 맞이했다. 그런데 이상한 것은 찾아온 손님과의 대화는 누구라 할 것 없이 극히 짧았다. 석전 스님은 묻지 않으면 아무 말이 없었고 세속적인 잡담은 아예 없었다. 방문객이 말이 없으면 석전 스님은 다시 책에 눈을 돌렸다. 최남선·이광수·정인보는 석전 스님보다는 말이 많은 편이었다. 그 말들도 다름 아닌 불경이나 학문적인 내용이 주를 이루었다. 그것도 잠시뿐이었다. 대개 서너 사람이 모여 있어도 잠잠하게 한두 시간이 금방 흘러갔다. 각자 손에 책을 들고 제멋대로 동서남북으로 아무렇게나 앉아서 오로지 독서에 빠져드는 것이었다. 운성은 이런 책 읽는 광경을 여러 번 목격했고 지금도 눈에 선하다고 했다.

이당 김은호 화백도 자주 석전 스님을 찾았다. 이당은 대원암 큰방에 후불탱화를 그려 모셨는데 이당이 그린 불화로는 대원암 후불탱이 아주 귀하고 드문 작품이라 한다. 석전의 초상화도 이당이 그렸는데, 현재 고창 선운사 성보 박물관에 보관 전시되어 있다. 석전이 매우 아끼던 글씨가 하나 있었는데 그건 바로 바로 추사 김정희의 글씨인 '구련(龜蓮)'이라는 작품이다. 이 족자는 대원암 석전의 방에 소중하게 걸어두고 있었다. 어느 날 이 추사 작품을 갖고 싶다는 사람이 나타났다. 그 사람은 석전에게 김홍도가 그린 「달마도강상(達磨渡江像)」과 추사의 '구련' 족자를 교환하자고 했으나 석전이 바꾸는 걸 거절했다.

청법게와 석전 스님

선지식에게 법문을 청할 때에는 법사가 법상에 오르면 집전스님이 목탁에 맞추어 법을 청하는 청법게(請法偈)를 외운다. 그런데 석전은 다른 법사와 달리 청법게가 끝나기 전에는 결코 법좌에 오르거나 대중 앞에 서는 걸 마다하였다. 그 이유는 법문은 부처님께서 설하는 것이므로 당신은 대중과 함께 부처님 법을 배우는 처지라는 것이다. 그래서 자신도 부처님을 향해 법을 청하는 것이니 청법게가 끝나지도 않았는데 어찌 대중 앞에 나설 수 있겠느냐는 논리이다. 부처님이 현재 계시지 않으므로 당신이 대신하는 것으로 생각하고 있었던 것이다. 비록 법문은 당신이 하지만 자신이 하는 법문을 통해 자신도 배우는 처지라는 생각을 하였다.

또 통상적으로 법사들이 법문을 할 때는 사전에 메모를 하거나 초안을 준비하는 것이 상례였다. 그런데 석전은 메모지나 법문 초안을 가지고 법상에 오른 적이 한 번도 없었다. 언제나 그 자리에서 대중에게 당시의 사정과 문제점을 들어 부처님 가르침을 설법하기를 좋아하였다. 석전이 말하길 사전에 준비한 법문은 생명력이 없는 죽은 법문이라고 하였다. 하지만 누구나 이렇게 법문할 수 있는 것은 아니다. 깊은 식견과 넓게 학문을 원융무애하게 자유자재로 구사할 수 있는 석전 스님 같은 분이라야 사전 준비 없이도 언제 어디서나 대중의 근기에 따라 불교 진리를 설하는 수기설법(隨機說法)이 가능하다.

장서와 서화

석전 스님은 대단한 독서가였으므로 평생 약 4만여 권의 책을 모은 장서가였다. 책을 아끼고 책을 사는 데에는 남다른 성의를 보였다.

석전의 장서 가운데 2만여 권은 순창 구암사에 소장하였다. 그리고 은퇴하여 내장사로 내려가기 직전에는 장서 중 4천여 권을 혜화전문학교(동국대학교 전신)에, 강남 봉은사에 6천여 권을 기증하였다. 그런데 봉은사 주지 홍태욱 스님은 석전의 책을 받아서 자신의 사택에 쌓아 두었다가, 1945년 봉은사 주지직을 둘러싼 사건으로 피살되면서 기증 받은 책의 행방이 묘연해지고 말았다. 나머지 책들은 석전의 법맥과 강맥을 이어 받은 제자들에게 나누어 주었다.

혜화전문학교에 기증한 장서는 6·25 전쟁으로 많이 없어지고 동국대도서관에 일부만 남아 있고, 구암사 장서는 보물급 서화류와 함께 6·25 전쟁 때 절이 소실되면서 몽땅 불에 타 없어져버렸다. 원래 석전의 장서에는 '지지산방(止止山房)'이라는 묵서가 표시되어 있었다.

6·25 전쟁 전 구암사 영각(影閣)에는 백파와 석전의 영(影)이 있었고, 석전이 아꼈던 추사의 족자 20폭, 추사 병풍 여러 폭, 옹방강(翁方綱, 1733~1818)의 달마도, 춘곡 고희동과 이당 김은호의 그림이 있었지만 6·25 때 모두 불타버렸다.

운성 스님은 회상기의 끝에 1930년대의 서울 동대문, 제기동, 청량리에서 개운사에 이르는 당시 모습을 다음과 같이 묘사하였다.

동대문 밖 창신동 바로 밑에는 미나리꽝이 연이어 있었고, 그 다음부터는 제기동, 청량리에 이르는 사이가 논으로 이어져 있었다. 드문드문 수북한 갈대더미가 층층한 늪과 함께 태고의 고요에 잠겨 있었다. 그 일대는 완전한 뻘밭이었다. 제기동에는 농사시험장이 있었다. 둘레에 양계장, 양돈장도 있었으며 나지막한 솔밭이 마을을 잔잔히 감싸고 있었다. 안암동에서 지금의 고대로 가는 곳에 숭인면사무소가 있었다. 그리고 거기서 개운사에 이르는 일대는 모두가 논이었다. 달 밝은 여름날이면 개구리 울음 소리가 하늘 끝에 닿았고, 서리 내린 아침 날에는 찬바람에 잠기었다.[225]

오늘날은 청량리·동대문에서 개운사에 이르는 곳은 고층 빌딩과 상가와 주택이 밀집한 대도시가 되었다. 그런데 석전과 대원강원 학인들이 그곳에 살았던 1930년대에는 미나리꽝과 갈대가 수북한 뻘밭이었고, 개운사 일대는 논이었다고 하니 격세지감이 느껴진다.

---

225 운성, 「우리 스님, 석전 박한영 스님」10, 『불광(佛光)』 통권 90호, 1982. 4, 35~36쪽.

「정주사산비명」 완성

신미년(辛未年, 1931) 새해가 밝았다. 석전이 세수 62세로, 진갑을 맞이한 1931년, 각황사에서는 조선불교청년동맹이 발기대회를 개최하였고, 일제는 침략전쟁 '만주사변'을 일으켜 중국 동북 삼성(三省), 흔히 만주라 부르는 광대한 지역을 무력으로 점령하였다.

석전은 권동진·송진우 등 당시 명사들과 1월 1일 신년 인사회에 참석하여 서로 명함을 교환하고 새해 덕담을 나누었다.[226]

1931년 3월 10일, 석전이 강의하고 있는 중앙불교전문학교(이하 중전)에서 제1회 졸업식을 거행하였다. 조선불교계가 배출한 최초의 정규 전문학교 출신 첫 졸업생은 24명이었다.[227]

석전은 중전 학생들이 만드는 교지(校誌) 『일광』 제3호(1931. 3. 28~29쪽)에 「설창한화(雪窓閑話)」라는 수필을 써주어 게재토록 하였다. 같은 달 그는 김금호(金錦湖)의 회갑 축하시를 지어 보냈다.[228]

---

226 『우리 친목회 명자(名刺, 명함)교환록』, 1931. 1. 3.
227 「제1회 중앙불교전문학교 졸업생」 『일광』 제3호, 1931. 3. 10, 128쪽.
228 『석전시초』 135쪽.

제1회 중앙불교전문학교 졸업 사진. 앞줄 왼쪽에서 세 번째가 박한영 스님이다.(1931년 3월. 동국대학교 제공)

석전은 오랫동안 심혈을 기울여 작업해 오던 역작 『정주사산비명(精註四山碑銘)』의 집필을 1931년 5월에 완성하였다. '사산비명'은 ①지리산 하동 쌍계사 진감선사 대공탑비(雙溪寺眞鑑禪師大空塔碑), ②보령 만수산의 성주사 낭혜화상 백월보광탑비(聖住寺朗慧和尙白月葆光塔碑), ③경주 초월산의 숭복사지비(崇福寺之碑), ④문경 희양산의 봉암사 지증대사 적조탑비(鳳巖寺智證大師寂照塔碑)

등 4명의 고승에 관한 비문이다. '사산비명'이라는 명칭은 조선 광해군 때 철면(凸面) 노인이라는 인물이 최치원의 문집인『고운집(孤雲集)』에서 이들 비문 4가지만 뽑아 이름 붙인 것이다. '철면 노인'은 중관해안(中觀海眼) 스님의 별호이다.

'사산비명'은 최치원 문학의 연구는 물론이고 우리나라 불교 역사, 사상사, 한문학 연구의 귀중한 자료이다. 석전의『정주사산비명』은 중관해안 대사의 '사산비명'을 자세히 주석한 것이다. 이 비문은 명문 중의 명문으로 명성이 높지만 워낙 난해하여 읽어내기가 쉽지 않다.

최치원의 이 네 가지 비문의 문체는 전형적인 병려체(騈儷體)이다. 병려체는 사육문(四六文)·병려문(騈儷文)·병문(騈文)·려문(儷文)이라고도 한다. 한문체의 하나로 수사(修辭)하는 데 주로 4자 및 6자의 대구(對句)를 많이 써서 읽는 이에게 미감을 주게 한다. 특히 문장 밖에서 사실을 끌어와 뜻을 증명하고 옛것을 빌려와 현재의 뜻을 증명하려는 용전(用典: 문헌의 인용)이 많으면서도, 대우구(對偶句)를 만들 때 개역(改譯: 고쳐서 번역함)해 자신의 방법을 잘 구사해 화려한 어사(語辭)의 수식과 함축미·전아미를 보여준다.

최치원의 사산비명은 불교를 상당히 이해하고 특히 선종에 공감하는 태도를 보이고 있으나 그런 사상적 내용보다는 문장 수식에 더욱 깊이 유의했다. 석전의『정주사산비명』은 그동안 학계에 잘 알려지지 않았었다. 「정교사산비명주해연기(精校四山碑銘

필사본 정주사산비명, 1931, 동주혜남 소장

註解緣起)」[229]라는 글이 『석전문초』에 전하는데, 그 말미에 '신미(辛未, 1931) 7월'이라 쓰여 있다. 이로 볼 때 석전의 『정주사산비명』은 1931년 봄에 완성하고 그 '주해연기(註解緣起)'를 7월에 썼던 것으로 보인다.

최남선이 '조선상식문답'에서 "석전 스님의 『정주사산비명』은 그 문의(文意)가 알기 쉽다."라고 한 데서 그 주해 수준을 가늠할 수 있다.

일본 동경대학교에 유학하여 한국인 최초로 불교학 박사 학위를 취득한 장봉(莊峰) 김지견(金知見, 1931~2001)이 일본에서 그 복사본을 구했다며 「정주사산비명 발굴기」를 발표한 바 있다. 그러나 사실 그 복사본은 통도사 율주 혜남 스님이 소장한 것을 복사

....
229 『석전문초』, 183~185쪽.

한 것이었다.

혜남 스님 소장본 『정주사산비명』은 석전이 손수 필사한 원본으로 2009년 8월 15일 『불교신문』에 처음 세상에 공개하였다. 이 필사본에는 석전의 상좌이자 전강 제자인 운기(雲起) 스님이 전강 기념으로 혜남 스님에게 준다는 내용과 게송이 붓글씨로 쓰여 있다. 이 책의 표지에는 '정주사산비명 전 지지산방 장(『精註四山碑銘全 止止山房 藏』)'이라는 석전 스님의 친필 붓글씨가 쓰여 있다.

동국대학교 국문학과 김상일 교수가 검토한 바에 의하면 석전의 『정주사산비명』은 지금까지 알려진 어떤 주해본(註解本)보다 간명해 보인다고 하였다. 석전은 이 책에서 홍경모(洪景謨)의 『사산비명주해본』(1834~1849)은 작자의 뜻을 환하게 밝힌 것에 그 의의가 있다고 했다. 그러나 홍경모의 사산비명은 옮겨 적는 과정에 글자의 뜻이 많이 어그러지고 이론이 분분한 까닭에 석전이 잘못된 곳을 바로잡고 불필요한 부분은 잘라내어 『정주사산비명』을 주해했다고 밝혔다.

김상일 교수는 더 면밀한 대조작업을 판별해 보아야 하겠지만 언뜻 보아도 범해각안(梵海覺岸, 1820~1896)의 『사산비명』(1892)이나 다른 사람의 주해본에 비해서 간명하고, 보주(補註)를 통해서 의미 맥락을 확연하게 드러내려고 한 점을 알 수 있다고 하였다.[230]

....
230 김상일, 「정주사산비명에 대하여」, 『불교신문』, 2009. 8. 15.

석전은 1931년에 『정주사산비명』 외에도 여러 권의 단행본과 많은 글을 발표하는 등 왕성한 집필 활동을 하였다.

『대승백법·팔식규구』 역술

1931년 선학원에서는 선(禪)의 대중화를 위해 재가자를 중심으로 남녀선우회를 조직하면서 기관지 『선원(禪苑)』을 창간하였다. 석전은 『선원』 창간호에 「불시선(不是禪)」[231]을 게재하였다.

석전은 이 해에 강원과 중전에서 사용할 교재로 『대승백법·팔식규구(大乘百法·八識規矩)』를 역술·편찬하였다. 이 책은 『대승백법명문론(大乘百法名門論)』과 『팔식규구(八識規矩)』라는 책 두 권을 합본하여 한 권으로 만들어 회석·현토한 것이다.

『대승백법명문론』은 인도의 천친(天親: 세친)이 지었고, 중국의 현장(玄奘, 602~664) 대사가 한역한 것으로 제법(諸法)을 오위백법으로 나눌 수 있다는 유식학 논서이다. 이것을 현장의 제자 규기(窺基, 632~682)가 풀이한 책이 『대승백법명문론』이다. 석전이 번역하고 새로이 풀이한 『대승백법』은 규기의 『대승백법명문론해(大乘百法名門論解)』를 대본으로 하였다. 대본으로 삼은 이 책은 현장의 한역을 저본으로 하여 규기 해(解), 명욱(明旭) 보주(補註), 감산 덕

231 『선원(禪苑)』 창간호, 1931. 1. 6, 4~5쪽.

청(憨山德淸) 술의(述義)의『대승백법명문론해』이다.

석전이 회석한『팔식규구』는 명대의 보태(普泰)가 편찬한『팔식규구보주(八識規矩補註)』를 대본으로 삼아 석전이 번역하고 풀이한 것으로 유식학의 정수이다.

『대승백법명문론』은 인도의 세친이 유가(瑜伽) 100권의 정수를 뽑아서 만든 30송(頌)에 근거를 둔 것인데, 이것을 석전이 후학들이 쉽게 배울 수 있도록 길을 열어주기 위해 편찬한 것이다.[232]

석전은 1931년, 중전 '교우회'의 특별회원이었다. 중전의 교직원과 강사들로 구성된 특별회원은 모두 39명이었는데 회원 중에는 석전과 친분이 두터운 최남선·정인보·홍명희도 있었다.[233]

같은 해 11월 25일 스승 경운 화상이 시를 써서 석전에게 보내 주었다. 이에 그는 스승의 시에 화답하는 시를 지어 보냈다.[234]

석전은 1932년 2월 15일, 염제(念霽) 송태회(宋泰會, 1908~1943)의 회갑을 맞아 축수시를 써 주며 축하하였다.[235] 송태회는 전남 화순 출신으로 진사 출신의 교육자이자 시·서·화 삼절로 조선미술전람회에 8회 입선한 서화가였다.

대원 강원에서 석전 문하에서 공부한 성원(性元, 1899~1982) 스님이 1932년 3월 15일 석전에게 건당(建幢)하고 전강을 받았다.

---

232 김상일,「박한영의 저술 성향과 근대 불교학적 의의」, 불교문화연구원 엮음,
『근대동아시아불교학』, 동국대학교출판부, 2008, 57~82쪽.
233 「1931년 3월, 중전교우회 특별회원」,『일광』제3호, 1931. 3. 10, 128쪽.
234 『석전시초』, 141쪽.
235 『석전시초』, 141~142쪽.

건당은 불법의 깃발을 세운다는 뜻인데, 승려가 비구계를 받은 후 오랜 기간 수행하여 남을 가르칠 수 있는 스님이 스승의 법맥을 이어 받고 법호를 받는 일을 말한다. 석전은 법을 잇는 제자가 된 성원에게 전법게를 내려 주면서 '운기당(雲起堂)'이라는 당호(堂號: 법호)를 커다란 붓글씨로 써 주었다.

석전에게 전강을 받은 운기성원은 백파·설파·설유·석전의 강맥을 잇는 전강제자가 된 것이다.

운기성원은 1936년 백양사 강원의 강주가 되었고, 같은 해 석전을 법사로 하여 백양사에서 대덕(大德) 법계를 받았다. 선운사 성보박물관에는 석전이 성원에게 내려준 법호와 전법게 실물이 소장되어 있다.

석전은 오대산 석존정골사리탑묘 찬앙회에 발기인으로 참여하였다. 이 찬앙회는 막대한 부채에 허덕이는 월정사를 구하기 위해 1931년 1월 결성된 단체인데 석전은 발기인으로 '교정 박한영'이라는 이름으로 올라 있다.

석전은 1932년 2월, 선학원에서 발간하는 『선원(禪苑)』 제2호에 「서진선(西震禪)의 동별(同別)」[236]을 발표하였다. 잡지 『삼천리(三千里)』 1932년 3월호에서 당시 각계각층의 지도자들을 조사한 내용을 발표했다. 이 잡지는 불교계·기독교계·천도교계·노동계·여성계 등의 지도자를 선정했는데 석전 박한영을 불교계의 주요 지

---

236 『선원(禪苑)』 제2호, 1932. 2. 1, 8~10쪽.

도자 중 한 분으로 꼽았다.[237]

그해 4월 15일에는 「낙산사 중건 상량문」을 지었다.[238]

태고 보우 국사 제향 봉행

같은 해 4월 20일에는 대은(大隱) 스님 김태흡(金泰洽, 1899~1989, 일본 유학승) 등과 함께 삼각산(북한산) 태고사의 태고보우 국사의 제향에 참석했다. 대은 스님이 쓴 「태고사행」[239]에 의하면 교정이 신 석전은 조선의 법손(法孫)으로서 태고보우 국사의 제향에 해마다 한 번도 빠지지 않고 참배봉행(參拜奉行)하였다는 것이다.

1932년 4월 20일, 아침 일찍 대은 스님은 석전 교정 큰스님을 모시러 주석처인 대원암으로 갔다. 기별을 받고 기다리고 있던 석전은 "교학부장이 간다고 하더니 포교사(대은)가 가게 되었소? 여하간 같이 갑시다." 하였다. 김태흡이 "큰스님, 이제 출발하시지요."라고 하니 "또 올 사람이 하나 있으니 잠깐만 기다리오." 하였다. 조금 있으니 문 밖에서 "선생님, 기십니까?" 하는 탁하고 굵은 목소리가 들렸다. 그는 바로 육당 최남선이었다.

석전·육당·대은, 그리고 강원의 학인 서너 명이 일행이 되어

---

237 「차세대지도자총관」, 『삼천리』 4권 3호, 1932. 3. 1.
238 『석전문초』 229~232쪽.
239 『불교』, 1932. 6. 3, 52쪽.

태고사에 가기 위해 대원암 뒷산으로 올라갔다. 일행은 산등성이를 오르면서 육당의 지리에 관한 만담 섞인 강의를 즐기면서 걸음을 재촉했다. 이들이 건천(乾川) 바닥으로 내려섰을 때 상여 행렬이 지나가고 있었다. 상여꾼들은 곡소리보다 노랫소리가 더 높고, 요령 소리보다 장고 소리가 더 요란하였다. 이 광경을 본 육당이 말하기를 기생이 죽어나가는 상여라고 하였다. 해괴한 상여 행렬이라고 생각하고 있던 학인들은 그제야 이해가 된다는 듯 고개를 끄덕였다.

일행은 청암사 입구 송정(松亭)을 지나 북한산 산길로 접어들었다. 북한산성의 대동문(大東門)을 지나 동장대(東將臺) 빈터에 이르렀다. 동장대 빈터에서 석전은 일행들에게 근세의 문장가인 양명학자 이건창(李建昌, 1852~1898)이 18세에 지은 「동장대」 시 일부를 구성지게 들려주었다.

즉 "구름 떠도는 아래, 하늘은 언제나 밝고, 끝없이 터진 바다 하루가 길다(雲飛在下天常淨 海坼無西日正長)."라는 시였다.

동장대에서 태고사 뒤 봉우리를 타고 내려가 태고 국사의 부도탑에 이르러 일행은 탑전에 삼배를 드렸다. 그날은 태고사에서 자고 다음날 제향을 봉행하기로 하였다. 마침 그날은 음력 3월 보름이라 십오야(十五夜) 둥근 달이 휘영청 밝았다. 밝은 달빛에 끌려 일행이 쉬이 잠들지 못하자 석전이 일어나 소동파의 시 한 수를 자장가로 들려주었다.

4월 21일, 일찍 일어나서 세수를 하고 향촉다과(香燭茶果)와 백

미진수(白米珍羞)를 차려 들고 태고 국사 부도 앞에 나아가 여법하게 제향을 올렸다. 조공(朝供: 아침 식사)을 마치고 일행은 백운대에 올라갔다가 하산 길에 상운사(祥雲寺)에 들르고, 대성문(大成門)을 넘어 세검정·소림사·자하문을 거쳐 경성 시내로 들어왔다.[240]

석전은 1932년 5월 16일, 성북동에 있는 용화묘(龍華廟) 시회에서 「성북동 용화묘 시회」[241]라는 제목의 시를 읊었다. 같은 해 7월에는 「금강산(金剛山) 마하연 중건 사적비명 병서」[242]를 지었다. 금강산 마하연사에 있는 이 비석의 글씨는 성당 김돈희가 썼다. 2006년 금강산에 다녀온 동국대학교 김상일 교수가 우연히 이 비석을 발견하여 대학원생을 시켜 사진 촬영을 엄격히 통제하는 북한 안내인 몰래 사진을 찍었다. 비석의 본문은 『석전문초』에 있는데 2006년 비석 촬영에서 중요한 점은 본문에 없는 '부록' 부분을 찍었다는 사실이다. 이때 촬영된 부분을 번역하면 이러하다.

1932년 7월에 비석을 세울 당시 마하연사의 중건에는 토지세 210여 석과 1931년 새로 받은 토지세 170여 석에 주지 이화응(李華應) 선사가 화주한 시주금을 합친 1만 2천 원이 소요되었으며, 연인원 1만 2천 명을 투입하여 중건 공사를 하였다고 기록되어 있다.

---

240 석대은, 「태고사행」, 『불교』 제96호, 1932. 6. 3, 52~56쪽.
241 『석전시초』, 144쪽.
242 『석전문초』, 106~109쪽.

두 번째 제주도 여행

석전은 1932년 7월, 63세에 육당을 데리고 생애 두 번째의 제주도 여행길에 나섰다. 8년 전인 1924년의 제주도 여행 때는 애류 권덕규와 가람 이병기와 동행했고 이번에는 육당과 동행한 것이다.

서울에서 출발한 날은 7월 22일이었다. 석전과 육당은 먼저 순창에 있는 운교장으로 향했다. 운교장에는 순창의 친구 송옥(宋玉)·송계(松溪)가 있었기 때문이었다. 운교장은 순창군 쌍치면 운암리 508번지에 있는 송계 노병권의 사랑채 이름이다. 두 사람은 송옥·송계 형제와 운교장에서 차를 마시고 문장과 시를 논하며 그동안의 회포를 풀었다.

당시 서화가와 지식인들의 사랑방 구실을 했던 운교장에는 많은 장서와 서화류가 가득했다. 운교장의 주인 송계 노병권은 1922년 일제의 암울한 시대상을 눈뜨고 볼 수가 없는데다가 끓어오르는 열정을 삭이기 위해 조카사위인 서예가 석전(石田) 황욱(黃旭 1898~1993)과 금강산 돈도암(頓道庵)에 들어가 서예 공부에 전념하였다.

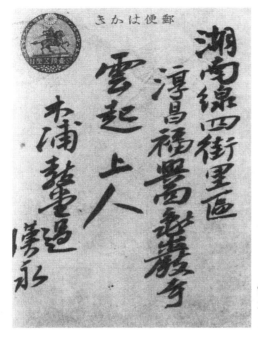

엽서, 발신인 박한영, 수신인 운기, 1932, 선일 소장

황욱은 고창 출신으로 그의 가문은 15대를 내려온 문한세가(文翰世家)로 명성이 높았다. 그는 6세에 한학과 가야금·양금을 익히고 정악을 배웠다. 25세 때인 1922년에는 처숙인 송계와 금강산에 가서 8년간 서예 수련에 전념하였다. 1930년 고향에 돌아와 자하 신위에게 사숙하며 육예를 갖추었다.

두 번째 제주도 여행길에 육당과 함께 선교장에 들른 석전은 「순창에 이르러 운교장에서 노송옥·송계와 읊다」[243]라는 시를 지

---

243 『석전시초』, 145~146쪽.

었다. 송옥 노병준(盧秉準)은 송계의 친형으로 석전과 같이 여행을 하기도 하고 운교장에서 만나 교분을 나누기도 하였다.

석전이 송옥·송계 형제와 운교장에서 읊은 시는 또 2편이 있다.

　　㉠「운교장을 방문하여 노송옥 및 송계 형제와 더불어 읊다[歷訪
　　　雲橋莊與盧松玉及松溪昆弟共賦]」(6월 14일)[244]
　　㉡「순창 운교장에서 송옥·송계 형제와 함께 읊다[淳昌雲橋莊與
　　　松玉松溪伯仲共賦]」[245]

시 ㉠은 석전이 1931년 6월 14일 순창운교장을 방문하여 송옥·송계 형제와 함께 지은 작품이다.

시 ㉡은 석전이 1935년 6월 역시 같은 장소에서 송옥·송계 형제와 함께 지은 시이다.

석전이 이들과 지은 세 편의 시는 장소가 모두 운교장이고 송옥·송계 형제와 함께 읊었다는 공통점이 있다. 운교장에는 명옥(茗屋)이라 할 만한 차실이 있는데, 정서와 서화 속에서 차 향기를 음미하며 함께 시를 짓는 한유한 정취를 누릴 만한 곳이었다.

석전과 육당은 송옥·송계 형제와 아쉬운 작별 인사를 나누고 제주도로 가기 위해 운교장을 나섰다. 두 사람은 순창에서 영암 도갑령(道岬嶺)과 월출산을 지나 강진으로 갔다. 석전은 영암 도

---

244 『석전시초』 136쪽.
245 『석전시초』 161쪽.

갑령을 지나 강진의 옛 병영이었던 석문암(石門庵)을 바라보며 시를 읊었다.[246] 석전은 월출산에서 「영암의 월출산을 지나면서[過靈巖之月出山]」[247]라는 제목의 시를 지었다. 월출산을 월생산(月生山)이라고도 한다. 석전은 이 시에서 월출산은 중국 남경보다 산세가 좋고 금강산보다 기운이 낫다고 하였다.

월출산 이후 석전과 육당의 여정을 가늠케 하는 편지가 최근 발견되었다. 선운사 부설 백파사상연구소에서 수집한 운기 스님의 서책에서 발견된 이 엽서는 1932년 8월 3일 석전이 목포교당에서 구암사 운기 스님에게 보낸 편지이다. "순창읍과 월출산을 거쳐 목포에 도착하여 제주도에 가려다 오늘(8월 3일) 오후 비바람 때문에 늦어진다. 7~8일간 제주도를 탐승하겠다.(목포교당, 한영)"라는 여행 일정을 전하는 서신이다.

석전과 육당은 8월 4일 오후 목포항을 출발하여 다음날 제주도에 상륙하였다.

8월 6일, 탐라성(耽羅城: 제주성)을 답사하고 시를 지었다.[248]

석전은 남제주군 대정읍(大靜邑)에서 '석전'이라는 아호를 지어준 완당(阮堂) 노인(추사 김정희)을 떠올리며 「대정 옛 고을을 지나며 완당 노인을 생각하며[過大靜古縣追憶阮堂老人]」[249]라는 시를 읊었다.

대정은 그 옛날 추사 김정희가 9년 동안이나 귀양살이를 했던

---

246 『석전시초』 146쪽.
247 『석전시초』 146쪽.
248 『석전시초』 147쪽.
249 『석전시초』 147쪽.

곳이었다. 석전은 추사가 늘 완상하고 즐기던 수선화를 제주도 대정의 굴밭에서 우연히 발견하고 그 꽃을 바라보며 추사를 추억하였다.

석전과 육당은 서귀포에서 배를 타고 표범섬과 조개섬, 정방폭포를 구경하였다. 석전은 1924년 여름, 가람·애류와 폭풍우 속에 영실기암을 찾아가려다 혹독한 고생만 하고 실패한 적이 있었다.

그러나 두 번째 제주도 여행인 이번 행보에서는 영실기암을 무사히 찾아갔다. 영실의 기암괴석은 '오백장군' 또는 '오백나한'이라고도 부른다.

석전은 「영실기암을 방문하여[訪靈室奇巖]」[250]라는 시에서 그곳의 기암괴석들을 "천연의 그 모습이 말 탄 무사가 달려가는 듯하고, 혹은 가사(袈裟)를 벗은 승려를 닮았다."라고 표현하였다.

영실기암을 둘러본 석전은 한라산 정상에 두 번째 올라간 감흥을 「한라산 정상에 다시 올라[再登漢拏山絶頂有韻]」[251]라는 제목의 시로 읊었다. 석전이 10년 만에 (실제로는 8년) 한라산 정상에 올라 거울 같은 백록담에 비춰진 건 늙어버린 얼굴이었다. 석전과 육당은 정상에 좀 더 머물고 싶었으나 먹구름이 몰려들어 서둘러 내려오다가 방목한 푸른 소 떼를 만나기도 하였다. 두 사람의 한라산 정상 이후의 일정과 돌아온 경로는 잘 알 수 없다. 두 사람은 중전과 강원의 하기 휴가가 끝나는 8월 하순 안에는 서울로 돌아

---

250 『석전시초』 148~149쪽.
251 『석전시초』 149쪽.

왔을 것이다.

석전의 끽다(喫茶: 차 마시기)

제주도 여행에서 돌아온 그해 가을(1932. 음 8. 21) 난곡(蘭谷) 거사 이건방이 대원 강원으로 석전을 찾아왔다. 두 사람은 차를 달여 마시며 즐겁게 담소하였다. 석전이 교유했던 인물 중 난곡 이건방은 매우 존경했던 인물이었고, 사상적으로도 서로가 영향을 끼쳤다. 난곡은 위당 정인보의 스승으로 국학에 남다른 열성을 가지고 있었다.

석전은 이 날의 일을 「이난곡이 내방하여 대원산방에서 함께 읊다[李蘭谷來訪大圓山房共賦]」[252]라는 제목의 시로 지었다.

이 시를 보면 석전은 "샘물을 길어다 솥에 차를 끓여 마시니" 석양에 비치는 여린 햇살과 마침 불어온 솔바람 향기가 한층 차맛을 짙게 한다고 하였다. 석전은 이 작품에서 차 마시는 즐거움을 "저무는 날 소나무 바람 소리 들으며 오래 망형(忘形)하나니"라고 표현하였다. 차 마시고 소나무, 바람 소리 듣는 기분이 얼마나 그윽했으면 오래 모습조차 잊는다[忘形]고 썼을까.

난곡은 2주일쯤 후인 9월 8일에 석전을 방문한다. 이날은 혼자

----

252 『석전시초』 150쪽.

오지 않고 제자인 위당과 치재(恥齋)를 동반했다. 이 날도 네 사람은 함께 많은 대화를 나누며 시를 읊었다.[253] 치재는 조선 말기의 문신 이범세(李範世, 1874~1940)이다. 치재라는 호는 그가 독자 집안이라 독립운동에 헌신하지 못한 것을 부끄럽게 여겨 지은 호였다.

이범세는 대구부와 평안도 관찰사, 규장각 부제학(1909)을 역임했고, 『국조보감』 편찬에 참여해 그 공을 인정받아 1909년 10월 서훈 4등 태극장(太極章)을 받았다. 병합 후에는 일체 관직에 나아가지 않았다.

석전은 1932년 9월, 통속불교서적 간행 기성회(期成會) 상무위원 7명 중 1인, 강원제도 개선심의회 상무위원 6인 등 1인으로 선정되어 활동했다.[254] 통속불교서적 간행기성회 상무위원은 박한영·김포광·한용운·김법린·김태흡·장도환·김잉석 등 7인이고, 강원제도 개선심의회 상무위원 6인은 박한영·김경홍·이용조·최응관·박동일·김경주 등이었다.

253 『석전시초』 151쪽.
254 「교계소식」 『불교』 제101호·102호, 1932. 12. 1, 72쪽.

중앙불교전문학교 교장

석전 박한영은 1932년 11월 1일, 세수 63세에 중앙불교전문학교 교장으로 인가되어 11월 14일 취임식을 거행하였다. 이어 19일 오후 5시 학교 설립자인 중앙교무원의 주관으로 명월관(明月館)에서 '신임 교장 박한영 초대회 및 직원 일동 위로 만찬회'가 열렸다.[255]

석전 박한영은 조선불교선교양종 교정(종정)이요, 불교전문강원 강주, 개운사 조실, 조선불교 최고 교육기관인 중앙불교전문학교 교장 등 네 가지 직함을 가진 교계의 거목으로 우뚝 섰다.

석전은 중전 교장으로 재직하면서도 선문염송과 유식학을 강의하였다.[256] 그는 강의 교재로『정선염송급설화(精選拈頌及說話』를 편찬하였다. 석전이 간추려 다시 만든 이 책은 원래 각운(覺雲)이 지은 30권 5책의 방대한『선문염송설화(禪門拈頌說話)』라는 책이다. 각운의 이 책을 석전이 정선·현토하여 대원 강원과 중전의 교재로 사용할 수 있도록 편찬·간행한 것이다.

---

255 「북한봉대」,『일광』제4호, 1933. 12, 71쪽.
256 「현직원 일람」,『일광』제4호, 67쪽.

일본에 유학하고 있는 조선 승려들이 만든 잡지『금강저(金剛杵)』제20호(1932. 12. 8)에 석전은 「제국화(題菊花)」라는 시와 「연담(蓮潭)과 인악(仁岳)과의 관계」라는 논설을 발표하였다.

제자 신석정에게 보낸 석전의 답신

석전은 1932년 12월 21일, 향리 전북 부안으로 귀향한 제자 신석정(辛夕汀, 1907~1974)이 편지를 보내오자 답장을 보냈다.[257]

이 답장에 의하면 신석정이 대원 강원에서 일 년 동안 석전의 문하에서 불전을 배웠음을 알 수 있다. 석전의 답신 내용을 보면 신석정은 스승 석전에게 진리에 입문하려면 어떻게 하는 것이 좋으냐는 질의를 하였다. 이에 석전은 "우리의 안심입명처(安心立命處)는 비록 이 세상에 살아도 물결을 따라 파도에 쫓기는 것이 부득이한 일"이긴 하지만 인생의 근본 문제를 해결하려면 다음과 같이 해야 한다고 일러 주었다.

참된 자성(自性)의 연기(緣起)를 더듬어 그 근원의 첫 머리에 다리를 세우려면 인간계를 넘어서는, 곧 세계 밖의 세계를 믿어 알고 그 방향으로 일보씩 정진하는 것이 우리의 방향이니 참되고

---

257 석전이 신석정에게 보낸 답신은 40년 동안 시인 신석정을 연구해 온 시인 허소라(1936~현) 선생으로부터 2013년 1월 13일 그의 자택을 방문하여 사본을 제공받았다. 편지 원본은 전북 부안군 부안읍 선은 1리길 10, 석정문학관에 보관되어 있다.

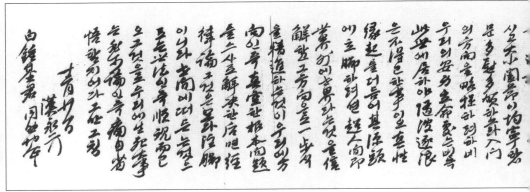

간찰, 발신인 박한영, 수신인 신석정, 1932. 12. 21

공(空)한 근본 문제를 스스로 해결하고 나면 경·율·론 삼장은 모두 각주에 불과하다고 설파하였다.

석전의 문하에서 공부한 신석정은 일찍이 『동아일보』·『조선일보』·『중외일보』 등에 많은 시를 발표한 문학청년이었다. 대원 강원에서 석전에게 가르침을 받는 동안(1930. 3~1931. 5) 시문학사의 박용철, 그리고 시인 정지용·주요한 등과 교유하였고, 1931년 10월 『시문학』 제3호에 「선물」을 발표하면서 시문학 동인이 되어 본격적인 문단활동을 시작한다. 신석정은 이 무렵의 사정을 「슬픈 구도(構圖)」[258]라는 제목의 수필에 쓴 바 있다.

이 수필에 의하면 신석정은 대원 강원에서 석전에게 『유교경』·『사십이장경』·『대승기신론』 등을 배웠다고 하였다. 그리고

<hr />

258 신석정, 「슬픈 구도」, 신석정 수상집 『난초 잎에 어둠이 내리면』, 지식산업사, 1974, 281~287쪽.

틈만 있으면 낙원동에 있는 시문학사(詩文學社)로 박용철(朴龍喆, 1904~1938)을 찾아가 지용 선배(시인 정지용)와 어울려 술을 마셨고, 주요한 선배를 찾아 동광사(東光社)에 드나들었고 불교사(佛敎社)에 들러 한용운 스님을 만났다.

신석정은 이 수필에서 석전에게 '시 정신'을 배웠음을 특히 강조하고 있다. 즉 그가 체득한 "시 정신의 바탕이 되는 것은 신념이요, 신념은 바로 지조로 통하는 길"이었다. 신석정은 스승 석전에게 배운 이 교훈을 "좌우명으로 삼아 살았고, 또 숨을 거두는 날까지도 가슴에 지녔다."

신석정은 스승의 가르침에 충실하여 일제의 강압적인 창씨개명에도 응하지 않았다. 이는 역시 석전의 제자였던 시인 서정주가 '친일시인'이라는 욕된 비판을 받는 것과 선명한 대조를 이룬다.

신석정을 석전에게 소개한 사람은 정우홍(鄭宇洪, 1879~1949)인데 그는 신석정의 종매부(從妹夫)이다. 종매부는 사촌누나의 남편이다. 석정문학관 사무국장 김명선의 증언에 따르면 정우홍은 신석정의 종자형(從姊兄)이자 '멘토'였다고 한다.

정우홍은 1915년 구암사에서 석전에게 대승기신론을 배웠는데, 이에 감오(感悟: 감흥되어 깨달음)되어 기신론의 저자인 마명(馬鳴)을 따서 스스로 호를 '마명'이라 칭하고 불교의 각종 경전을 탐독하였다. 정우홍은 1933년 4월부터 『매일신보』에 「조선불교사화(史話)」를 156회에 걸쳐 연재하였다. 이 글은 마명의 장남인 정한기가 대원 강원에서 석전에게 배운 후 선친의 책을 출판하기로 결심하였다. 이에 석전도 크게 기뻐하며 『조선불교사화집성』이라고 책 이름까지 직접 지어주고 서문도 써주었다. 그런데 총독부 경무국의 검열을 통과하지 못해 보류해 두었다가 광복 후 서울신문사에서 조판까지 완성하고 출간하기 직전에 6·25 전쟁이 일어나 발간하지 못하였다.

1965년, 정환기가 1942년 석전이 써 주었던 서문을 게재하여 『조선불교사화』를 『한국불교사화』로 제명을 바꾸어 통문관에서 출판하였다.

1933년, 2월 18일, 정동 이화여자전문학교 강당에서 '이화여전후원회' 창립회가 열렸다. 석전은 불교계 수장으로 종교는 달랐지만, 후학 양성을 통해 민족 교육의 중흥을 이루려는 남다른 교육 의지로 '이화여전후원회'의 찬조 회원으로 참여하였다.

찬조 회원은 석전을 비롯하여 27명이었다.[259]

1933년 3월 16일, 중전교우회 제3회 정기총회에서 교장 박한영을 회장으로 선출하였다.

일본의 국경절 천장절

천장절(天長節)은 일본 천황의 탄생 기념일이다. 천장지구(天長

259 「북한봉대」 『일광』 제14호, 1933. 12. 14, 72쪽.

地久)라는 말을 따서 일왕의 생일을 천장절이라 하고, 왕비의 생일을 지구절(地久節)이라 불렀다. 1933년 당시 일본 천황은 제124대 소화(昭和)였으며, 일본 말로 '쇼와시대'라고 불렀다. 쇼와 천황은 마치노미야 히로히토(迪宮裕仁)로 생몰 연대는 1901~1989년이다. 일본인들은 천장절을 4대 명절이라 하여 국경일로 정하여 경축한다. 당시 일왕 쇼와의 생일은 4월 29일이었다. 일제는 천장절을 식민지 조선인에게도 경축할 것을 강요하였다. 나라를 빼앗긴 것도 억울한데 나라를 도적질한 그 수괴의 생일까지 축하해야 한다는 것은 괴로운 일이었다. 그래서 천장절이 되면 사건이 발생하곤 했는데 가장 큰 사건이, 윤봉길 의사가 상해 홍구 공원에서 일본군의 전승축하기념식장에 폭탄을 투척한 날도 바로 천장절인 1932년 4월 29일이었다.

10초 만에 끝난 석전의 천장절 축사

윤봉길 의사의 상해 천장절 거사가 있은 지 딱 1년 후인 1933년 4월 29일, 천장절 아침, 동소문 안 혜화동 중전 강당에서 역사적인 독설 사건이 벌어졌다. 정광호는 「지조 높은 고승 박한영」이라는 글에서 1933년 4월 29일 천장절에 있었던 일을 다음과 같이 기록하였다.

적어도 이런 날(천장절) 조회 석상이라면 전문학교 교장 쯤 된 사람이 으레 장중한 식사(式辭) 몇 마디쯤 있어야 하지 않겠는가? 그런데 어찌된 셈인지 이날 아침 연단에 올라선 교장 석전 선생의 식사는 너무나도 짧고 간단명료한 것이었다.

"아아, 그란디……오늘이 일본 천황 생일이래여. 그러니 잘들 쉬어."

완주 지방의 독특한 악센트를 풍기는 경축사는 이렇게 불과 10초 만에 끝이 났다. 학생들의 얼굴에는 다소 불안한 빛이 떠올랐다. 그러나 할 소리 다했다는 듯 교장 석전은 유유히 연단을 내려갔다.[260]

천장절에 윤봉길 의사가 상해 홍구 공원에서 폭탄으로 일제에 저항했다면 석전 박한영은 단 10초만의 한 마디 말로 일제에 항거한 셈이다.

1933년 7월, 석전은 『신동아』에 「지리산 천왕봉의 위용」[261]이라는 글을 발표한다. 이 글은 『신동아』에서 기획한 조선의 5대 명산 최고봉 등척기(登陟記)의 하나로 게재한 것이다. 필진은 이광수가 「금강산 비로봉」, 안재홍이 「백두산 천지」, 이은상이 「묘향산 향로봉」, 이병기가 「한라산 정상」을 썼다. 석전은 이 글에서 지리산 정상의 명칭을 일본인들이 '천황봉(天皇峯)'이라 하였는데 그는 이

---

260 정광호, 「지조 높은 고승 박한영」, 『월간 중앙』, 1977년 8월호, 282쪽; 「천장절 석전의 축사」, 『양청우 대종사 문집』, 청우 문도회, 2009, 349쪽.

261 석전사문, 「지리산 천왕봉의 위용」, '최고봉등척기5', 『신동아』, 1933년 7월호, 동아일보사, 105~107쪽.

1933년 금강산 비로봉에서 윗줄 왼쪽부터 난곡 이건방, 위당 정인보, 송거 이희종, 송계 노병권, 석전 박한영 스님, 사첨 성환혁, 백년간 조선의 「얼」 도록(연세대학교교박물관, 2013)

용어를 사용하지 않고 '천왕봉(天王峯)'이라 표기하였다.

이건방·정인보와 세 번째 금강산 여행

1933년 7월 중순, 석전은 여름방학을 이용하여 세 번째 금강산 여행길에 올랐다. 이 때의 동반자는 난곡 이건방, 위당 정인보, 송거(松居) 이희종(李喜鍾, 1876~1941), 박송석(朴松石), 정학모(鄭學模) 등 6명이었다.

동행자 중 정학모는 근대기의 중문학자로 『이문학(理文學)과 함문학(函文學)』(우리어문학회, 1949), 한중시 비교연구서로 『한문학과 국문학』(1949)이라는 저서가 있다. 이희종은 치재 이범세와 보재(溥齋) 이상설(李相卨, 1870~1917)의 친구이다.

이 금강산 여행에 대해서는 정인보의 기행문 『관동해산록(關東海山錄)』에 소상하게 기록되어 있다. 이 기행문은 1933년 『조선일보』에 30회 연재되었고 『담원 정인보 전집』제1권에 수록되었다.[262]

장안사·만폭동·헐성루

석전 일행이 1933년 7월에 여행한 금강산 경로는 철원-창도-단발령-장안사 코스였다. 이들이 금강산 초입 장안사에 도착한 날이 7월 15일이었다. 일행은 장안사에서 하룻밤 쉬어 갈까 했으나 바삐 가자고 재촉하는 석전의 성화에 못 이겨 가랑비를 맞아 가며 만폭동으로 향하였다.

일행은 정양사 헐성루에서 저녁노을을 바라보며 수려하고 빼어난 헐성루 앞의 산봉우리 승경을 찬탄하였다. 석전은 「헐성루 저녁노을[歇惺樓晚眺]」[263]이라는 시를 썼다. 그는 1924년 10월 육당

---

262 정인보, 「관동해산록」, 『담원 정인보 전집』제1권, 연세대학교출판부, 1983, 101~157쪽.
263 『석전시초』, 157쪽.

과의 금강산 여행 때 「헐성루」라는 시를 썼고 이번에 또 이곳에서 시를 지었으니 그는 헐성루에 관해 두 편의 시를 쓴 것이다.

헐성루는 내금강의 모든 봉우리를 조망할 수 있는 곳이어서 다시 보아도 감흥은 역시 그대로였다. 단지 9년 전에 헐성루를 보았을 때는 50대 중반(55)이었으나 이제 다시 헐성루에 오르니 내금강 첩첩 봉우리가 늙은 몸을 비웃는 듯하였다. 일행은 헐성루의 풍광에 취해 한참 동안 머물렀다.

일행은 마하연을 시작으로 표훈사·영원동·묘길상·백화담·내수참·효운동·유점사·중내원·은선대·필보암 등을 차례로 답사하고 정상인 금강산 일만 이천 봉이 발아래에 내려다보이는 비로봉에 올랐다.

비로봉에 올라가서는 석전·난곡·송거 세 사람이 「비로봉」이라는 시를 각각 지었다. 석전은 차분한 심정으로 자신의 세 번째 비로봉 시 「석양에 비로봉을 오르다[晩登毗盧峯]」[264]를 읊었다.

비로봉에서 하산하여 마의태자 능·구성동·구룡연·수렴폭·쌍봉폭·옥류동·신계사를 탐방했다. 이들의 금강산 기행은 해금강의 수려한 풍광에 다시 매료되었고 석전은 무려 24행의 길다란 오언고시 「삼일호에서[三日湖五古]」[265]를 남겼다.

정인보는 이 금강산 기행에서 석전과 관련된 일화 하나를 후대에 남겼다.

264 『석전시초』 158쪽.
265 『석전시초』 161쪽.

나[정인보]와 같이 금강산에 갔을 때 스님은 낡은 갈포(葛布: 삼베) 옷에 행장을 걸머졌으니 승려들은 스님을 얕보아 공경치 않았다. 그 중에 스님을 아는 승려가 "이분은 불교전문학교 교장이시다." 라고 말하니 이에 온 절 대중이 비로소 나와서 영접하고 또 사과 하였다.

이 얘기를 호기심 많은 사람이 이러한 광경을 여러 지면에 소개 하여 하나의 이야깃거리가 되기도 하였다. 그러나 [석전]스님은 스스로 교정인 것도 망각하고 교장인 것도 망각하였다는데 사람 들은 또 무엇을 보고 스님을 알 수 있었겠는가?[266]

이 글에서 볼 수 있듯이 석전 큰스님은 시자도 없이 낡고 헤진 삼베옷을 걸치고 거기에다 걸망에는 주렁주렁 물병이며 모자를 매단 초라한 행색이어서 이런 일화가 생겼던 모양이다. 대원 강원 시절의 학인들이 한 말도 이런 일화와 유사하다. 여행 중인 석전 을 사람들이 붓 장수나 물감 장수, 심지어 뱀 잡는 땅꾼으로 종종 오인하였다는 것이다.

석전의 이와 같은 행적은 우리를 전율케 한다. 오늘날 한 교단 의 최고위직에 있는 성직자나 학장·총장의 반열에 있는 사람 가 운데 과연 석전과 같은 행적을 보인 사람이 있을까? 자기 위상을 높이기에 급급한 부류가 해일처럼 넘실대는 부박한 시대에 석전

---

266 정인보, 「석전상인소전」, 『석전시초』, 13쪽.

의 일화는 참다운 인간의 모습이 어떠해야 하는지를 일러주는 귀중한 가르침이 아닐 수 없다.

서예가 황욱(黃旭)의 호는 '석전(石田)'인데 박한영 큰스님의 아호 '석전(石顚)'과는 한자가 다르긴 하지만 한글 발음은 동일해 헷갈릴 수 있다.

석전은 1933년 가을 황욱과 구례에서 만났다.[267]

황욱은 운교장의 송옥·송계 형제를 이야기 할 때 이미 언급한 바 있다. 황욱은 조선 숙종·영조대의 대학자 이재(頤齋) 황윤석(黃胤錫, 1729~1791)의 7대손으로 전북 고창 성내면에서 천석꾼의 아들로 태어나 어려서부터 한학과 서예를 익히고 16세에 순창의 만석꾼 송옥 노병준의 장녀 희숙(希淑)과 혼인하였다.

황욱은 행서와 초서로 이름을 날린 서예가였는데 훗날 오른손에 수전증이 오자 붓을 손바닥으로 거머쥐고 꼭지 부분을 엄지로 눌러서 붓을 고정시켜 붓글씨를 쓰는 악필법(握筆法)을 창안하였다. 중풍으로 오른손에 마비가 오자 왼손 악필법을 사용해 좌수 서예가로 유명했던 유희강(柳熙綱)과 쌍벽을 이룬다는 평을 들었다.

박한영은 중전 교지인 『일광』 제4호(1933. 12)부터 제8호(1937. 11)까지 편집인 겸 발행인이었다.

중전 학생들이 만드는 『일광』은 석전이 중전 교장이었으므로

267 『석전시초』, 162쪽.

당연직 발행인이었다.

　1933년 12월 24일, 석전은 「진응상인환력진서(震應上人還曆辰序)」[268]라는 글을 써서 진응 스님께 보내주었다. 이 글은 대교과 도반이자 임제종 운동을 함께 한 화엄사 당주 진응혜찬 강백의 회갑을 축하하는 글이었다.

　석전은 1933년 가을에 포광 김영수·권상로 등과 중전 학생들을 인솔하여 개성 고구려 유적지를 답사했는데 여행기는 발견되지 않고 있다.

미당 서정주와의 운명적인 만남

　어떤 만남이 한 사람의 운명에 결정적인 영향을 주는 경우가 더러 있다. 시인 서정주가 석전을 만난 것이 바로 이런 운명적인 만남에 해당한다.

　서정주는 "석전 박한영 큰스님을 만나 뵙게 된 것을 큰 복으로 여겨 하늘과 땅의 영원 속에 감사한다."[269]고 하였다.

　서정주는 전북 고창 선운사 밑 질마재의 유복한 집안에서 태어나 어린 시절 서당에서 한학을 배웠다. 부안 줄포로 이사하여 줄포보통학교를 졸업한 후 고창고보·중앙고보를 중퇴하고 서울 마

268 『석전문초』 191~194쪽.
269 서정주, 「석전 박한영 큰스님」(2), 『해인(海印)』118호, 1991.12월호, 6쪽.

포 도화동 빈민굴 넝마주이 촌에서 넝마를 주우며 사는 기인 행각을 하였다.

중앙고보 5~6년 선배인 미사(眉史) 배상기(裵相基, 국악인)가 서정주 얘기를 석전에게 하였다. 배상기는 상궁 최덕순(崔德順)의 양아들로 한시·가야금·거문고를 잘했고 독실한 불교 신자였다. 배상기의 소개로 1933년 석전을 만난 서정주는 석전의 권유로 출가해 대원 강원의 학인이 되어 『능엄경』을 배웠다.

이듬해인 1934년 봄 서정주는 강원 뒤에서 담배를 피우다가 석전에게 들켜 꾸중을 들었다. 석전이 말했다.

"정주, 자네는 중노릇할 사람은 아닌 것 같다. 아마도 시인이나 될랑가 보다."

석전의 이 말은 훗날 적중했다. 서정주는 참선 바람이 들어 1934년 5월 금강산 마하연사에 가서 참선 흉내를 내다 이내 서울로 돌아왔다. 참선이 쉽지 않을 것이라며 만류하는 석전의 조언을 뿌리치고 참선을 한다며 금강산에 갔다가 곧장 돌아온 서정주는 면목이 없어 석전에게 다녀왔다는 인사도 못 했다.

서정주가 돌아왔다는 얘길 들은 석전이 그를 불러 중전에 들어가 공부하라고 권유하였다. 서정주는 석전의 배려로 1935년 중앙불교전문학교에 입학하여 1년간 다니다 자퇴하였다. 그리고 1936년 1월 『동아일보』 신춘문예에 「벽」이라는 시가 당선되자 '새처럼 훨훨' 날아 석전 문하를 떠났다.

서정주는 대원 강원 1년 수학, 금강산의 참선 흉내, 중전 1년 재학 등 3년 남짓 석전 문하에 있었지만 석전은 서정주의 문학 인생에 많은 영향을 미쳤다. 석전과의 인연으로 불교를 공부하여 그의 시세계에 불교 성향의 작품이 적지 않다.

원지방품행·갑술년 소하회

지(智)에 둥글고 행(行)에 모나자

『동아일보』에서는 1934년 1월 1일 '신년에 보내는 우리의 새 신호'라는 기획 기사에 실을 원고를 중전 교장 박한영에게 청탁하였다. 이에 석전은 "품행을 조금 더 방정하게 하고, 행동을 더 단정히 하자."라는 내용의 「원지방품행(圓智方品行)」[270]이라는 글을 발표하였다.

그는 이 글에서 지식과 지혜를 갖춤에는 두루 원만하게 추구해야 하고 바르게 살려면 세속의 잡다함이나 부정에 타협하지 말아야 하므로 모나게 행할 수밖에 없다고 하였다. 그러므로 부박한 세대에 휩쓸려 한평생을 흐리멍덩하게 술 취한 듯 살면서 혼미한 꿈결 속에 죽을 수는 없지 않은가. 하지만 그렇다고 해서 속성과 조숙을 바라서도 안 된다. 각오를 단단히 하고 오랜 세월 인내하여 묘각과작(妙覺菓爵)을 성취해야 한다는 것이 석전의 글이다.

....
270 불전교장 박한영, 「원지방품행(圓智方品行)」, 『동아일보』, 1934. 1. 1, 1면.

이 글은 1934년 신년을 맞이하는 사바의 중생에게 주는 짧막하지만 강력한 석전의 메시지이다.

1934년 2월 25일, 석전은 법주사 주지 석상(石霜) 화상이 환갑을 맞이함에 대하여 「추화석상상인환역운(追和石霜上人還曆韻)」[271] 이라는 시를 써주었다. 같은 해 3월에는 오대산 상준(尙埈) 화상에게 무려 32행의 기다란 칠언시를 지어 보냈다.[272]

석전은 강원의 학인들을 위해 상준 스님이 좋은 채소를 가득 실은 수레를 보내준 것을 감사히 여겨 "무수히 많은 흰 구름이 채소 수레 뒤를 따른다."라고 하였다. 또 이 시에는 석전의 차에 관한 소망도 잘 표현되어 있다.

예를 들자면 "돌솥에 차 끓이니 푸른 빛 넘친다."라는 구절과 "반 병의 차가 익으니 솔바람 일어난다."는 시구로 볼 때, 석전은 평소 차를 즐겨 마시고 차의 정취에도 익숙하였음을 느낄 수 있었다.

석전에게는 13편의 차시(茶詩)와 「옥보대 아래 다풍이 크게 무너지다」라는 다론(茶論) 한 편이 있다.[273] 석전은 일제강점기의 몇 분 안 되는 불교계의 중요한 차인(茶人) 중 한 분이었다.

1934년 5월 11일 소공동 프라다 다방에서 우리나라의 역사·언어·문학 등을 우리 학자의 손으로 연구하자는 뜻에서 이병도·

---

271 『석전시초』 163쪽.
272 『석전시초』 164쪽.
273 임혜봉, 「석전 정호: 차시 13편, 다론 1편」 『한국의 불교다시(茶詩)』 민족사, 2005, 568~581쪽.

문일평·이병기 등이 진단학회(震檀學會)를 조직했다. 학회의 이름 '진단'은 동방 단군의 나라, 즉 우리나라를 가리키는 말이다. 학회가 학술 활동에 어려움을 겪자 박한영을 비롯한 윤치호·윤보선·김성수 등 26명의 찬조 회원들이 연회비 3원씩을 내 진단학회 발전을 도왔다. 이 학회는 1940년 일제의 탄압으로 해산되었다가 광복 후 다시 재건되었다.

열두 살의 어린 나이로 1923년 구암사에서 석전에게 출가한 승려 생활 12년차의 경운(擎雲)에게, 석전은 1934년 7월 7일 입실을 허락하고 법호 청우(聽雨)와 입실게(入室偈)를 내려주었다.[274] 석전이 상좌 경운(호적명 양경수)에게 내려준 법호 '청우'는 빗소리를 듣는다는 뜻이다. 이는 소동파가 개울가 물소리를 부처님 말씀인 장광설(長廣舌)로 들은 것과 같이, 빗소리에서 부처님의 음성을 들으라는 석전의 화엄세계가 반영된 법호이다.

석전이 제자에게 내린 전강게나 입실게는 「청우당 입실게」 외에도 선운사 소장의 「운기당 전법게」, 「남곡당 전법게」가 있다.

갑술년(1934) 소하회(銷夏會)

석전은 1934년 7월 여름방학 기간에 민세 안재홍·송계 노병

---

274 『양청우대종사문집』 청우문도회, 2009, 50~52쪽.

권·위당 정인보·윤석오 등 4명과 함께 청주 화양동·속리산·내장산 등지를 여행하였다. 이때 석전은 세수 65세인데도 험한 산을 등산할 수 있을 정도로 건강하고 동반자들보다는 스무 살이 많은 최고 연장자였다.

이 여행길에서 처음 쓴 시의 제목이 「속리사소하회(俗離寺銷夏會)」[275]이다. 풀이하자면 '속리산 절에서 피서하는 모임'이라는 뜻이다. 따라서 '갑술년 소하회'는 1934년의 피서 모임이라는 뜻이다.

이 여행에 동반한 민세(民世) 안재홍(安在鴻, 1896~1965)은 한국 근현대사를 대표하는 언론인이자 독립운동가이다. 민세는 『시대일보』 논설위원, 『한성일보』 사장 등을 역임하였다. 민세가 이 여행을 할 때는 제5차 옥고 후 조선일보사에서 퇴사하여 정인보와 『여유당전서』 교열 작업을 하며 조선학 운동을 전개하던 중이었다.

또 다른 동반자 윤석오(尹錫五, 1911~1981)는 논산 출신으로 정인보 문하에서 양명학을 수학한 학자였다. 그는 이승만 대통령 비서실장·총무처 장관을 역임하였다. 윤여준 전 환경부 장관의 부친이다. 평소 창(唱)에 관심이 많아 국악인들을 집으로 초청하여 가끔 공연을 즐겼다.[276]

이 여행에 대해 쓴 정인보의 기행문은 '남유기신(南遊寄信)'이라는 제목으로 『동아일보』에 43회 연재(1934. 7. 31.~9. 20)되었다. 여기서는 위당의 이 기행문과 석전의 당시 기행시를 바탕으로 그

---

275 『석전시초』, 164~165쪽.
276 박유상, 『남자 삼대 교류사』, 메디치미디어, 2010.

여정을 재구성한다.

화양동, 송시열 초당

1934년 7월 한여름 삼복더위에 석전과 그 일행은 청주에서 자동차를 타고 화양동(華陽洞)으로 향했다. 이윽고 자동차는 청천(靑天: 괴산군 청천면 소재지)에서 5리쯤 되는 개울가에 정차했다. 장마로 개울물이 불어나 더 갈 수 없기 때문이었다. 일행은 하는 수 없이 걸어서 '화양동'이라 새긴 곳에 이르렀다. 화양동은 우암(尤庵) 송시열(宋時烈, 1607~1689)이 정계에서 은퇴하고 은거했던 곳이다. 우암이 살았던 집은 초당이었는데, 이 당시에는 기와집으로 변해 있었다.

암서재(巖棲齋)를 구경하고 채운암(彩雲庵)으로 올라가 일박을 하면서 암주(庵主)가 내어준 고지(古紙) 뭉치를 돌려가며 읽었다.

갑자기 정인보가 소리쳤다. "여보 민세, 그래도 수석(水石: 자연경치)은 우리 수석이구려." 하고 말하다가 말이 끊겼는데, 석전은 이미 잠든 지 오래였다. 일행은 채운암에서 하룻밤 잔 후 화양동 일대를 찬찬히 둘러보았다. 그런데 초당 속에 있는 우암화상(尤庵 畫像)을 모신 감실(龕室)이 허술하고, 족자도 군데군데 상해 있었다. 또 유물로 전하는 목침·책상·지팡이 등도 되는 대로 이 구석 저 구석 처박혀 있었고, 진품이 될 만한 혼천의(渾天儀: 천체의 운행과 위치를 관측하던 기구), 황적도(黃赤道) 등도 반이나 부서진 채 방치되어 있었으며, 구석에 막 쌓아 놓은 금석문 탁본들도 손을 댈 수 없을 정도로 삭아 있었다.

일행은 파곶[巴串]을 거쳐 공림사(空林寺)에 도착했다. 공림사는 충북 괴산군 청천면 사담리 낙영산(落影山)에 있는 절이다. 공림사에서 속리산 가는 길은 처음은 수석이 좋고, 그 다음은 편편한 들이었으며, 마지막은 세 시간을 올라가야 하는 꽤 높은 '북가추리'라는 재였다. 잿마루를 한참 내려가자 빈 하늘에 풍경이 뎅겅거리는 5층 목조탑이 눈에 들어왔다. 석전과 정인보 일행이 본 목조탑은 법주사 팔상전이다. 이 팔상전은 우리나라에 남아 있는 유일한 5층 목조탑 양식의 건물이다.

경내에 들어서자 석전이 환갑 축수시를 써 준 바 있는 법주사 주지 석상 스님이 반갑게 맞으며 하는 말이, 순창에서 손님 한 분이 어제부터 기다리고 있다는 것이었다. 바로 송계 노병권이었다.

출발할 때는 석전·위당·민세·윤석오 등 네 명이었는데, 법주사에서 송계가 합류하여 일행은 5명이 되었다. 송계·민세·윤석오 셋은 수정봉(水晶峰) 구경을 가고 석전이 어디론가 가버리는 바람에 정인보 혼자 객실을 지켰다.

중사자암 · 복천암 · 상환암 · 청산면 정인보의 큰집

7월 17일, 일행은 중사자암에서 잤다. 중사자암은 속리산 중턱에 있으므로 산중 제1구(第一區)라 부르는 곳이었고, 그 암자 위에 산중 제일의 샘물이 있는 복천암(福泉庵)이 있었다.

민세 · 송계 · 윤석오는 문장대로 가고 석전과 위당은 중사자암 법당 앞 마루에 누워 앞산을 바라보니 몸이 구름 속에 있는 듯하였다. 산중의 외로운 암자인데도 중사자암 암주 필경(畢竟) 스님이 어찌나 환대하는지 저녁밥이 풍성하였다.

다음날 빗속에 복천암 · 상환암(上歡庵)에 들른 후 저녁나절 큰절에 도착하였다.

7월 19일, 법주사를 떠나려고 했으나 장맛비로 개울을 건널 수 없어 하루를 더 법주사에서 묵었다. 여정을 의논해 위당의 의견대로 옥천에서 대구로 가기로 결정하였다. 자고나도 계속 비가 퍼붓듯 내렸지만 빗속에 길을 나섰다. 법주사에서 보은읍까지는 60리 거리다. 일행은 '말티고개'를 넘어 보은읍까지 비를 맞으며 걸었다. 보은읍에서 차편을 알아보니 장맛비로 옥천행은 불통이라 하였다. 위당은 옥천에 못갈 바엔 청산(靑山)에 위당의 큰집이 있으니 그리로 가자고 했다.

일행은 자동차로 위당의 큰집이 있는 옥천군 청산면으로 가서 이틀을 묵었다. 정인보의 큰집에서 이틀을 보낸 일행은 폭우 속에 또 길을 나섰다. 그들은 영동으로 갔다. 솔티 앞 냇물을 건널 수 없어 영동의 주막집에서 빗소리를 들으며 밤을 지새웠다.

다음날 새벽 영동역에서 기차를 타고 대구로 갔다. 대구의 사정은 충청도보다 더 악화되어 있었다. 해인사행은 물론이고 교통이 통째로 마비되어 있었다. 우선 이들은 정인보가 종종 들르는 여관에 투숙하였다. 비는 계속 퍼붓는데 소식을 들으니 호남 방면, 부산 방면, 진주·마산은 물론이고 서울 쪽도 길이 막혔다고 한다.

대구의 여관에서 발이 묶였다. 이들 일행이 글하는 사람인 것을 알아본 주인이 적적할 테니 이거나 보라면서 시축 두어 뭉치를 건넸다.

시축 가운데 먼저 석전의 눈에 들어온 것은 관재 이도영의 필적이었다. 관재의 시축을 보자 깊은 감회가 밀려왔다. 석전과 위당은 1년 전 금강산에 다녀오는 길에 석왕사에서 투병 중인 관재를 잠시 만난 적이 있었다. 그날 병중의 관재는 위당에게 자신의 문집에 정인보의 글 한 편을 게재하게 해달라는 부탁을 했다. 그런데 위당이 글을 써 보내기도 전에 이도영이 유명을 달리한지라 관재의 시축을 보니 위당도 감회가 밀려왔다.

갑술년 물난리, 대구·대전·논산·정읍·내장사

법주사에서부터 시작한 비가 일주일 이상 연일 폭우로 쏟아졌다. 이를 흔히 '갑술년(1934) 물난리' 혹은 '1934년 대홍수'라 부른다. 유사 이래 우리나라 최대의 홍수가 석전 일행의 '갑술년 소하회'를 가로막았던 것이다. 안동 시내가 완전히 침수되는 물난리에도 석전 일행의 여행은 계속되었다.

7월 25일, 애당초 해인사로 가려던 계획을 취소하고 대구를 떠나 대전으로 향했다. 대전에서 정읍행 기차로 갈아탔다. 기차 안에서 윤석오가 갑자기 논산에 있는 자기 집으로 가서 쉬어 가라고 일행에게 제안했다. 모두 좋다고 하므로 논산역에서 전원 하차하였다. 관촉사에 들렀다가 논산 광석면 오강리(五岡里) 208번지에 있는 윤석오의 집으로 가서 하루를 묵었다. 다음날 윤석오는 자기 집에 남고, 나머지 4명은 자동차로 정읍을 향하여 떠났다.

정읍에 도착한 석전 일행은 송계 노병권의 주선으로 서예가 황욱을 주막에서 만났다. 황욱이 말하기를 그들의 형제들이 오래 전부터 7대 선조의 저술인 『이재전서(頤齋全書)』를 출판할 계획을 추진하고 있다고 하였다. 평소 이재 황윤석을 흠모하고 있던 정인보가 편차(編次)와 교감(校勘)을 맡겠다고 약속하였다.

7월 27일, 석전·민세·위당 세 사람은 내장사 입구에서 내리고 송계는 며칠 후 구암사에서 만나기로 하고 순창의 자택으로 갔다. 세 사람은 내장사에서 닷새를 체류하였다. 내장사에서 머무는 동안에도 장맛비는 계속되었다.

내장사에서 쓰레봉·불출봉·망해봉·연화봉·까치봉을 차례로 지나 구암사로 이동하였다. 세 사람은 사흘 동안 구암사에 머물렀다.

구암사의 애연재, 청류암, 순창 남산대

정인보는 『동아일보』에 게재한 「남유기신, 22회」(1934. 8. 30)의 구암사 부분에서 벽파의 영정이 걸린 구암사의 별당 '애연재(優然齋)'에 대해 "애연이란 '눈에 선하다'라는 말입니다." 하였다.[277] 담원은 구암사의 창건에 관해서는 이렇게 말하였다.

"구암사는 어느 때 사람인지도 모르고 중인지 처사인지도 자세치 아니한 '한곡 도인(寒谷道人)'이라는 이가 여기에 초암(草庵)을 만들어 가지고 있었는데, 그 뒤에 어느 때 일인지 기와로 고쳐 덮기는 하였으나 오직 소암(小庵)이라 이 절에 다시 선당(禪堂)과 강실(講室)이 구비하게 된 것은 백파(白坡)부터다."라고 하였다.

일행은 구암사에서 사흘을 묵고 8월 4일에 백암산을 넘어 청류암에 가기로 하였다. 그런데 8월 3일 순창에서 송계가 오더니 내일 갈 것이 아니라 지금 가자고 성화를 부리는 바람에 오후 3시경 구암사 뒷산을 넘어 청류암으로 떠났다.

네 사람은 우거진 가시덤불을 헤치고 길도 나 있지 않은 산등성이를 넘고 넘어 운문암을 지나 간신히 청류암에 도착했다. 정인보와 구면이고 석전과도 잘 아는 청류암 암주 금해(金海) 스님은 일행을 반갑게 맞이하여 관음전이라는 별원으로 안내했다. 청류

---

277 정인보, 「남유기신」, 『담원 정인보 전집』 제1권, 연세대학교출판부, 1983, 185
    쪽.

암에서 석전은 「정위당공부(鄭爲堂共賦)」[278]라는 시를 읊었다. 그는 이 시에서 갑술년 물난리 속에 함께 한 여행 동반자들이 "우아함을 사랑하고 요란하거나 시끄럽지 않아" 이 여향을 잊을 수 없다고 하였다.

8월 4일, 청류암에서 하루를 묵은 일행은 큰절 백양사에 내려가 점심을 먹고 왔던 길을 되짚어 구암사로 돌아갔다. 하루를 더 구암사에 머무른 후 송계의 청으로 운교장에 가서 이틀 동안 머물렀다. 그들은 송계의 집에 체류하면서 10리쯤 거리에 있는 쌍구정(雙龜亭)을 둘러보았다.

8월 6일 오후, 송계와 작별하고 순창 읍내로 가서 새로 지은 관음사에서 일박하였다. 순창 읍내에서 신문휴(申文休)를 만났다. 석전 일행은 신문휴의 안내로 남산대(南山臺)에 있는 여암 고택을 찾아갔다. 여암(旅庵) 신경준(申景濬, 1712~1781)은 조선 후기의 학자로 학문에 밝아 실학사상을 바탕으로 지리학을 개척하였고, 『훈민정음운해(訓民正音韻解)』라는 저술을 남긴 인물이다.

남산대는 여암이 태어난 곳이고 벼슬에서 물러난 후 죽을 때까지 살았던 곳이다. 남산대 부근에 여암의 6대 후손이라는 두 형제를 만나 여암 고택을 둘러보았다.

일행은 순창에서 남원으로 가 광한루(廣寒樓)와 춘향의 사당을 살펴보았다. 석전은 춘향의 초상을 보고 그 그림이 십분(十分) 잘

---

278 『석전시초』 166쪽.

되지 못함을 여러 번 안타깝고 애석해 하여 이당 김은호의 이야기를 하였다. 석전의 논평에 대하여 민세가 석전의 말이 옳다고 하여 "그의 의론이 옳다." 하고 지나갔다고 정인보가 말하였다.

일행은 남원에서 곡성으로 이동하였다. 곡성에서는 묵용실(黙容室) 주인 정봉태 댁에 가서 경전과 문장에 대한 담론으로 밤을 지새웠는데, 정인보는 이 일을 이번 여행의 최고 아취(雅趣)라고 하였다. 또 오재(梧齋) 정봉태(鄭鳳泰, 1865~? 장서가, 다도인, 1918년 『곡성군지』 편찬)의 아들 정래동(鄭來東, 1903~? 전『동아일보』 기자)이 중국 북경에서 여러 가지 전적을 많이 가져왔으므로, 정인보는 그의 미재(美才)와 옥모(玉貌: 아름다운 용모)가 인재라며 칭찬하였다.

8월 9일 아침, 구례로 떠나기 전 정봉태가 일행과 동행코자 원하여 합류했다. 이들은 화엄사와 천은사를 오가며 5일간 머물렀다.

8월 4일, 일행은 구례에서 출발했다. 순천을 거쳐 여수에서 배를 타고 다도해를 유람하기로 하였다. 석전은 내장사와의 재약(齋約: 제사나 재일의 약속)이 있어 정읍으로 가고, 위당과 민세 두 사람만 여수에서 목포 가는 배를 타고 다도해를 유람하였다. 정인보는 목포행 배를 타고 가면서 석전 스님이 곁에 없어 물을 사람이 없는 아쉬움을 토로하였다. 위당은 석전을 '활지도(活地圖)'라면서 그에게 물을 수 없음도 적은 유감이 아니라 하였다.

다도해 여행을 끝으로 한 달여에 걸친 '갑술년 소하회'는 막을 내렸다.

학명 선사의 사리탑 비문을 짓다

1934년 섣달에 학명 선사의 제자 고벽(古碧)과 매곡(梅谷) 두 스님이 스승 학명 선사의 석종(石鍾: 돌로 만든 사리탑)을 만들어 놓고 스승의 행장(行狀: 사람이 죽은 뒤 평생의 행적을 적은 글)을 가지고 석전을 찾아와 스승의 비문을 지어 달라고 간청했다.

학명 선사는 석전과 법형제 사이로 우의가 돈독했는데, 1929년 5월 6일 내장사에서 갑자기 입적하였다. 다비 후 사리 70여 과를 수습하여 보관하다가 제자들이 6주년 추모기일을 맞아 부도와 탑비를 세우고자 석전에게 비문을 지어 달라고 요청한 것이다. 이에 석전은 기꺼이 「내장산 학명 선사의 사리탑명 병서(內藏山鶴鳴禪師舍利塔銘幷書)」[279]를 지어 주었다.

그해(1934) 연말에 석전은 일본에 유학하고 있는 조선 승려들이 간행하고 있는 잡지 『금강저』에 격려금 약간을 보시하였다. 또 중전 학생들의 요청으로 『일광』 제5호(1935. 1. 20, 2~3쪽)에 「조선불교의 정신문제」라는 제목의 글을 써주어 게재토록 하였다.

일본 승려 소마 쇼에이, 대원 강원에 유학

1935년 5월, 일본 조동종의 젊은 승려 소마 쇼에이(相馬勝英,

279 『석전문초』 121~22쪽.

1904~1971)가 개운사 불교전문강원(대원 강원) 강주 석전 노사를 방문하였다. 소마가 이 강원에서 공부할 수 있도록 허락해 달라고 간청하자 석전이 입방을 허락하였다. 소마의 대원 강원 유학은 6년 전부터 이야기가 있었다. 1929년 소마는 조동종 종립 구택대학을 졸업하고 조선에 조동종 포교사로 부임하였다. 부임 후 곧 석전을 방문하여 강원에서 공부할 수 있도록 해달라고 청했는데, 석전은 "조선어를 공부한 다음에 오라."고 하였다. 그 후 소마는 범어사를 비롯하여 오대산 상원사 한암 선사 문하에서 선수행을 하는 등 조선의 전통 선원에서 정진하면서 조선어를 충실히 익혔다. 6년이 지나 조선어가 어지간히 익숙해지자 소마가 다시 찾아왔으므로 석전이 강원 입학을 허락한 것이다.

소마는 조선 사찰 행각기를 1932년 4월부터 『조선불교』지에 연재하였다. 또 소마는 "한영 노사의 자애(慈愛)로 강원에서 공부할 수 있게 되었다."라고 하면서 대원 강원에서 공부하고 생활한 경험을 「대원암 전문강원」[280]이라는 제목의 글을 『조선불교』 제10호에 발표하였다.

소마는 이 글에서 대원암 강원이 조선에서 첫 번째로 운영이 잘 되는 곳이고, 지방의 학인들이 매혹을 느끼는 강원이라고 하였다. 강주 석전 노스님은 66세의 고령에도 불구하고 청년 승려 훈육에 진력하고 있으며 최고의 인격자라고 하였다.

280　소마 쇼에이(相馬勝英), 「대원암 전문강원」, 『조선불교』 제10호, 1935. 5. 1. 10쪽.

소마는 1935년 대원 강원에 입방하여 약 1년 정도 석전의 가르침을 받았다. 소마는 강원에서 공부한 지 6개월가량 지나서 스승 석전에 대하여 다음과 같이 말하였다.

[박한영] 선생님에게 친히 사사(師事)한 지 반년이 되었습니다. 매일 불같은 열정으로 교수(敎授)하고 있으신데, 그에게 느껴지는 것은 학자로서는 물론이고, 그 이상의 무언가가 있는 것 같습니다. 이는 오랫동안 수행한 결과라고 믿습니다. 아울러 선생님은 금년 66세인데도 불구하고 우리 학인들과 같이 아침 일찍 일어나시고 밤에는 늦게까지 면학에 정진하십니다. 그러면서 새벽에는 좌선을 거르지 않습니다. 그리고 조식 후에는 우리에게 문강을 한 후 전문학교로 출근하십니다.

선생이 반도불교계의 제자 교육을 전적으로 한 것이 이미 몇 십 성상[幾十星霜], 금일까지도 후학 승려들이 잘 활동할 수 있도록 노력하고 있습니다. 그 원동력을 함양시킨 놀라운 원동력은 필설로 다 나타낼 수 없습니다. 더불어 말한다면 백 년을 하루같이 노력하고 있는 것은 위대한 이상(理想)이 있기 때문이 아니겠습니까? 다행히 전선(全鮮) 사원의 승려는 스스로 사명감을 가지고 일보 전진하고 있으므로 선생의 이상 일부가 달성되어 간다고 느껴집니다.

이 가을에 선각자이신 선생의 도력(道力)에 접하고 있는 제가 반성하는 것은 여하히 의의(意義) 있고, 다시 반도불교를 참되게 이

해하는 것이 무엇이고, 어떤 게 행복인지 아직 알지 못한다는 것입니다. 선생은 남아 계신 최후의 학승이라 믿고 있습니다만 제가 공부하는 데는 어려움이 있습니다.

이번에 조선불교사가 바쁘신 선생을 초청하여 불전 강좌를 개시하게 되었습니다. 민중들에게는 전후(前後)에 없는 좋은 기회라고 생각합니다. 그러므로 불교에 관해 온축(蘊蓄)하고, 믿음을 굳건히 하려면 꼭 참석하시어 먼저 선생의 접화(接化)에 참여하실 것을 권합니다.[281]

석전에게 직접 가르침을 받은 일본 승려 소마의 이 기록은 매우 솔직하고 간결하게 석전의 면모를 잘 전하고 있다. 소마는 석전이 매일 불같은 열정으로 후학 양성에 힘쓰고 있으며 오랜 수행의 결과로 학자 이상의 무엇이 느껴지는데 이는 오랫동안 정진한 결과라고 믿는다고 하였다. 특히 66세의 고령임에도 젊은 학인들과 똑같이 새벽 일찍 일어나고 밤늦도록 면학에 정진하고 있다고 하였다. 석전이 기여한 공로는 조선 승려가 활동할 수 있는 원동력을 함양시켰고, 위대한 이상(理想)을 가지고 이를 실천하고 있다고 하였다. 그의 노력은 이루 필설로 다 말할 수 없다면서, 그의 불전 강좌에 많이 참석하여 직접 접화(接化)에 참여하라고 권유하였다.

---

281 소마 쇼에이, 「박한영 선생의 불전 강좌 개시를 듣고」, 『조선불교』 제115호, 1935. 10. 1, 6쪽.

석전은 '조선 불교계의 제1인자'

『조선불교』에서는 석전을 초대하여 '불전 강좌'를 개최한다는 공고를 게재하였는데, 여기서 석전을 '조선 불교계의 제1인자'라고 칭하였다.[282]

경술국치(1910) 전후 우리나라에 침투한 일본 불교는 6개 종단 11교파에 일본 사찰과 포교소가 167개소였다. 이를 바탕으로 조선에 진출한 일본 불교를 대표하는 불교 언론이 잡지『조선불교』였다. 이『조선불교』사의 석전에 대한 평가는 바로 일본 불교계를 대표하는 평가였다고 할 수 있다. 일본 승려나 일본 불자들이 발행하는 불교 언론의 석전에 대한 평가는 수사적이거나 예의적인 표현만이 아닌 듯하다.

소마의 표현을 빌리면 석전은 밤늦게까지 면학에 정진하는 '최후의 학승'일 뿐만 아니라, 매일같이 하루도 빠짐없이 새벽마다 '좌선'을 거르지 않는 '선승'이었다.

석전은 스승 설유 화상이 설한 대로 '천하의 학자들과 교류한 당대 제1의 선지식이자 선승'이었다. 그의 이런 면모가 조선 멸시관과 정한론(征韓論)에 사로잡혀 있던 일본인조차 석전을 '조선 불교계의 제1인자'라 칭하게 되었을 것이다. 이는 일본 수군이 임진왜란(1592) 때 이순신 장군에게 처참한 연패를 당했음에도 불구하

282 「예고」,『조선불교』제115호, 1935. 10. 1, 6쪽.

고, 일본은 세계 해전사에서 이 충무공을 최고의 해전 모델이자, 최고의 해군 지도자로 삼아 존경하고 연구하고 배우려는 사실과 매우 흡사하다.

석전은 1935년 사월초파일의 불탄축하준비위원회 회장으로 추대되어 '부처님 오신 날'을 기념하는 전국 규모의 행사를 주관하였다. 같은 해 7월 16일에는 다산 정약용 선생의 서거 백주년 기념회의 발기인으로 참여하였고, 7월 18일에는 박승빈의『조선어학』출판기념회의 발기인으로 참여하였다.

승지강산(勝地江山)

금강산 불교회 고문

조선 불교계에서는 금강산을 중심으로 조선 불교를 연구하고
홍보하고자 1935년 9월 7일 경성 수송동 각황교당에서 '금강산불
교회'를 창립하였다.

회장은 표훈사 주지 최원허(崔圓虛) 스님을, 총무는 한경원(韓慶
源) 스님을 선출하였고, 석전은 고문으로 추대되었다. 금강산불교
회에서는 기관지로 잡지 『금강산』(통권 10호, 1935. 9~1936. 6)을 간
행하였다.

석전은 이 회의 고문이자 다년간 금강산을 자주 답사한 자타가
공인하는 금강산 전문가로서 『금강산』지에 여러 편의 글을 발표
하였다. 즉 그는 「금강관(金剛觀)」(『금강산』 1·2호), 「금강산만평(金剛
山漫評)」(5호), 「보익(輔翼)의 금강」(7~9호), 「이 산의 주인공은 누구
인가?」(10호) 등 네 편의 금강산 관련 글을 게재하였다. 석전은 『금
강산』지 전 10호 중 3·4·6호만 제외하고 모두 글을 실었다. 이
네 편의 글은 "금강산 단풍에 다섯 번 취했었네[五醉楓嶽]."라고 했

듯이 다섯 번 이상 금강산에 다녀온 전문가로서의 금강산에 관한 결산이자 총평이다.

황해도 지방 여행

석전은 1935년 9월, 황해도 지방을 여행하였다. 그는 이 여행에서 네 편의 기행시를 지었다.

「해서의 장수산에서[海西長壽山]」[283]라는 시는 황해도의 등줄기를 형성하고 있는 멸악산맥(滅惡山脈)에 딸린 재령군에 위치한 장수산(747미터)을 노래한 작품이다. 석전은 이 시에서 "예서 다시 풍악을 보게 될 줄 몰랐네."라면서 장수산의 풍광을 찬탄하였다.

석전은 황해도 도청 소재지인 해주에 들렀다. 그는 해주 남산에 올라 서해의 낙조를 바라보며 「늦게 해주 남산에 올라 서해의 낙조를 바라보다[海州南山晚眺]」[284]라는 시를 읊었다. 그는 해주의 명승지인 신광사(神光寺)에서도 시를 남겼다.[285]

석전은 1935년, 전북 김제군 만경읍 화포리 431번지에 소재한 유앙산포교당(維仰山布敎堂, 지금의 조앙사)의 지장탱화를 조성·봉안할 때 증명비구(證明比丘)로 참석하였다.[286]

---

283 『석전시초』 172쪽.
284 『석전시초』 173쪽.
285 『석전시초』 173쪽.
286 필자가 2011년 3월 6일, 군산 동국사 주지 동걸 스님과 함께 조앙사를 방문하

1935년도에 발간한 『조선공로자명감(朝鮮功勞者銘鑑)』에서는 석전 박한영이 중앙불교전문학교 교장으로서 높은 식견과 덕망으로 학교 내외의 신뢰를 받고 있으며, 덕으로 교직원과 학생들을 지도하고 있다고 기록하였다. 일본인 아베 카오루(阿部薫)가 편찬한 이 책은 조선인과 일본인을 망라하여 당시 조선에서 활동하고 있는 인물들을 평하여 집대성한 문헌이다.[287] 이 문헌에 석전이 수록되었다는 것은 당시 식민지 조선에 살던 일본인들도 석전을 높이 평가하고 있었다는 것을 확인시켜 주고 있다.

1935년 가을, 호사가(好事家)들이 조선의 산수를 비교 검토하여 '16승(勝)'을 뽑고, 다시 이 가운데 '8경(景)'의 1위로 내장산을 선정했다. 이에 석전은 내장산 4승과 백양산 4승이라는 일련의 시편들을 썼다. 먼저 석전은 '내장백양 8승시 소인(小引)'이라는 머리말에서 내장산과 백양산을 합하여 '8승'을 뽑은 경위를 설명하고, 이어 '내장산 4승'과 '백양산 4승'을 칠언율시 8편으로 읊었다.[288]

1935년 『신동아』 8월호에서는 '내가 좋아하는 산수(山水)'라는 여름 특집을 기획하였다. 이 특집에 초청된 인사는 석전을 비롯하여 이극로(李克魯)·이인(李仁)·현상윤(玄相允) 등 10인이었다. 석전은 자신이 돌아본 조선의 산수에 대해 쓴 글을 기고하였다.[289]

여 지장탱화 화기(畵記)에서 직접 확인한 사실이다.
287 아베 카오루(阿部薫) 편, 『조선공로자명감(朝鮮功勞者銘鑑)』, 민중시론사, 소화(昭和) 10년(1935), 822쪽.
288 『석전시초』, 173~178쪽.
289 『신동아』 통권 44호, 1935. 8, 23쪽.

이 기고문에 의하면 석전은 금강산 7~8회, 설악산 2회, 개성 천마산과 황해도 구월산 2회, 지리산·월출산·한라산 각 2회 답사하였다. 그리고 백두산·묘향산·칠보산·천불산을 등반하였고, 평양의 연광정과 해금강이며 중국의 서호(西湖: 절강성 항주에 있는 호수)와 소주의 개호(介湖), 양자강과 황포강을 유람하였다. 그가 이 글에서 손꼽은 조선의 3대 폭포는 설악산 대승폭포, 금강산 구룡폭포, 천마산 박연폭포인데 그 가운데서도 금강산 구룡폭포가 특별히 빼어나다고 하였다.

승지강산(勝地江山)

석전은 1936년 1월, 반평생 동안 명산(名山)을 벗 삼아 지내왔기에 「승지강산에 대한 논평」이라는 글을 일제강점기 조선 불교계의 유일한 신문이었던 『불교시보(佛敎時報)』(발행인 대은 김태흡)에 발표하였다.[290]

일제강점기 35년 동안 일반 사회와 승가 전체를 보아도 석전만큼 명승지 여행을 많이 한 사람은 흔치 않고 더구나 그걸 글로 남긴 사람은 더욱 희소하다.

즉 「승지강산에 대한 논평」이 산문으로 쓴 석전 기행의 총평이

---

290 석전 한영, 「승지강산에 대한 논평」 『불교시보』 제6호, 1936. 1. 1, 3면, 제7호 (1936. 2. 1, 3면)

라면, 「돌을 쓰는 부스러기 이야기[拂石譚藝]」[291]는 시로 표현한 석전 기행의 결산에 해당된다.

시 「불석담예(拂石譚藝)」에는 석전이 평생 편력한 명승지 가운데 대표적인 명소로 관동지방·한라산·금강산·백두산·압록강·묘향산·지리산 천왕봉·명천 칠보산, 중국의 소주·항주·금릉(남경) 등이 간결한 시어로 표현되어 있다. 시의 특성상 행간에 누락되어 있는 탐방 명소를 구체적으로 서술하고 논한 글이 1936년 1월에 석전이 발표한 「승지강산에 대한 논평」이다.

석전은 1936년 1월, 중전의 교지 『일광』 제6호에 「불교와 문학」[292]이라는 글을 게재하였다.

또 그는 같은 해 3월 『불교시보』 제8호에 「조선불교와 문학」[293]이라는 글을 써 주었다. 이 두 가지 글은 제목이 유사하나 내용은 다르다.

산강 변영만과 단재 신채호

석전은 당대 한문학의 태두로 손꼽히던 변영만(卞榮晩, 1889~1954)과 교분이 있었다. 변영만은 1935년 부친상을 당하자 고례(古

---

291 『석전시초』, 19~20쪽.
292 『일광』 제6호, 1936. 1. 10, 2~7쪽.
293 『불교시보』 제8호, 1936. 3. 1, 1면.

禮)를 준수하여 부천군 고강본동 산63번지 선산에서 시묘살이를 하였다. 그가 시묘살이를 하던 중 단재(丹齋) 신채호의 옥중 순국을 슬퍼하였다. 그래서 변영만은 신채호의 49재 날에 서울의 사우(師友)를 초청하여 여막 옆에서 정성을 다해 단재를 추모하는 49재를 지냈다.

석전은 단재의 49재 추모제향일(1936. 3. 16)에 「여막에 계시는 산강 변영만에게 드리는 게언[偈言贈寄卞山康恭廬]」[294]이라는 제목의 시를 써서 보내주었다. 변영만은 여막에서 단재의 49재를 지내는 바로 그날, 석전이 보내준 시를 받고 매우 감격하였다. 그는 석전의 시를 보고 단재의 혼령도 기뻐할 것이라며 신채호의 영전에 시를 올렸다. 그리고 이 일을 편지로 써서 석전에게 보냈다.[295]

스승 경운원기 입적

1936년 7월 11일, 석전은 중전 도서관건축기성회에 참석하여 일곱 명의 위원 가운데 한 사람으로 선출되었다. 이는 석전이 교장으로서 마땅히 수행해야 할 직무였다.

강원 대교과의 스승 경운원기 화상이 순천 선암사 남암에서 1936년 11월 11일 오전 11시에 입적하였다. 석전은 부고를 받자

---

294 『석전시초』 178쪽.
295 변영만이 석전에게 보낸 편지는 『석전문초』 224쪽에 수록되어 있다.

서둘러 선암사로 내려가 스승의 영전에 조문하면서 눈물을 비처럼 쏟으며 통곡하였다.[296]

석전은 1936년 음력 5월 23일, 구례 절골에 사는 왕경환(王京煥)에게 편지를 보냈다. 내용은 왕경환의 아들이 서울에 시험을 보러 오면 숙식을 제공할 것이며, 7월에 쌍계사에 갈 때 왕경환의 집도 방문할 예정이라고 하였다.

석전은 1936년 9월 3일 김제 금산사 미륵불 입상 복장 불사에 증명법사로 참석하였다.

---

296 임혜봉, 종정열전 2, 『천고에 자취 감춘 학처럼』, 가람기획, 1999, 320쪽.

5부

만년의
물외도인

石顚釋鼎鎬

연년세세, 사람은 늙어가고

석전은 1937년 1월, 『불교시보』에 「또 신년의 느낌[感]」[297]이라는 글을 발표하였다. 그는 "연년세세에 꽃은 같건만, 세세년년(世世年年)에 사람은 같지 않다."라는 인생의 무상을 깊이 느끼게 하는 말로 서두를 시작하였다.

정축년(1937)에 접어들자 세수 68세의 석전은 자신이 늙어감을 절감하였다. 그는 이 글에서 60년 전, 향촌의 서당에서 백수문(白首文, 천자문)을 끼고 여덟 살의 나이에 서당 공부를 시작했던 시절을 떠올리며, 19세에 출가한 이후의 삶을 회고하였다. 이어 그는 당시 불교계에서 활동하고 있는 역량 있는 인물들을 분야별로 열거한 후 다음과 같이 감상적인 글로 마쳤다.

대저(大抵) 현상(現狀)이 경퇴(傾頹: 기울어져 쇠퇴함)한 조선 불교계로는 동감할 자가 몇 분인고? 하염없는 감정루(感情淚)는 효풍잔월창전(曉風殘月窓前: 남은 달빛 비치는 창 앞의 새벽바람)에 떨어지는

---

297 석전 한영, 「또 신년의 감(感)」, 『불교시보』 제18호, 1937. 1. 1, 1~2면.

설매화(雪梅花)와 한 가지로 적막한 한(恨)을 품고 낙지단무성(落地但無聲)할 뿐이다.[298]

　석전은 1937년 1월 1일, 신년의 아침을 맞이하여 드물게 자신의 감정을 감상적으로 토로하고 있다. 스승 경운 화상의 조문을 가서 눈물을 비처럼 쏟으며 심하게 통곡한 지 얼마 되지 않은 시점이어서인지 몰라도 그의 "하염없는 감정의 눈물이 적막한 한을 품고 설매화처럼 소리없이 땅에 떨어질 뿐"이라는 마지막 구절은 자못 비감하다.

　석전은 1937년 봄에는 북단정(北壇亭) 주인 전씨(全氏)의 초청으로 그곳에 가 벗들과 「북단앵화회소집(北壇鶯花會小集)」[299]이라는 시를 읊었다.

　여기서 말하는 북단정은 간송(澗松) 전형필(全鎣弼, 1906~1962)이 1934년 성북동에 마련한 정자이고, 석전이 언급한 전씨는 바로 전형필이다.

　그해 4월 16일에는 산벽시사의 동인 석정 안종원의 회갑 잔치에 초청받아 「안석정수연회초부(安石丁壽宴會招賦)」[300]라는 시를 지었다. 안종원의 수연회는 산벽시사의 동인들 대부분이 참석하였다. 석전은 같은 해 5월에는 중전 학생회에서 간행하는 『룸비니』 창간호(1937.5)에 교장으로서 「축하본회지(祝賀本會誌)」라는 축

298　위와 같음.
299　『석전시초』 182쪽.
300　『석전시초』 183쪽.

사를 써 주었다.

중일전쟁 발발, 중전 교장 사의 표명

일제는 1931년 만주사변을 일으켜 만주를 점령하고 이듬해에 일본 관동군의 괴뢰정권 만주국을 세웠다. 그리고 1937년 7월 7일, 중일전쟁을 일으켜 중국 국민당 정부의 수도 난징[南京]을 점령해 이른바 난징대학살 사건을 저질러 무려 30만 명이 넘는 중국인을 살육했다.

1937년 12월 13일 난징이 함락되어 잔혹한 살육이 진행됨에도 불구하고, 조선총독부에서는 전승을 경축하는 '남경축승기념행사'를 했다. 언론에서는 연일 일본군의 승전을 보고하고, 친일 승려들도 중국으로 출병하는 일본군 송영행사에 참석하느라 바빴다. 하지만 석전은 일본 군인이 전장에서 얼마나 잔혹한지를 임진왜란을 기록한 역사서를 통해 이미 알고 있었다. 실제로 일본군은 중일전쟁 기간에 1천 2백만 명에 달하는 중국인을 학살하고 친일 중국 정치인을 내세워 남경에 괴뢰정부를 수립했다.

일본군의 승리 소식에 일본인들과 일부 몰지각한 조선의 친일파들이 환호했지만 석전은 오히려 마음이 울적해졌다. 그는 우울한 심사를 달래고자 그해 여름 중전이 여름방학에 들어가자 남해안으로 훌쩍 떠났다.

석전은 중일전쟁이 일어난 지 20여일 만인 7월 27일 거제도와 통영반도 사이에 있는 한산도에 이르렀다. 이 섬은 임진왜란 때 이순신 장군이 일본군을 크게 물리쳤던 해전의 근거지이다. 석전은 한산도 제승당(制勝堂)에서 나라와 백성을 위해 왜군 섬멸에 노심초사했던 이순신 장군의 넋을 떠올리며 「한산도 제승당 유감」[301]이라는 시를 읊었다.

제승당은 이순신 장군의 한산도대첩 승전을 기념하기 위하여 지은 당이다. 선조 25년(1592) 7월 6일, 전라 좌수사 이순신 장군은 이억기(李億祺)를 비롯한 부하 수군들과 더불어 배 90척을 인솔하여 좌수영을 출발, 경상 우수사(右水使) 원균(元均)과 함께 합세하여 견내량(見乃梁)에서 적의 함대[대선(大船) 36, 중선(中船) 24, 소선(小船) 13척]를 한산도 앞 바다로 유인하여 60척을 격파 침몰시켰다. 한산도대첩은 임란 삼대첩의 하나였다.

한산도 앞 바다의 대승은 이순신 장군의 탁월한 지모와 용병 역량으로 성취한 승전이었음을 석전은 잘 알고 있었다. 그런데 지금은 왜놈들에게 나라를 빼앗기고 중원 대륙에서 연일 전해오는 왜적들의 승전보를 들어야 하는 것은 우울한 일이었다. 그래서 석전은 한산도 제승당에서 읊은 시에서 "조용히 갈매기 바라보니 마음이 울적하구나." 하고 표현하였다.

춘명(春明) 창석(暢錫, 1919~2002)이 1938년 4월 15일 대원암에

---

301 『석전시초』 183쪽.

대원 강원 제7회 대교과 졸업기념. 1934. 석전은 앞줄에 불자를 든 채로 의자에 앉아 있다. 가운데 줄 세 번째가 수산지종 스님. 맨 뒷줄 오른쪽이 만송 스님이다. 기둥에는 석전이 짓고 쓴 주련이 걸려 있고, 방 양쪽에는 『금강경오가해』 9장에 나오는 파정(잡아 둠). 방행(놓음)이 적혀 있다. 동국사 소장(정종태 기증)

서 석전 스님을 계사로 비구계를 받았다. 춘명 스님은 광복 후 태고종 총무국장, 화엄종 전북 총무원장, 전북불교연합회장 등을 역임한다.[302]

석전은 1938년 4월 29일 대원 강원에서 제7회 사교과 졸업식을 거행하고 7명의 학인들에게 수료장을 수여하였다.[303]

중전 교장 사의 표명, 사임은 친일 협력 거부

석전은 중전(중앙불교전문학교) 교장으로서 일제의 황민화 시책과 중국 침략 전쟁에 협조하라는 강요를 받자 깊은 고뇌에 빠졌다. 석전은 일제가 강요하는 그들의 동화 정책과 잘못된 침략 정책에 협조하고 싶은 생각이 추호도 없었다. 그리하여 마침내 1938년 6월 9일, 중전의 설립운영 주체인 중앙교무원에 가서 중전 교장을 사임하겠다고 구두로 언명(言明)하였다.[304]

중전에서는 일제의 종용으로 1938년 7월 10일 근로보국대를 조직하여 하휴 기간에 우이동에서 10일간 근로보국을 하였다. 『매일신보』 1938년 7월 11일자 신문에서는 교장 박한영이 근로보국대의 대장이고 밤에는 박한영 교장의 불교 강화(講話)가 있었다

---

302 『춘명대종사 법문집』 춘명문도회, 2003.
303 『불교시보』 제35호, 1938. 6. 1, 7면.
304 「교계소식」 『불교』 15집, 1938. 9. 1, 39쪽.

고 보도하였다. 중전의 '근로보국대'는 '국가총동원법'의 직장 보국대 규정에 의해 강제로 조직된 단체였다. 당시 초등학교·중등학교·전문학교에서는 의무적으로 '근로보국대'를 만들어야 했고, 교장은 당연히 그 대장이 되어야 했다. 석전 박한영은 교장으로서 당연직 중전 근로보국대의 대장이 된 것이다. 훗날 석전은 이 직책 때문에 독립유공자 서훈 심사에서 탈락 원인이 되었다.

석전은 1938년 11월 24일 중앙불교전문학교 교장직을 공식적으로 사임하였다. 같은 날 학감인 김경주가 교장 사무취급자로 인가받았다.[305] 석전은 사임 의사를 밝힌 지 5개월 만에 6년 동안 재직한 중전 교장직에서 물러났다. 석전이 사임하자 중전에서는 그를 곧 명예교수로 위촉하였다.[306]

그럼 석전이 중전 교장직을 사임한 이유는 무엇이었을까? 가장 직접적인 원인은 중일전쟁 발발 이후 일제의 강압적인 동화·전시체제의 강요 때문이었다. 조선 불교가 일본 불교에 종속되는 것을 반대하는 운동을 두 번이나 전개하였고, 한성임시정부·태평양회의에 불교계 대표로 참여한 바 있는 독립사상이 강고했던 석전은 일본의 침략전쟁에 적극 협조할 수 없었다. 따라서 석전의 교장직 사임은 일제가 강요하는 친일 협력을 거부하는 것이자 저항 의식의 표출이었다.

석전이 사퇴의 명분으로 내건 것은 고령과 건강이었다. 당시 석전의 세수는 69세였다. 평균 수명이 50세도 미치지 않던 시대

305 『일광』 제9호, 1939. 3. 16, 44쪽.
306 『불교』 신21집, 1940. 3. 1, 58쪽.

였으므로 석전이 사임 이유로 내세운 고령은 외견상 합당한 사유로 비쳤을 것이다. 하지만 누구보다 건강하고 노익장을 자랑하는 석전이었으므로 고령과 건강 문제는 핑계였고 실제로는 일제의 강도를 더해가는 황민화 시책과 친일 강요를 거부 또는 저항하고자 사임한 것이 석전의 본심이었을 것이다.

시대의 거울

　무인년(1938) 늦가을에 석전은 자신을 돌아보는 「석전사문자찬(石顚沙門自讚)」[307]을 지었다.

　이 「자찬」은 이당 김은호 화백이 그해(1938) 가을에 그린 석전의 초상화를 보고 지은 것이다. 산벽시사의 동인 위창 오세창은 석전이 「자찬」을 짓자 그걸 「영호선사지조(映湖禪師之照)」라는 제목으로 한 편의 서예 작품으로 만들었다. 가로 68㎝, 세로 37㎝인 석전의 초상화와 위창의 서예 작품은 현재 선운사 성보박물관에 보관되어 있다.[308]

　석전은 1939년 2월 1일, 인당(印堂)이 그린 「산수우경(山水雨景)」이라는 그림에 제시(題詩)를 지었다.[309]

　석전은 일흔 살의 노구를 이끌고 1939년 음력 2월, 완산(完山, 지금의 완주) 봉서사(鳳棲寺)를 향하여 길을 떠났다. 봉서사로 가는 길에 옛 고향이 바라보이는 곳에 이르러 석전은 어린 시절 살

307　선운사 소장, 「석전사문자찬」, 무인수추(1938) 37×68㎝.
308　백파사상연구소, 제2회 석전영호대종사특별기획전 팸플릿, 선운사성보박물관, 2009.
309　『석전시초』 194쪽.

앉던 고향을 바라보며 추억과 회한에 잠겼다. 석전은 이때의 심경을 「완산 봉서사로 가는 길에 저 멀리 저녁노을 서린 옛 고향을 바라보며」[310]라는 긴 제목의 칠언절구 10수로 읊었다.

석전이 70세의 노령에 봉서사 가는 길에 바라보는 옛 고향은 여전히 버들가지가 우거져 있었고 언덕엔 연기가 서려 있었다. 여울물 흐르는 고향 마을을 바라보며 쓸쓸하게 먹물 옷을 입고 언덕에 서 있자니 옛 사람이 말하는 금의환향은 남의 일이 되고 말았다. 석전은 오래 전 50년 전에 떠난 옛 고향을 바라보며 출가할 무렵을 회상하며 회한에 잠겼다.

슬퍼하는 노모를 뒤로 하고 출가하여 효도하겠다며 집을 떠났지만, 머리카락을 자를 때 참았던 눈물을 터트리며 부처님 앞에서 통곡했었다. 그 무렵을 회상하며 어머니 계시던 고향 집을 향해 머리 조아리니 다시금 눈물이 앞을 가렸다.

70세 고령의 노승 석전은 망향의 감회와 어머니를 향한 사모의 정으로 애틋한 심정에 젖어 있었다.

당대의 석학이요, 고승석덕의 반열에 오른 지율엄정한 수행자 석전이었지만 어린 시절의 고향 추억과 어머니를 그리는 정은 여느 사람과 다르지 않았다. 이렇듯 인간적인 진솔한 면모를 간직하고 있었기 때문에 고목처럼 화석화된 존재가 아니라 세상의 많은 사람과 후학들이 우러러 보는 대종장(大宗匠) 선지식이 될 수

---

310 「유완산봉서사행봉산사일요망고리감구(有完山鳳棲寺行鳳山斜日遙望故理感舊)」『석전시초』 195~196쪽.

있었으리라.

비구니 세만의 공덕 비문을 짓다

1939년 3월, 내장사 주지 매곡 스님이 석전을 방문하여 내장산 영은암의 비구니 세만(世萬)의 중흥공덕비문을 지어 달라고 청하였다. 비구니 세만(1847~1932)은 27세 때인 1873년 내장산 영은암에서 출가하였다. 세만은 계율에 엄격하고 염불과 기도에 열심이었으며 비구니였으나 그 뜻과 풍모가 대인군자의 기상이 있었다.

1888년 봄, 영은암이 실화로 불타자 1896년 가을부터 중창을 시작하여 1898년 전료(殿遼: 전각과 요사) 20여 가(架)의 공사를 마쳤는데 그 경비가 무려 3천여 원이나 들었다. 1924년 학명 선사가 내장사 주지로 부임하여 벽련암의 법당과 소림선실(小林禪室) 신축에 착수하자, 세만은 5백여 금(金)을 희사하여 학명 선사의 불사를 적극적으로 돕는 큰 공적을 세웠다.

세만이 1932년 11월 입적하자 그 8년 뒤 상좌인 비구니 정택(正澤)과 덕문(德門)이 스승의 공덕비를 세우고자 내장사 주지 매곡 스님께 부탁하여 그 비문을 지어 달라고 청한 것이다. 이에 석전은 1939년 4월 기꺼이 세만의 공덕비문을 지어 주었다.[311]

....

311 「내장산 비구니 세만공덕기념비」『석전문초』149~152쪽.

석전은 1939년 4월 17일, 삼각산 개운사에 개설된 대환계단(臺環戒壇)의 전계아사리가 되어 계를 설하고 수계를 해 주었다.[312]

아사리는 계율에 밝고 의식을 지도할 수 있는 승려를 뜻한다. '전계아사리'는 계율을 가르치고 계를 주는 덕 높은 지도자급 스님이 주로 맡는다.

난곡 이건방의 죽음을 애도하다

그해(1939) 여름, 난곡(蘭谷) 거사 이건방(1861~1939)이 지병으로 타계하였다. 석전은 6년 전 난곡과 금강산 여행을 함께하였고, 난곡이 종종 석전을 찾아와 차를 달여 마시며 즐겁게 함께 시를 읊기도 하였다. 석전은 난곡을 만나면 흔쾌한 마음으로 학문과 문학을 논하며 대화를 나눈 친구였다.

이처럼 친했던 난곡이 유명을 달리하자 석전은 「난곡거사만(蘭谷居士輓)」[313]이라는 무려 10수의 만시(輓詩)를 지어 그의 죽음을 애도하였다. 석전은 이 시에서 금강산 비로봉에 올라 난곡과 시를 지은 일과 그와 더불어 차를 마시며 담소하던 일을 떠올리며 "다만 마른 차를 달이니 그대의 말이 허공에 맴도네." 하고 쓸쓸히 난곡을 추모하였다. 석전의 이 만시에는 난곡을 애도하는 석전의

---

312 「석전정호 스님의 연보」『석전정호스님의 행장과 자료집』, 선운사, 2009, 22쪽.
313 『석전시초』, 199~201쪽.

정이 절절히 표현되어 있다.

같은 해 8월, 석전은 「낙산사 의상대 육각정 중건기」[314]를 지었다. 9월 8일에는 유일한 불교계신문 『불교시보』의 후원회에 다른 16명과 함께 고문으로 추대되었다.[315] 석전은 『불교시보』에 여러 편의 글을 발표한 바 있고, 당시 유일무이한 교계의 대중신문인 『불교시보』가 포교와 불교 부흥에 크게 기여하고 있음을 잘 알고 있기에 격려하기 위해 후원회에 참여한 것이다.

석전은 1940년 1월, 『불교』 제44호의 권두언으로 「영춘송(迎春頌)」[316]을 써주었고, 『일광』 제10호에는 「불전(佛專) 전도(前途)에 취(就)하야」[317]라는 글을 발표하였다. 석전이 말하는 '불전 전도'란 중앙불교전문학교의 앞날을 뜻한다. 그는 이 글에서 중일전쟁이 진행되고 있는 전시체제에 중전의 발전이 부진하다면서 당면과제가 예과(豫科)의 증설과 도서관 증설이니 설립자 측에서 맹성분투(猛省奮鬪: 맹렬히 반성해 분연히 투쟁함)하여 성사시켜야 한다고 조언하였다.

314 「낙산사 의상대 육각정 중건기」, 『석전문초』, 116~218쪽.
315 「불교시보후원회조직」, 『불교시보』, 1939. 10. 1, 13면.
316 『조선불교총보』 제45호, 1940년 1월호 목차 앞면.
317 『일광』 제10호, 1940. 1. 15, 8쪽.

중전 명예교수직도 사임

석전은 1940년 4월 24일, 「중수구암사기」[318]를 지었고, 같은 봄에는 「수도산 봉은사 대웅전 중건 상량문」[319]을 썼다. 또 6월에는 「금랑각 중건기」[320]를 지었다.

1940년 7월, 중앙불교전문학교가 혜화전문학교로 교명을 바꾸고 일제는 일본인을 교장으로 임명했다. 그러자 석전은 중전의 명예교수직에서도 사임하였다.[321]

석전은 음력 7월 25일 「개장본 금강경 후발(후기)」[322]을 지었고, 중추(中秋: 추석)에는 「두륜산 초의선사 탑명기음」[323]을 썼다.

최남선, 석전의 시집 『석전시초』 간행

석전의 대표적인 저서인 한시집(漢詩集) 『석전시초(石顚詩鈔)』가 1940년 9월 동명사(東明社, 발행인 최남선)에서 간행되었다. 이 시집은 수십 년 동안 석전을 모시고 가르침을 받은 육당 최남선이 고희(古稀, 70세)를 맞이한 석전을 위해 각별한 정성으로 만들어 바

318 『석전문초』, 215~216쪽.
319 『석전문초』, 232~235쪽.
320 『석전문초』, 218~220쪽.
321 「인사소식」, 『불교시보』 제60호, 1940. 7. 15, 6면.
322 『석전문초』, 203~204쪽.
323 『석전문초』, 126~129쪽.

친 것이다.

최남선이 이 시집의 첫머리에 쓴 「서(序)」에 의하면, 『석전시초』는 석전이 70세 되는 1939년에 발간 준비를 시작하여 1940년 9월에 간행되었음을 알 수 있다.[324] 육당은 이 글에서 오랫동안 석전 스님을 모시고 불교와 문학의 원류에 대한 가르침을 받았는데, 만주에서 돌아와 스님을 뵈었을 때, "이젠 늙었어⋯⋯."라는 말씀을 듣고 불현듯 석전의 춘추가 올해(1939년) 70세라는 것을 알았다.

그래서 육당은 스님께 바칠 것이 없으나 마음만은 그냥 있을 수 없어서 석전의 시를 인쇄에 부쳐 『석전시초』를 간행했다고 하였다.

사실 만주사변 · 중일전쟁 등 일본의 침략전쟁의 여파로 물자가 귀하고 서적 발간도 힘들었던 시절에 육당이 석전의 시문집 『석전시초』를 간행한 것은 각별한 성의가 아니면 행하기 어려운 일이다. 만약 육당이 이때 석전의 시고를 정리하여 '석전시초'를 발간하지 않았다면 후학들이 주옥같은 석전의 시편들을 읽을 수 없었을지도 모른다.

광복 후의 혼란한 해방 공간과 이어지는 6 · 25 전쟁의 참화 속에 석전의 2만여 권의 장서와 추사의 작품을 비롯한 귀중한 서화를 간직했던 구암사, 그리고 석전이 오래 주석했던 서울 개운사와 대원암, 또 석전이 만년에 머물렀던 내장사 등이 모두 6 · 25 전쟁 때 병화로 소실되거나 대부분 파괴되었다. 따라서 1940년에

---

324 최남선, 「서(序)」, 『석전시초』, 9~11쪽.

육당이 『석전시초』를 발간하지 않았다면 석전의 시고도 전쟁으로 인멸되었기가 쉽다. 이러한 전후 사정을 감안해 보면 『석전시초』를 간행한 육당의 공덕은 매우 크다. 그러므로 육당이 비록 선항일 후친일의 허물이 있지만, 일제강점기 마지막 최상급 학승이자 선승이었고 조선 제1의 고승석덕이었던 석전의 시 작품을 책으로 만들어 후세에 남긴 육당의 업적은 높이 평가되어야 마땅하다.

『석전시초』 상·하 2권 1책, 한시 604수 수록

최남선이 정성을 쏟고 적지 않은 경비를 들여 발간한 『석전시초』는 상·하 2권 1책으로 당시 최고의 시설을 갖춘 대동인쇄소에서 찍었다.

판형은 송조체(宋朝體) 활판이며, 용지는 고급 옥판선지(玉板宣紙)를 썼고, 편철(編綴: 제본)은 사찬공(四鑽孔)의 당판(唐板) 체제다. 육당은 이를 위해 일부러 상해까지 가서 『석전시초』의 원판을 제작했다. 배자(配字)는 매면 11행이고, 1행 26자 정판본이다.

상권에는 최남선의 서문과 정인보의 「석전상인소전」이 수록돼 있어 시집 간행 경위와 석전의 행적 일부를 알려주고 있다. 또 석전의 「희조자술 9장」과 하권의 「석전시초후자서」는 석전 자신의 서술이어서 더욱 값지다. 『석전시초』에 실려 있는 석전의 시는 모두 5백 98수이다. 함께 수록된 다른 사람의 시 6수를 합하면 총 6백 4수가 수록되어 있다.

석전의 시를 형태별로 구분하면 오언절구 11수, 칠언절구 2백 93수, 오언율시 30수, 칠언율시 2백 23수, 오언배율 4수, 칠언고 배수 8수, 오언고시 21수, 칠언고시 3수, 장단구인 악부체(樂府體) 5수가 창작 연대순으로 실려 있어 바로 그의 행장(行狀)을 보는 느낌이다.

「희조자술9장」은 70세 되던 1939년 작품인데 제목 그대로 석전 이 자신의 일생을 시로 요약하여 쓴 연작 자서전이라고 할 만하다.

「돌을 쓰는 부스러기 이야기」라고 해석되는 제8수 「불석담예(拂 石譚藝)」에는 석전의 수학과 여러 차례에 걸친 여행 및 교류한 인 사들에 대한 촌평이 시화(詩化)되어 있어 석전의 행적을 추적할 수 있는 중요한 단서를 제공하고 있다.

「불석담예」에 의하면 이미 언급했듯이 붓글씨[서예]는 벽하 조주승에게 배웠고, 시는 고환강위의 시풍을 사숙하였다고 하였다.

석전은 제주도에 두 번, 금강산에 다섯 번 다녀왔으며, 민족의 영산 백두산은 걸어서 올랐다고 하였다. 백두산 천지에서 무지개를 보았고, 조각배 타고 압록강을 굽이굽이 내려왔으며, 묘향산에서 본 폭포는 기이하였고, 지리산 천왕봉은 정말 웅장하다고 하였다.

중국에 건너가서는 소주·항주·남경을 둘러보았다고 자랑하였으며, 반평생 동안 명산을 함께 다닌 동반자 중 가장 가까운 인물로는 육당 최남선과 위당 정인보를 꼽았다. 육당과는 도잠·육수정의 혜원과의 사귐처럼 좋았고, 위당은 고문(古文)에 조예가 깊었으며, 그의 대범하고 온화한 말은 귀담아 들을 만하다고 하였다.

서울에서는 해사 권순구(海槎 權純九, 1863~?)와 시문을 주고받으며 놀 만하고, 산강 변영만은 매우 지혜롭고 박식하지만 구양수와 동파 소식(蘇軾, 1036~1101)의 정교함에는 미치지 못한다고 하였다. 그 외의 인물들은 언행이 일치하지 못한다고 하였다.

『석전시초』는 일제강점기 불교계와 당대 조선 문화계의 동향 및 지도자급 인사들의 활동을 엿볼 수 있게 한 운문으로 씌어진 '시대의 거울'이었다.

대원 강원 폐쇄, 은퇴 후 내장사 주석

일본 유학생 출신의 엘리트 승려 강유문이 편집·발행하는『경북불교』신문에서는 1940년 5월 9일 제17회 졸업식을 거행하는 개운사 대원 강원의 소식을 보도하였다.[325] 이 기사에서는 '조선 불교계의 유일한 대강주'라고 지칭하는 말로 서두를 시작하였다. 그리고 대원 강원을 '만장홍진(萬丈紅塵)을 씻을 만한 신선한 공기 속에서 수다라(修多羅: 산문체로 된 아함경과 대승의 모든 경전)의 순진 불법(純眞佛法)을 담론하는 곳'이라고 격찬하였다. 이는 당시 교계 에서 석전과 대원 강원에 대한 대체적 인식과 시각이라 할 수 있 는데 당대의 세평이 석전의 학덕과 명성을 매우 높이 평가하고 있음을 알 수 있다.

『경북불교』지에서는 석전이 강원에서 학인을 지도하는 것을 '석 전 노사의 지극하고 지극하신 가르침'이라 표현하였고, 그의 가르 침을 받아 공부한 학인들은 '재사달식(才士達識: 재주가 뛰어나고 식 견이 달통한 인물)이 많다'고 하였다. 그리고 이러한 청년 강사를 길

---

325 「개운사 대원 강원 제17회 졸업식」,『경북불교』제26호, 1940. 7. 1, 3면.

러낸 석전 노사의 업적은 '감히 말할 수 없을 정도'라고 하였다.

청량사 현판과 주련

석전은 1940년 8월 9일 「송포련상인지풍악서(送包蓮上人之楓岳序)」[326]를 써서 보내주었다. 이 글은 포련(包蓮) 스님의 금강산 기행에 관해 써준 글이다.

한편 석전은 수차 산벽시사 동인들과 시회를 한 바 있는 천장산 남쪽 기슭 동대문 밖 청량리에 있는 청량사의 주련과 대방에 걸린 '淸凉寺(청량사)'라는 현판을 써 주었다. 이 주련과 현판을 쓴 연대는 분명치 않다.

청량사가 현재의 자리에 이전·건립된 것은 1894년이고 이후 여러 차례의 화재(1933년, 1970년, 1995년)로 불탄 것을 2002년에 대법전을 신축 중건하였다. 현재 청량사에는 1970년 대법전 화재 당시 수습한 석전이 쓴 '淸凉寺'라는 편액과 타다 남은 '주련' 9개가 남아 있다. 화마로 훼손된 이 편액은 보수하여 다시 걸었다.

청량사에서 보관하고 있는 타다 남은 주련은 자인사 주지 비구니 한동희(韓東熙) 스님(중요무형문화재 50호 범무 전수 조교)이 1970년 화재 당시 청량사에 있을 때 직접 잿더미에서 가까스로 건져

---

326 『석전문초』 195~198쪽.

낸 것이라고 한다. 동희 스님은 필자와의 인터뷰에서 "박한영 큰 스님의 글씨인 줄 알고 있었으므로 특별히 간직해야겠다는 생각에 숯으로 변해버린 주련을 챙겼다가 어른스님한테 혼이 났습니다. 그렇지만 원래의 주련 모습대로 수리하고 단청해서 제가 잘 모셔왔고, 오늘 세상에 처음 공개합니다."라고 밝혔다.

주련은 모두 9점이다.(원래는 12점으로 추정됨) 크기는 가로 14센티미터, 세로 95센티미터 두께 1.5센티미터로 비교적 작은 편이고, 백색 바탕에 남색 글씨가 양각으로 새겨져 있다.

선학원 유교법회 회주로 강의

석전 노사는 1940년 2월 4일~2월 13일까지 10일간 서울 안국동 선학원에서 개최된 고승 유교법회에서 회주(會主)로 참석하여 『범망경』과 『유교경』을 강의하였다.[327] 회주는 석전 스님과 김상월·강영명·채서응 네 스님이 공동으로 맡았다.

『불교근세백년』[328]에서는 이 때의 회중은 한영·서응·적음(寂音)·자운(慈雲)·무불(無佛)·상월·동산·만공·효봉·청담 스님 등 당대의 노·장년층 선승 40여 명이 운집했는데 만암과 한암 선사는 불참했다고 한다.

327 『경북불교』제46호, 1940. 5. 1.
328 강석주 스님 구술, 박경훈 윤문, 『불교근세백년』, 민족사, 2002, 143쪽.

〈유교법회〉 앞줄 왼쪽에서 세 번째가 석전, 오른쪽이 만공 선사, 현재 선학원, 1941

석전은 1942년 5월, 강원 사교과의 스승이었던 환응(幻應) 대선사의 사리탑 비문을 지었다.[329] 석전이 비문을 지은 환응 대선사의 사리탑비는 위창 오세창이 전액(篆額: 비석 앞면 제목의 글씨를 씀)하여 그해(1942년) 6월 선운사 부도전에 세웠다. 같은 해(1942)에 석전은 제자인 양청우 · 이운성 · 강재운 스님 등과 함께 단양 도담 삼봉을 여행하였다.[330]

73세의 석전, 개운사 동국선원 조실

비구니선원인 울진 불영사에 조선불교 중앙선리참구원(中央禪理參究院: 선학원)에서 1942년에 발행한 등사본 「전선선원하안거공동방함록(全鮮禪院夏安居共同芳啣錄)」(사본)이 보관되어 있다.[331]

44쪽 분량의 이 방함록에 수록된 전체 선원의 수는 41곳이고, 수좌선원 424명, 부녀자 선원 153명이 명부에 기재되어 있다. 이 방함록에 당시 개운사 대원강원 강주인 석전은 개운사 동국선원의 '조실(祖室)'로 등재되어 있는데 '조실 박한영(73세), 재적사찰 구암사'라 쓰여 있다.

329 「도솔산 환응당 대선사 사리탑명 병서」 『도솔산 선운사지』, 선운사, 2003, 217쪽.
330 김미선, '정호연보', 「시승 정호선사의 시세계」 『한문고전연구』 16집, 성신여자대학교, 2007, 312쪽.
331 이 사실은 2014년 8월 14일, 순천 송광사 박물관장 고경 스님이 군산 동국사 종걸 스님에게 알려주어 필자도 열람할 수 있었다.

석전은 세수 74세인 1943년 6월 5일 '석림수필(石林隨筆)' 21편의 원고를 모두 정리하였다. 석전은 석림수필의 머리말에 해당하는 「유인(有引)」에서 그 무렵의 건강상태와 심경에 대하여 이렇게 밝혔다.

노경(老境)에 접어들면서부터 더욱 많아진 눈언저리에 현화(玄華: 눈이 어른거리는 현상)는 걷히지 아니하여, 두서너 달 동안 한 걸음도 걷지 못하고 쓸쓸히 산창(山窓)에 누워 고요히 사색에 잠기니, 저 산이며, 아름답던 무지개와 달이 눈 감으면 눈에 선하고, 눈을 뜨면 앞에 보이는 듯싶었다.[332]

석전이 이 글에서 '눈언저리에 현화는 걷히지 아니하여'라고 썼듯이 세수 일흔 살에 백내장이라는 눈병으로 치료를 받았다.

시자 운성의 회고에 의하면, 석전은 70세가 넘어서는 신경통으로 고생하였고, 한쪽 눈에 백내장이 발병하여 서울운동장 옆 경성병원에 입원하여 수술을 받았다. 그러나 스님은 9일이면 완치된다던 눈병이 20일을 넘기자 치료를 중단하고 퇴원하여 끝내 한쪽 눈이 실명되고 말았다.

제자 운성은 석전 노사가 한쪽 눈을 실명한 것은 시자인 자신의 잘못이라며 자책하였다.[333]

---

332 「유인」 『석전문초』 21~22쪽.
333 운성, 「우리 스님 석전 박한영 스님」 『불광』 통권 87호, 1982년 1월호, 99~100쪽.

석전은 75세인 1944년 2월 15일, 제자 청우경운(聽雨擎雲)에게 전법게를 내려 주었다.[334] 12세에 구암사에서 석전을 은사로 하여 출가한 지 22년 만에 전법게를 받아 사법(嗣法: 법을 이음) 제자가 된 것이다. 이로써 청우경운은 설파·백파·설두·설유·석전으로 이어온 법통의 정맥을 잇게 된 것이다.

대원 강원 폐쇄, 운허·운기·운성에게 전강

일제강점기 말기, 중일전쟁·대동아전쟁(태평양전쟁)은 나날이 격심해지고, 일제는 전쟁 물자를 강제로 징발하고 조선인 젊은이를 징용과 징병으로 마구 붙들어 갔다. 이런 전시 시국 상황으로 석전이 강주로 있는 대원 강원도 유지하기 어려워졌다. 대원 강원이 폐쇄되던 무렵의 시국 사정을 시자 운성은 이렇게 전하였다.

일정 말기, 전쟁은 날로 가열상을 더하고, 국내의 장정이라는 장정은 모두 징병과 징용으로 끌려가고 있었다. 징병은 일본 군대에 들어가 중국 대륙이고 태평양으로 떠나는 것이고, 징용은 노무자가 되어 일본 북해도나 또는 사할린이나 남양 군도 전쟁터로 끌려가는 것을 말한다. 그래서 대원 강원을 유지할 수 없게 되었

---

334 『양청우 대종사 문집』 청우문도회, 2009, 70~71쪽.

다. 학인이 이산하게 되니 결국 강원도 문을 닫았다.[335]

　대원 강원이 문을 닫는 것은 일제가 조선인 장정을 징용·징병으로 모조리 끌어간 때문이었다. 침략전쟁에 미쳐 날뛰던 일본은 강원의 학인이라 하여 제외하지 않고 젊은 장정이면 무조건 붙들어 갔으므로 학인이 뿔뿔이 흩어져 강원을 유지할 수 없게 된 것이다. 석전은 강원을 폐쇄하고 내장사로 떠나기 전 운허(훗날 역경원장·봉선사 주지)·운기(불국사 강주)·운성(법주사 강주)에게 전강을 하였다.

　운성은 석전에게 불경을 배우고 스님의 시자로 10여 년을 모셨으며, 강맥을 전수받으면서 족자에 쓴 전법게와 홍장삼·가사·사기(私記)·경전 참고서적·옥 찻잔 등을 석전 스님으로부터 물려받았다. 운성은 석전으로부터 전강을 받은 것을 대단한 영예라면서 그 은혜에 감사하였다.[336]

　석전이 대원 강원을 떠난 것은 76세 되던 1945년 봄이었다. 석전이 내장사로 떠날 무렵에 대원 강원에서 석전의 가르침을 받았던 김종관(金鍾貫)은 다음과 같이 전하였다.

　석전 스님은 1945년 76세 되시던 해에 입적하실 것을 예견하시고 대원 강원을 제자인 승희(운성 스님)에게 일임하고 정읍 내장

335　운성, 「우리 스님 석전 박한영 스님」, 『불광』 통권 87호, 1982년 1월호, 103쪽.
336　운성, 앞의 글, 『불광』 통권 88호, 1982년 2월호, 94쪽.

사에 내려와 수양하시면서 납월(臘月) 30일 사(事)를 마무리하였
다.[337]

석전이 세수 76세인 1945년 봄, 내장사로 떠나면서 대원 강원
을 승희에게 일임했다는 것은 폐쇄한 강원의 뒤처리를 맡긴 것으
로 보인다. 위의 글에서 말한 '납월 30일 사(事)'는 입적을 예감한
석전이 마지막 신변 정리를 한 것으로 이해된다.

내장사에 내려간 석전은 주지 매곡 스님에게 "나 여기서 세상
뜨려고 왔네."라고 말하였다.

석전은 을유년(乙酉年, 1945년) 봄에 포광 김영수를 내장사로 불
렀다. 석전은 포광에게 『불설요의경(佛說了義經)』을 번역하라고 권
하였다. 석전이 '증의(證義)'하고 포광이 번역한 『불설요의경』은
1947년 내장사 주지 매곡 정봉모(鄭奉謨, 법명 慧淳) 스님이 발간하
였다.

『불설요의경』은 『불설요의반야바라밀다경』의 약칭인데 부처님
이 제자 사리자에게 불교의 지혜인 반야를 비롯하여 여러 가지
수행법의 요점을 설명한 경전이다. 이때(1947) 내장사에서 간행한
『불설요의경』은 동국대 도서관에 소장되어 있고, 훗날 『한글대장
경』 제 240책에 수록되었다.

---

337 김종관, 「석전 박한영 선생 행략」, 『전라문화연구』 제3집, 1988. 1. 23. 전북향토
문화연구회, 49~60쪽.

물외도인의 일화

(1) 서정주가 회상한 석전의 일화

시인 서정주가 쓴 「내가 만난 사람들」을 보면, "아하하하 하하하……그[석전 스님]는 내 대답의 어디가 그리도 우스웠던지 꼭 인제 금시 이빨을 새로 갈기 시작한 나이 또래의 아이가 무엇에 많이 우스워 터뜨리는 것과 조금도 다를 것이 없는 너털웃음을 터뜨리며 좋아라 했다. 이런 웃음엔 아무리 찡찡보라도 덩달아 같이 웃지 않을 수가 없는 것이다."라고 하였다.

홍신선은 석전의 너털웃음은 대교과 스승 경운 화상의 "히히히하고 식식식 하는 방달불구(放達不拘: 세속에 구애받지 않음)의 어태(語態)와 웃음을 그대로 닮았던 듯하다."라고 하였다.[338]

석전은 비오는 날 우산을 제대로 챙기지 않을 때가 많았다. 그래서 추적추적 비 내리는 날이면 길가 남의 집 추녀 밑에서 비 그치기를 기다리기가 일쑤였다. 더러는 비 그치기를 기다리는 중에

---

338 홍신선, 「박한영 스님의 인물과 사상」, 『인연』, 민족사, 1997, 83쪽.

중년 아주머니가 번철에 부친 빈대떡 파는 것을 사서 맛있게 먹기도 했다. 빈대떡을 먹다가 서정주를 만나면 "아나, 아나. 증주(정주)!" 하면서 서정주에게 자시던 떡을 먹으라고 건네주기도 하였다.

서정주가 석전 문하에서 『능엄경』을 배우기 시작한 지 오래지 않은 어느 겨울날 아침에는 이런 에피소드도 있었다. 석전은 제자들과 함께 아침 공양을 드시고 있던 참이었다.

"인호야~" 하고 석전이 문득 같은 방에서 밥을 먹고 있는 한 젊은 학인스님을 불렀다.

"거 오늘 아침은 두붓국을 맛있게 끓였구나."

그 소리를 들은 공양 중이던 학인들 몇 사람이 나직이 킥킥거렸다. 석전의 음식 칭찬은 웃을 까닭이 없는 말씀이었는데, 학인들 몇 사람이 웃었던 것이다. 서정주는 공양 후 인호 스님에게 그 까닭을 물었다. 인호 스님은 "오늘 아침 두붓국이 왜 맛있었는지 모르는 걸 보니 당신도 꼭 우리 조실스님 같소." 하고는 그 두붓국은 어란(魚卵) 삶아낸 물에 끓인 국이었다고 하였다. 지계에 철저하신 석전이 이 사실을 알았다면 웃으시기보다는 불호령을 내렸을 것이다.

미당 서정주는 석전 덕분에 대원 강원에서 불교 경전을 배우고 중전에 입학시켜 공부하도록 해 준 은혜에 대단히 고마워하면서 이렇게 말하였다.

석전 스님이 내게 끼친 도애(道愛)의 깊이는 내가 내 평생 남에게 받아온 이런 종류의 사랑 가운데 가장 큰 것이었다.[339]

서정주가 금강산 마하연사에 주석하고 있던 만공(滿空) 선사를 찾아가 참선 공부를 하겠다고 하자 석전은 "참선이 공부가 모자라 가지고 바로 되느냐?"고 하면서도 그의 고집을 받아들였다. 그리곤 소개장과 걸어 다닐 때 덜 아프라고 몸소 신고 다니던 운동화까지 내어 주었다.

서정주는 "내 마음속 첩첩이 쌓인 이런 기억들이 불러일으키는 그분 도애의 깊이 속에 내가 파묻히게 되면 나는 어느 사이인지 그래도 살맛과 힘을 다시 찾게 되고 이게 또 내 시 정신의 제일 좋은 부분도 불러 일으켜 울린다."고 하였다. 그러면서 그는 석전이 자신에게 베풀어준 것이 바로 '사랑의 기적'이라고 하였다.[340]

(2) 정인보가 본 석전의 법량(法量)

정인보가 쓴 『석전상인소전』에 의하면 석전의 성격이 다정다감한 것만은 아니어서 학인들이 계율을 어기면 불호령을 내렸다고 한다.

339 서정주, 「석전 스님의 도애의 힘」 『인연』, 민족사, 1997, 40쪽.
340 서정주, 앞의 글, 앞의 책, 43쪽.

나(정인보)와 스님과의 교분은 꽤 오래되었다. 스님은 남들의 마음을 거슬리는 일은 적으나 그렇다고 다정다감하지도 않았다. 때로는 불쑥 화를 내고 그 특이한 미소도 지으시면서 간혹 사소한 일로 실랑이를 벌이다가도 돌아서면 언제 그런 일이 있었던가 할 정도로 무심하기만 하여 마치 허공에 구름과 연기가 사라지듯 흔적이 없다. 어리석은 사람은 스님의 이러한 모습을 보고서 물외도인(物外道人)을 잘못 알기도 하여 스님의 뛰어난 법량을 대부분 알지 못한다.[341]

위당 정인보는 석전과 함께 금강산과 속리산, 내장산 등을 여행하기도 하였다. 위당은 석전이 주석하고 있던 대원산방에 자주 드나들며 한학과 중국문학에 대하여 대화를 나누고 석전의 가르침을 받았다.

(3) 육당이 본 석전

육당 최남선은 석전과 금강산·백두산·한라산 등 여러 곳을 함께 여행하였고 또 육당이 자주 석전의 산방에 드나드는 친밀한 사이여서 전해오는 일화도 몇 가지가 있다.

----

341 정인보, 「석전상인 소전」 『석전시초』 12~14쪽.

석전에게 전강을 받은 운허용하 스님이 회고한 바에 의하면 석전과 육당 사이에는 이런 일화가 있었다.

석전이 강주로 있던 대원 강원에는 30~40명 혹은 많을 때는 100여 명에 이르는 학인들이 북적거리며 공부하고 있었다. 그런데 학인들 중에는 학비가 없어 쩔쩔 매는 가난한 학인들이 여러 명 있었다. 당시에는 학생들이 부업을 할 만한 곳도 없었고 막노동 일감조차 구하기 어려웠다.

석전은 가난한 제자들의 학비 마련에 매우 고심했다. 그래서 중전 교장 월급 120원을 받으며 100원을 강원 운영비에 보태라고 내놓곤 하였다. 그래도 학인 개인의 어려운 사정까지 돌보기에는 어려움이 있었다. 석전은 생각 끝에 제자 몇 사람을 데리고 효자골 최남선의 서재 일람각에 찾아갔다.

"어인 일로 여기까지 행차하셨습니까요, 스님?"

"육당에게 복 짓는 기회를 주려고 일부러 왔지."

"어이구 스님, 저를 위해 일부러 오셨다구요."

"그래, 자네, 이 아이들 일 좀 시키고 학비를 대주시게나."

"일을 시키고 학비를 대주어라, 그런 말씀이십니까요, 스님?"

"그래, 이 아이들 책을 베끼는 일을 시키면 아주 똑부러지게 잘할 걸세."

"아, 예. 잘 알겠습니다요, 스님."

일제강점기 최남선의 사설 도서관 일람각에는 이십만 권(혹은 사십만 권)의 장서가 있어 귀중한 옛 책을 읽으러 오는 선비들이 무척 많았다고 한다. 당시에는 복사기가 없었기 때문에 필요한 내용을 일일이 손으로 베껴 쓸 도리밖에 없었다. 그래서 육당의 일람각에는 책을 베껴주는 서생이 몇 명 일하고 있었다.

책 한 페이지를 철필로 베껴주면 1전이요, 붓으로 옮겨 써주면 3전을 주었다. 석전은 이 일을 학인들에게 할 수 있게 해달라고 육당에게 부탁한 것인데 육당은 기꺼이 협조했다.

석전이 이처럼 일자리를 구해주기도 했으나 그것도 한계가 있었다. 그는 생각다 못해 학인 한 명씩을 데리고 직접 후원자를 찾아 나섰다. 석전은 이재복 학인을 데리고 종로 사간동에 있는 법륜사로 대륜(大輪) 스님을 찾아갔다.

"아이구, 교정스님께서 어인 일로 여기까지 큰 걸음을 하셨습니까?"

"아, 이 서울 장안에서 큰일 한 가지를 부탁하려면 대륜 스님밖에 더 있겠습니까?"

"원, 무슨 분에 넘치는 말씀을요, 그래 큰일이시라면……?"

"좋은 일에 돈을 좀 쓰십시오."

"좋은 일이라 하시면……?"

"저 아이 장차 쓸 만한 물건인데 스님께서 학비를 좀 대주셨으면 해서 데려왔습니다."

"예? 하 학비 말씀이십니까? 알겠습니다. 교정스님께서 데려오셨으면 쓸 만한 사람이겠지요."

"도와주시겠습니까?"

"여부가 있겠습니까? 교정스님의 높으신 뜻인데요……."

이렇게 해서 석전은 제자 한 명 한 명을 후원자와 연결해 주어 학업을 계속할 수 있게 길을 열어 주었다.

이렇듯 석전의 배려로 학업을 계속할 수 있었던 대원 강원의 제자는 많았다. 운허 스님이 기억하기로는 대전 보문학교 교장을 역임한 이재복을 비롯하여 시인 서정주·신석정·조지훈·오장환·김달진·청담·서경보 등 기라성 같은 수두룩한 사람들이 석전의 배려로 공부할 수 있었다고 열거하였다.

아끼던 책 팔아 학인들 먹여 살리고

대원 강원의 많은 학인들을 먹이고 재우는 일도 보통 일이 아니었다. 당시 대원 강원에서 공부하려면 일인당 매월 소두(小斗)로 쌀 서 말과 반찬값 1원씩을 내게 하였다. 학비는 따로 받지 않았고 자기가 먹을 쌀과 반찬을 가져와 공부하면 되었다. 그런데 자기가 먹을 식량과 찬비도 내지 못하는 학인도 여러 명이었다. 강원에는 늘 식량과 반찬이 모자라기 일쑤였고 다른 사찰에서 도와주는 일도 드물었다. 일제의 침략전쟁으로 모두가 풀뿌리나 나무껍질로 연명하던 어려운 시절이었다.

식량만 모자란 것이 아니었다. 수십 명의 젊은 학인들이 왕성하게 먹어대는 판이니 강원에는 소금·간장·된장·깨소금·식초·비누 등 어느 것 하나 남아나는 게 없었다. 강원 공양간 살림을 맡고 있던 공양주 법공(法空) 스님은 견디다 못해 어느 날 석전 스님에게 담판하듯 하소연하였다.

"스님, 그만 강원 문을 닫고 학인들을 모두 돌려보내 주십시오."

"아니, 그게 무슨 소리냐?"

"매월 내기로 되어 있는 식량조차 가져오지 않으니, 쌀도 없지요, 장작도 없지요, 소금도 없지요, 간장·된장도 떨어졌지요, 깨소금과 식초도 없지요. 하다못해 묵은 김치도 다 떨어졌는데 무슨 수로 학인들 밥을 해먹입니까?"

"허, 그 녀석 참, 내가 보기엔 딱 한 가지만 있으면 되겠구먼."

"아이구, 아닙니다요, 스님 정말이지 하나에서 열까지, 아니 스무 가지가 모조리 다 없다니까요."

"야, 인석아, 옛날 선비 얘기도 듣지 못했느냐? 없는 게 많다고 수십 가지를 주워섬겼지만 그거 모두 다 돈 한 가지만 있으면 해결되는 게야. 이 녀석아."

공양주 법공 스님의 얘기를 듣자마자 석전은 벽장 문을 열었다. 소중히 간직해 오던 옛책 한 권을 조심스럽게 꺼내어 싸들고 효자동 최남선을 찾아갔다.

"이보시게 육당, 자네가 이 책을 꼭 갖고 싶다고 했었지? 오늘은 그 소원을 성취하게 되었으니 돈 30원만 내게 주고 이 전적을 갖도록 하시게."

석전은 애지중지하던 귀중한 고서를 최남선에게 강매(?)해서 그 돈으로 학인들 허기를 달래주었다. 석전의 제자 사랑을 누구보다 잘 알고 있던 육당은 뒷날 석전 모르게 그 전적을 다시 개운사에 가지고 가서 시자를 불러 석전 모르게 벽장 속에 그대로 넣어두게 했다. 눈시울이 시큰거리는 대목이다.

(4) 대원 강원의 김치는 소금 할애비

대원 강원에서는 해마다 늦가을이 되면 수십 명의 강원생이 겨우내 먹어야 할 김치를 담그는 게 큰일 중의 큰일이었다. 김장 하는 날은 모든 학인들이 팔을 걷어붙이고 울력에 나서야 한다. 학인들이 김장을 담근 그날 밤, 석전은 한밤중에 밖으로 나왔다. 제자들이 김장 울력에 지쳐 잠든 사이 큰 바가지에 소금을 가득 담아서 김장독 뚜껑을 열고 소금을 한 움큼 듬뿍듬뿍 더 얹었다. 김치가 모자랄 게 뻔하니 미리미리 김치를 더 짜게 만들어 한겨울 내내 모자라지 않게 하려고 소금을 더 넣은 것이다.

제자들이 나중에 이 사실을 알고 석전 스님께 말씀드렸다.

"스님, 안 그래도 짜게 담갔는데 거기다 소금을 더 넣으시면 너무 짜서 어떻게 먹습니까?"

"그런 소리 하지 말거라. 우리 젊었을 적 금강산에서 수행할 때는 염조만 겨우내 먹고 견뎠느니라.!"

"염조라니요, 그게 뭔데요, 스님?"

"글자 그대로 소금 염(鹽), 할애비 조(祖), 소금할애비지. 김치가 얼마나 짠지 그땐 김치라 부르지 않고 '염조'라 불렀어. 우리 강원 김치 정도면 염조는커녕 염부(鹽父)도 안 되는 게야."[342]

석전은 그렇게 가난을 견디며 후학들을 키워냈다.

(5) 여신도들에게 퉁명스러웠던 석전

조선불교 교정이자 개운사 조실이요, 중전 교장이며 대원 강원의 강주이신 석전의 산방에 많은 조선의 명사들이 앞 다투어 드나들면서 석전의 명성이 드높았다. 이름 높은 고승석덕이 개운사에 주석하고 있다는 소문이 파다하자 여신도들이 석전을 친견하고자 모여들었다.

---

342 윤청광, 「서정주·조지훈·신석정의 영원한 스승 한영(漢永) 스님」『큰스님, 큰스님 가르침』 문예출판사, 2008, 76~90쪽.

날 봐서 뭣하게

석전의 입장에서는 여신도들이 일 없이 몰려오는 것은 반갑잖은 일이었다. 수행하고 공부하는 시간을 빼앗기는 일이요, 부질없이 구설이나 일으키기 십상인 때문이었다. 여신도들이 친견하고자 찾아오면 무뚝뚝하게 물었다.

"으째 왔소?"

"스님, 뵈오려고 왔습니다."

"나를? 날 봐서 뭣하게?"

석전의 퉁명스런 말에 여신도들은 말문이 막혔다. 여신도가 머뭇거리면 석전이 다그치듯 말하였다.

"내 얼굴 어딜 보려구? 요기? 아니면 여기?"

이렇듯 시비 걸듯 말하면서 곧장 얼굴을 내밀었다. 귀를 보겠으면 귀를 보고 코를 보겠으면 코를 보라고 하였다. 여신도들에게는 당혹스런 노릇이었다. 그러나 뒤미처 생각할 여유도 없이 석전은 쐐기를 박듯이 말하였다.

"이제 다 봤소? 다 봤으면 그만 돌아들 가시지."

얼음장 같은 노화상의 목소리에 다소 야속하다는 생각도 없지 않았지만 소문으로만 듣던 큰스님을 친견했다는 걸 보람으로 여기고 곧장 물러났다. 석전은 계행에 있어서는 이렇듯 괴팍스러울

만큼 단호하였다.[343]

정인보는 석전의 계행과 인품에 대하여 이렇게 말하였다.

스님은 계행에 엄정하였고 서울에 주석하실 때 속세에 드나들었
지만 발자취 또한 청초(淸楚)하여 세속에 물들지 아니하였다.[344]

강원 제자였던 성낙훈 성균관대학교 교수는 「영호당 대종사 비
문」에서 석전의 지율엄정한 모습에 대하여 다음과 같이 기록하였다.

석전 스님은 계행이 엄정(嚴淨)하고 시주를 받지 아니하였으며
노래와 색(色: 여자)을 도외시하였으니 청량국사전(淸凉國師傳)에
서 "비구니 사찰의 티끌을 밟지 아니하고 고향 땅에 옆구리를 붙
이지 않았다." 함은 곧 스님을 이름이로다.[345]

석전은 죽을 때까지 어떤 물의도 일으킨 바 없이 청정 비구로
일생을 사셨다.

---

343 정광호, 「지조 높은 고승 박한영」, 앞의 책, 281~282쪽.
344 인보, 「석전상인 소전」, 『석전시초』, 12~14쪽.
345 성낙훈, 「화엄종주 영호당 대종사 부도비명 병서」, 『도솔산선운사지』, 선운사,
2003, 220쪽.

(6) 월급으로 참외와 공책을 몇 짐씩 사기도

석전은 금전에 무심하였다. 있으면 쓰고 없어도 걱정하지 않았다. 그는 중전에서 교장 월급봉투를 받아 든 어느 날 여름에는 참외를 수레째 몽땅 사와서 학인들에게 푸짐하게 참외를 먹이기도 하였고 어떤 때에는 공책을 몇 짐씩 사와서는 학인들에게 골고루 나누어 주기도 하였다. 석전이 돈을 쓰는 곳은 책을 살 때뿐이었다.

누차 언급했듯이 석전은 교장 월급 120원 중 100원을 강원 운영비로 내놓았다. 석전은 금전의 다소와 유무에 구애받지 않았고 어떤 즐거움도 추구하지 않았으니 그게 바로 집착하지 않고 사는 해탈의 모습이 아니었을까?

(7) 문장에 까다로웠던 석전

석전은 평소 너그러운 성품이었지만 글에 대해서만은 매우 엄격하였다. 그는 자신이 쓴 글은 누구도 건드리지 못하게 하였다. 누군가가 글자 한 자라도 바꾸어 놓으면 벼락이 떨어졌다.

"이놈, 네가 뭔데 함부로 남의 글을 고쳐!"

그뿐 아니라 그의 글은 어렵기로 유명하다. 그의 글이 어려운 것은 첫째 선진(先秦) 고문체를 본받아 쓰기 때문이요, 둘째는 글 속에 수많은 고사와 전거가 있기 때문이고, 셋째는 너무도 깎고 다듬어서 결국은 아주 '에센스'만을 집약하기 때문에 해독하기가 어렵다. 따라서 그의 글은 난삽(難澁)하기 이를 데 없어 어지간한 한문 실력으로는 읽어내기가 쉽지 않다.

글이 까다롭고 어렵다는 면에서 석전과 육당이 상통하는 일면이 있다. 한번은 최남선이 석전을 찾아와 담소를 나누다가 '글' 이야기를 하였다.

"이보게 육당, 요새 춘원의 글이 꽤 재미있게 읽힌다지?"

석전이 묻자 최남선이 별로 공감하지 않는다는 어투로 대답했다.

"춘원의 글이 팔리긴 잘하는 모양입니다. 하지만 그게 어디 '말'이지 '글'입니까?"

최남선의 기준으로 볼 때 이광수의 글은 도무지 글이 아니라는 이야기였다. 글이란 말이 아닌 글 자체의 형식과 멋이 있어야 한다는 것이다.

따라서 말하듯 쓰는 글은 글이 아니라는 것이 최남선의 견해였다. 여기서 최남선이 지적하는 '잘 팔리는 글'은 춘원이 쓴 '소설' 형식의 글을 가리키는 듯하다. 전통적인 문장가의 입장에서 볼 때 일상적인 말하듯 쓴 '소설' 양식의 글은 고래의 문장이 주는 글 자체의 형식과 멋이 없다고 생각한 것이다. 이런 견지에서 석전과 육당은 같은 생각을 하고 있었다.[346]

석전의 글은 어렵긴 하지만 그 착상과 표현이 참신하고 뛰어나

---

346 정광호, 앞의 글, 앞의 책, 286~287쪽.

다. 석전이 훌륭한 글을 쓸 수 있었던 것은 그가 동서고금의 수많은 책을 읽고 많은 글을 수시로 썼기 때문일 것이다.

석전은 저술가로서 "많이 읽고 많이 생각하고, 많이 쓰는" 삼다(三多)를 실천한 대표적인 인물이다. 재주가 뛰어났으되 후덕하였고 학문과 수행에 철저히 정진했으며, 지율엄정하고 인품이 고결했던 석전은 그가 남긴 일화와 많은 저술로 볼 때, 한 시대의 위대한 스승이자 일체 세상의 규범을 넘어선 물외도인이었다.

석전이 자신의 글에 엄격하였던 것도 자기의 글이 세상의 누가 되지 않고 읽는 이와 후학들의 전범(典範)이 되어야 한다는 수행자와 스승으로서의 소명의식에서 나온 것으로 보인다.

남곡윤명에게 전법게를 내려주다

석전은 1945년 4월 8일, 부처님 오신 날에 상좌 윤명(允明, 1913~1983)에게 전법게를 내려 주었다. 윤명의 속성은 김해 김씨이고 전북 고창 출신으로 1931년 백양사에서 석전을 은사로 출가하였다. 윤명은 아호 남곡(南谷)으로 널리 알려져 있는데 광복 후 선운사 주지, 전북 종무원장, 조계종 총무원 재무부장·교무부장·동국학원 이사·조계사 주지 등을 역임하였다.

그는 전북 종무원장 재직 시 전북 군산의 일본 조동종 사찰 금강사를 정부로부터 사들여 절 이름을 '동국사(東國寺)'로 바꾸고

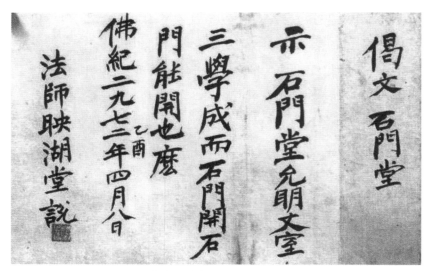

南곡윤명의 전법계, 1946, 개인소장

1971년 조계종에 증여해 사찰 양식이 국내 유일한 '일본식 사찰'로 유지되도록 하였다. 윤명은 1983년 세수 73세, 법랍 54세로 선운사에서 입적하였다.

광복 직후 초대 교정 추대

　일본이 패망했다. 만주사변(1930) 이래 15년 동안 중일전쟁·
태평양전쟁 등 침략 전쟁을 벌인 일본이 패전하였다. 1945년 8월
15일 마침내 삼천리 금수강산이 해방되었다.

　석전은 내장산 벽련암에서 꿈에도 그리던 조국이 광복되었다
는 소식을 들었다. 감격스러웠다. 그 얼마나 고대하던 독립이었
던가. 석전이 조국 광복의 희열을 누리며 내장산 자락을 거닐 때
서울의 조선불교 조계종에서는 종무총장 이종욱 이하 친일 승려
와 총무원 간부들이 총 사직했다.(1945. 8. 17)

　1945년 8월 20일, 김법린·최범술·유엽 등 건국청년당 승려
40여 명이 조계종 총본사인 태고사를 방문하여 종무총장 이종욱
으로부터 종단 운영권을 인수하였다. 그리고 즉시 전국승려대회
준비위원회를 발족시켰다.

76세, 광복 후 초대 교정에 추대되다

그해 9월 22일~23일 개최된 전국승려대회에서 석전 박한영을 광복 후 첫 단독 교정(敎正)으로 추대하였다. 종무총장이었던 이종욱에게는 승권 정지 3년이라는 징계를 하였다.[347]

같은 해 10월 3일 조선불교 총무원 교무국장 유엽(柳葉) 스님이 교정 추대장을 가지고 내장사 벽련암의 석전 큰스님을 친견하였다. 유엽 교무국장과 내장사 주지 매곡을 비롯한 여러 대중스님들은 서래봉 밑 벽련암 극락전에서 엄숙하고 여법하게 석전 박한영 대종사께 조선불교 교정 추대장을 봉정하였다.[348]

석전 노사는 1929년 1월, 7인의 교정 중 한 분으로 선출된 바 있는데, 그때가 집단 종정제였다면, 광복 직후 해방공간에서는 단독으로 독립한 조국의 불교계 초대 종정으로 추대된 것이다. 이로써 세수 76세의 석전 노사는 일제의 압제에서 벗어난 우리나라에서 명실공히 조선 불교의 최고 지도자가 된 것이다.

석전은 교정에 추대된 후에도 바깥나들이를 일체 하지 않고, 내장산의 단풍과 순백의 눈길을 소요하며 안분자족하는 수행자 본연의 일상을 살았다.

---

347 이철교, 「한국불교사 연표」, 『한국불교총람』, 대한불교진흥원, 1993, 1357쪽.
348 「교무일지」, 『신생(新生)』 제2호, 1946. 4. 1, 10쪽.

신탁통치 반대 중앙위원, 삼일절 전국대회 부회장

신탁통치 반대 운동은 1945년 12월 모스크바 3상회의에서 조선을 3년간 신탁통치하겠다는 결정에 반대하는 국민운동이다. 그해(1945) 12월 31일, 경교장에서 열린 신탁통치 반대 국민총동원위원회에서는 조선불교 교정 석전 박한영을 중앙위원 76인 가운데 한 분으로 선정하였다.[349]

1919년 3월 1일은 3천만 겨레가 천추만대 자자손손이 계승하여 내려가며 잊지 말아야 할 조선 민족의 역사적인 날이다. 이제 조국이 광복되었으므로 기미독립선언전국대회 준비위원회에서는 3·1운동을 거국적으로 기념하고자 1946년 1월 29일 회의를 열어 행사 준비의 일환으로 임원을 선출했는데 석전 박한영을 부회장에 선임하였다. 이 전국대회의 명예회장은 이승만과 김구, 회장은 신익희였다.[350]

77세, 제1회 전국교무회의에 교정 「축사」

석전 박한영은 1946년 3월 초, 태고사에서 3월 15일 개최되는 제1회 전국 교무회의에 교정으로서 당부하는 말과 '축사'를 써서

---

349 『서울신문』 1946. 1. 1, 『동아일보』 19461. 1.
350 『자유신문』 1946. 2. 1.

보냈다.[351]

교정 박한영은 먼저 "광복 초기의 신춘을 당하야 오랫동안 우리의 가장 그리고 바라던 자유해방의 속에서 중앙교무회의의 개최를 보게 된 것은 노납(老衲: 늙은 승려. 석전 자신을 가리키는 겸손한 말)의 흔쾌 이에 더함이 없으며 감회 또한 이에 지남이 없다."라고 하면서 일제로부터 해방되어 중앙교무회를 열게 된 것에 대한 기쁨을 표시하였다.

석전은 조국이 광복되어 자유 해방된 것에 대해 이보다 "더 흔쾌한 일"이 없으며 감회 또한 이보다 더한 것은 없다며 일제로부터 광복된 것을 열렬히 기뻐하고 있다. 말은 짧지만 그 심중에서 우러나는 광복의 환희가 얼마나 컸었는지 짐작케 하는 여운이 길게 남는 대목이다.

이어 석전은 광복의 대업에는 장애물도 적지 않으므로 비상한 각오와 노력으로 이를 극복해야 한다고 하였다. 이에 불교도들은 그 사명을 통감하고 "교단의 근본정신인 화합의 도를 체달하여 교지(敎旨)의 원융무애한 대승 정신을 발휘하여 솔선수범으로 민중의 사표가 되어야 한다."고 당부하였다. 석전은 마지막으로 이번 회의에 북위 38도 이북의 스님들이 참석하지 못하게 된 것을 애석해 하였다.

이 마지막 대목을 보면 1946년 봄에 이미 북한과는 단절되어

351 교정 박한영, 「중앙교무회의에 보내는 말」, 『신생』 제3집, 1946. 8. 1, 2쪽.

그곳의 스님들이 서울에서 개최되는 중앙교무회의에도 참석하지 못하는 남북 분단 현상이 시작되었음을 엿볼 수 있다.

석전은 광복 후 곧 내장사에 '내장사 역경원'을 설립하여 각종 불교 서적의 간행을 준비하였다.

1946년 10월, 해인사에 가야총림이 설치되자 교정 박한영은 1946년 11월 6일자로 효봉 선사에게 가야총림 조실 위촉장을 수여하였다.[352]

1946년 겨울, 제자 김종관(金鍾寬)이 내장사로 석전을 방문하였다. 김종관은 그 무렵의 일을 다음과 같이 회상하였다.

1946년 겨울방학기에 당시 내장사 주지 정봉모(매곡 스님) 화상의 호의로 서울에서 내장사에 내려가 있었는데 마침 석전 스님을 배알게 되어 기쁜 마음이 눈물로 변하기까지 하였다. 사(師)의 거실을 둘러보니 내전 몇 권 이외에는 『창려문집(昌黎文集)』 전집이 있었고, 벽에는 역시 좋아하시는 추사 친필 서폭 몇 점이 걸려 있을 뿐 혜광(慧光)이 조요(照耀)하였다. 내장사에서 한겨울을 나면서 한유(韓愈)의 『원성론(原性論)』 강의를 감명 깊게 수강한 것이 사를 모시게 된 마지막이 되었음을 어찌 알았으랴. 세도가 무상함을 다시 느끼며 스님은 지금도 무한대한 어느 세계에서 보살도를 행하고 계실 것을 확신하며 추모한다.[353]

352 '가야총림 조실 위촉장', 『효봉법어집』 효봉문도회, 1996, '화보'.
353 김종관, 「석전 박한영 선생 행략」 앞의 책, 60쪽.

1946년 겨울, 제자 김종관은 내장사 벽련암에 주석하고 계신 스승 석전을 뵙자 너무나 기뻐 눈물을 흘렸다. 석전의 방안에 있는『창려문집』은 당나라 중세의 문인 한유의 문집이다. 김종관은 겨울 한철 동안 석전을 시봉하면서 당송 팔대가의 한 사람이었던 한유의『원성론』강의를 감명 깊게 들었다. 현재 기록상으로는 김종관에게 한『원성론』강설이 석전의 마지막 강의였다. 김종관은 그때 수강한 것이 석전을 모신 최후의 만남이었다면서 몹시 애석해 하였다. 그가 끝 대목에 쓴 추모의 헌사는 여운이 길다.

석전은 세수 78세가 되는 1947년 1월 초 교정으로서「해방 후 제2 신춘을 제(際)하야 전국 교도 대중에게 보냄」[354]이라는 글을 발표하였다.

석전은 교정으로서 전국의 불교도들에게 자기의 소아(小我)를 버리고 대아(大我)로 나아가 나라와 교단 건설에 매진해 달라고 당부하였다. 해방 공간에는 수많은 정치이념 단체가 난립하여 매우 소란하였고, 불교계도 보수와 혁신으로 나뉘어 시시비비가 끊이질 않았다. 그래서 석전은 교정으로서 "서로가 양보해서 동소향대(同小向大)의 진여계(眞如界)에서 배운 대로 행하라."는 유시를 내렸다.

---

354 『불교』 1947. 1. 1, 2~3쪽.

서정주, 1947년 봄, 석전 방문

『동아일보』 사회부장으로 재직 중인 서정주가 1947년 봄, 벽련암으로 석전을 방문하였다. 미당은 석전을 찾아갔을 무렵의 일을 다음과 같이 회상하였다.

> 1948년(1947. 서정주의 착오) 5월인가 6월의 어느 날 오후, 나는 모처럼 기회가 닿아서 정읍군의 내장사에 계시는 우리 석전 스님께 인사차 아내와 함께 찾아뵈었다. (중략) 스님은 문득 내게 무슨 일을 하고 있느냐고 물으셨다. 나는 당시 '동아일보' 사회부장 직을 맡고 있던 때라 그대로 말씀드렸다. 그러자 스님이 말씀하셨다. "그래? 그거 잘 되었네. 그렇다면 자네가 나서서 요즈음 친일파로 몰리고 있는 육당이나 춘원 같은 사람들을 좀 구제해 내도록 하게. 그 사람들이 친일파의 거두로 몰리고 있다지만, 그게 어디 그 사람들의 본심이었겠나? 다른 건 몰라도 그 사람들 재주가 참 아까워! 그만한 재주가 어디 흔한가?"
> 말씀을 마친 노스님의 얼굴에는 어느덧 수심이 가득 고이고 있었다.[355] (하략)

서정주가 이 글을 쓴 것은 석전을 만난 지 45년이 지난 후였다.

....
355 서정주, 「석전 박한영 스님」(5), 『해인』 통권 121호, 1992년 3월호.

오랜 세월이 지났으므로 미당이 석전을 방문한 연도에 착오가 있는 것은 이해할 수 있다. 그러나 육당과 춘원에 관한 부분은 왜곡되어 있다. 육당과 춘원을 "구제해 내도록 하게."라는 대목은 두 사람이 친일 거두로 지목되어 반민특위에 체포 구금된 것을 지칭하는 것으로 보인다.

제헌국회에서 반민족행위처벌법이 통과된 것은 석전이 입적한 뒤(1948. 4. 8)인 1948년 9월 7일이었다. 이 법에 근거해 친일반민족 행위자를 검거했는데, 최남선은 1949년 2월 7일 반민특위 조사관 서정욱에 의해 체포되었다. 춘원도 이어서 곧 체포되었다.[356] 따라서 서정주가 석전을 방문한 1947년 봄에는 육당과 춘원이 체포 구금되지 않았을 뿐 아니라 '반민특위' 관련법 제정이나 체포 등의 일을 해결하라고 부탁한 것은 있을 수 없는 일이다. 그럼 서정주는 왜 발생하지도 않은 일을 석전이 자신에게 해결하라고 부탁했다고 쓴 것일까?

이것은 시인 서정주의 친일문학 행적과 관련이 있는 것으로 추정된다. 임종국이 저술한 '친일문학론'(평화출판사, 1979)에는 서정주의 친일문학 작품 10편이 제목과 발표자가 뒷부분에 수록되어 있다.

서정주는 일제 말, 『매일신보』·『춘추』·『조광』·『국민문학』 등의 지면에 게재된 친일작품으로 친일문인이라는 비판을 드세게 받

---

356 「반민특위」『중앙일보』, 1982. 5. 10~7. 1, 연재, 이 기획기사는 후에 단행본 『반민특위』(가람기획, 1995)에 재수록 되었다.

았다. 아마 서정주는 자신의 친일 오점을 희석 또는 변명하려는 의도로 석전에게 친일 거두로 지목된 육당과 춘원을 구제해 달라고 부탁했다고 썼던 게 아닐까 하고 생각된다.

특히 그 사람들이 친일파의 거두로 몰리고 있다지만 그게 어디 그 사람들의 본심이었겠느냐고 하는 대목을 보면 서정주의 의중에 강한 의혹이 든다. 육당과 춘원의 친일 행위가 본심이 아니었듯이 서정주 자신도 본심으로 친일작품을 쓴 것은 아니라고 말하고 싶었던 것으로 보인다. 그러나 이런 궁색한 변명으로 친일행적이 비호될 수는 없다. 그리고 흔하지 않은 재주가 아깝다고 친일파의 잘못이 탕감되는 것은 더욱 아니다.

프랑스에서는 2차대전 후 나치 정권의 협력자였던 재주가 출중했던 일류 피아니스트 콜로에 대해 공개 공연 금지 명령을 내렸다. 중국에서는 친일 행위를 한 학자 출신의 고위 관리들의 재산을 몰수하고 사형을 시켰다.[357] 이런 사례에 비추어 보면 육당과 춘원은 가벼운 처벌을 받았고, 서정주는 10편의 친일작품이 있음에도 아무런 처벌도 받지 않았다.

결론 짓자면 서정주가 스승 석전에 대한 회상기를 쓰면서 슬며시 자신의 친일 허물을 덮으려고 시도한 것은 섣부른 짓거리였다. 가혹하게 말하면 용렬하고 비열한 행위였다. 서정주가 그런

---

357 주섭일 지음, '드골의 나치 협력 반역자 처단 진상', 『프랑스의 대숙청』, 도서출판 중심, 1999, 355쪽, 익정강일(益井康一) 지음, 정운현 옮김, '1946~1948 한간재판기록', 『중국·대만 친일파 재판사』, 도서출판 한울, 1995, 313쪽, 참조.

얄팍한 시도를 하지 않았다면, 여기서도 그의 친일 잘못을 새삼스레 들추어 내거나 추궁당하지 않았을 것이다. 약삭빠른 고양이 밤눈 어두운 것 같은 잔재주로 자신의 역사적 허물을 덮으려 한 것은 석전에게 불교의 인과법칙을 배운 시인이 할 짓은 아니었다.

큰 빛은 홀연히 지고

교정 영호당(映湖堂) 박한영은 1947년 7월 「임시 중앙교무회에 제(際)하여」[358]라는 글을 써서 중앙교무원 관계자들을 독려하였다. 석전은 교정으로서 '해방된 지 2년 유여(二年有餘)로되 정치의 혼란과 경제의 불안은 대중으로 하여금 도탄(塗炭)에 신음케 하고 사상의 악화와 종교의 수면(睡眠)은 민심으로 하여금 삼독(三毒: 탐욕·성냄·어리석음)에서 번민케 하니' 우리 불교도들은 분연번신(奮然翻身: 떨쳐 일어나 몸을 바꿈)하라고 촉구하였다.

석전은 교정으로서 중앙총무원과 교단의 움직임을 예의 주시하고 있었다. 당시 불교계에서는 일제의 악법인 '사찰령' 폐지가 임박하였고 토지개혁이 필연적으로 예견되는 형편이었다. 막대한 임야와 농지를 소유하고 있던 불교계는 토지개혁이 시행되면 거기에 대응하는 교단 차원의 대책을 수립해야 했다. 석전은 농지개혁으로 말미암은 사찰의 경제적 변화를 '위급 비상의 가을'이라 진단하였다. 그러므로 중앙교무원의 여러 스님은 이에 대해

---

358 『불교』 1947년 7월호, 1쪽.

전력을 다해 협력하여 대처하라고 촉구하였다.

석전은 중앙교무회의에 상정되는 교헌 개정안과 그 밖의 여러 의제는 무익한 논쟁과 아집의 사견(私見)을 버리고 위법망구(爲法亡軀)의 정신을 발휘하여 심의하라고 당부하였다.

입적 4개월 전의 마지막 유훈

석전은 1948년 1월 초 「교필존인(승)教必尊人(僧)」[359]이라는 글을 『불교』지에 발표하였다. 이 글은 석전이 입적 4개월 전 살아생전에 쓴 마지막 글이었다.

석전은 이 글에 이 땅의 수행자로서 바라는 바를 최후의 간절한 심정으로 밝혀 놓았다. 그는 대법왕(大法王)이 출현하여 세계만방의 밝은 광명이 되고 만류군생(萬類群生)의 덕원(德源)이 되어, 이 세상의 갖은 악폐가 시정되어 고타마 붓다(석가모니)가 서원하신 대로 깨끗한 불국토가 이루어지길 바라마지 않았다. 석전이 이런 염원을 표출한 것은 해방 공간이 대단히 어수선하였고, 또 수행자로서 진정 원하는 바가 불국정토의 구현에 있었기 때문이었다. 석전이 말하였다.

세계는 자못 강렬한 각자의 고집 속에서 행복한 인류 평화의 길

---

359 『불교』 1948. 1. 1, 3쪽.

을 막고 있으니 아(我)를 버린다는 것은 대아(大我)의 창조이련만 당면한 양극적 대립은 꼭 인류의 불행을 다시 초치(招致)하지 않고는 마지않을 형세이다. 이러한 때를 당하여 우리 교도는 큰 정진을 쉬지 않아서 국조(國祚: 나라의 바탕)를 높이고 인류의 전 복지(全福祉)에 실(實)함이 될 무형무상(無形無相)의 대성업(大聖業)을 뜻하여야 할 것이다.[360]

석전은 양극적 대립으로 치닫고 있는 해방 정국을 심히 우려하고 있었다. 그의 염려 속에는 민주진영과 공산진영으로 양분된 세계정세도 포함된 것이었다. 좌익과 우익, 양 진영으로 나눠진 혼란한 시대에 불교도는 물론이고 인류의 복지를 위한 대성업을 성취하도록 정진하라고 부촉하였다.

생전의 마지막 음성으로 석전은 간절하게 당부하였다.

중도로 완성되는 사람이 불경계(佛境界)의 초입(初入)

새해부터는 혼란 3년도 가려 하니 때 장차 정(定)함이 있을진저! 끝으로 우리가 마음의 병(病) 되는 점을 몇 가지 일상계심(日常戒心)의 잠(箴: 교훈)으로 삼고저 하노니, 불문에 들고자 하는 자와 불문에 든 자는 이러한 점을 삼가하기를 바라는 바이다. 기악(棄惡: 악을 버림)은 쉬워도 기선(棄善: 선을 버림)은 더 어려운 것이니

---

360 교정 박한영, 「교필존인(승)」, 『불교』, 1948. 1. 1, 3쪽.

무슨 물건이나 과도하면 폐(弊)가 되는 것이다. 혜해(慧海) 선사도 중도(中道)를 말하였으니 인(人)의 완성이 곧 불경계(佛境界: 부처님 경지)의 초입(初入)인 것을 알아야 한다.[361]

석전은 1948년에는 혼란한 3년간의 해방공간도 곧 끝난다고 예견했다. 그의 입적 직후 총선거와 대한민국 정부가 수립되었으니 그의 예견은 정확했다.

교정 박한영이 살아생전에 마지막으로 당부한 것이 '중도(中道)'였다. 그는 중도로 완성되는 사람이 바로 부처님 경지의 첫머리에 들어서는 것이라고 하였다. 석전의 이 말은 교정으로서 이 땅의 수행자로서 불자와 전 국민들에게 들려준 마지막 유훈이었다. 석전은 최후로 말씀했다.

"중도로 깨달음의 길에 들어가라!
불국토를 이루라!"

석전 박한영은 이 말을 마지막 가르침으로 남기고 1948년 4월 8일(음력 2월 29일) 내장사 백련암에서 홀연히 사바세계를 떠났다. 법랍 60년, 세수 79세였다.

---

361 교정 박한영, 앞의 글, 앞의 책.

열반에 드시던 날

석전이 내장사 백련암에서 열반에 이르는 과정은 석전의 시자
였던 운성 스님이 다음과 같이 구체적으로 전하고 있다.

세수 80(79세의 착오)이 되시던 무자년(戊子年, 1948) 2월 29일(음력),
우리 스님은 홀연히 고요로 돌아가셨다. 화장실에 다녀오시어
마루에 오르시면서 주저앉으시더니 그것으로 40분 만에 영영 적
묵의 땅으로 떠나신 것이다. 그때는 우리 사형 운기 스님이 모시
고 있었는데 아무 말 없이 40분 만에 잠든 듯이 가신 것이다.
무상(無常)의 환신(幻身)을 나투시어 그 같이도 비환(非幻)의 도를
설하시더니 이제 정녕 불멸의 도리를 몸소 나투신 것이었다. 해
는 이렇게 지고 달은 이렇게 뜨는 것이었다.[362]

교정 석전 박한영이 입적하자 총무원장 김법린(金法麟)은 '고
(故) 영호(박한영) 대종사 불교장 장의의원회' 위원장 명의로 기관
지『불교』지에「부고(訃告)」를 게재했다.[363]

---

362 운성,「나의 학인 시절」『불광』1982년 4월호.
363 「부고」『불교』, 1948. 4. 1, 30쪽.

3일간 다비장 주변에 서광이 비치다

호상소를 조선불교 중앙총무원(지금의 조계사)에 마련하고 7일 장을 치르기로 하였다. 호상소에는 수많은 스님과 불자들과 사회 명사들이 조문을 하였다.

석전 박한영 대종사의 장례식은 1948년 4월 14일 정읍 내장사에서 불교장(佛敎葬)으로 봉행하였다. 스님의 육신이 사대(四大: 地水火風)로 돌아가는 다비장 주변에는 다비(불교식 화장)를 하는 날부터 사흘 동안 서광(瑞光: 상서로운 빛)이 서려 있었다.[364]

석전 노사의 열반에 하늘도 감동하여 상서로운 빛을 산하(山河)에 드리웠다. 서광이 강산에 서린 가운데 노사의 무량한 자애와 가르침을 받았던 제자들은 하늘이 무너지는 듯한 슬픔으로 눈물을 흩뿌리며 통곡하였다. 운성도 울고 운기도 울고 전국에서 모여든 중앙학림·불교전수학교·중앙불교전문학교·강원의 제자들은 눈시울이 퉁퉁 붓도록 울었다. 그렇게 해는 지고 큰 빛은 홀연히 적묵(寂黙)으로 돌아갔다.

석전 노사가 열반하신 지 49일째가 되는 그해(1948) 5월 25일 정읍 내장사에서는 조선불교 교정 고(故) 영호당 박한영 대종사의 49재를 봉행하였다.

신원적(新圓寂: 금방 입적하신 영) 석전 박한영 큰스님의 칠칠재

---

364 『양청우 대종사문집』 청우문도회, 2009, 338쪽.

(七七齋: 49재)에는 총무원장 김법린 스님을 비롯하여 전국 각 교구의 교무원장과 교계의 저명한 용상대덕(龍象大德)스님 및 신도 등 천여 명의 사부대중이 운집한 가운데 거룩하게 봉행하였다.[365]

같은 해 6월 19일에는 석전 노사의 추도식이 서울 태고사(지금의 조계사)에서 거행되었다. 중앙교무회의 의장 곽기종(郭基宗: 법명 南印) 스님이 석전 노사 영전에 추도사를 봉독하였다.

곽기종 스님은 "일즉이 왜적(倭敵)이 우리 교단을 말살할 의도로 가진 음모를 다할 때에 교정 예하(猊下)께서 재세(在世)하사 이에 항쟁하야 종단을 부익(扶翼: 붙들어 지킴)하시더니, 오늘 우리 교단에는 불안한 분위기에 싸여 있건만 예하는 가셨으니 부종대덕(扶宗大德: 종단을 지키는 큰스님)은 누구라 하시겠나이까? 수많은 제자를 훈육하시던 순순강설(諄諄講說: 지극하고 지극한 가르침)은 아직도 저희를 귓전에 흔들며 쟁쟁하건만, 존안을 대할 길 다시 없사오니 답답하오이다."라고 하였다.

그리고 "교단의 정세가 긴박한데 교정 예하를 여읜 우리들의 심경은 무엇으로 표현하리까? 자부(慈父: 자애로운 아버지)를 잃은 고아와 같고, 그 비애(悲哀)는 끝이 없나이다."라고 추도하였다.[366]

석전은 가셨다. 큰스님은 조국이 독립하고 정부가 수립되기 4개월 전에 사바세상을 떠나셨다. 곽기종 스님이 추도사에서 말했듯이 석전 노사는 왜적이 우리 교단을 말살하려는 것을 수차례

365 「고 박한영 노사의 7·7재」, 『불교신보』 제24호, 1948. 6. 17, 2면.
366 곽기종, 「고 석전 노사 영전에 바친 추도사」, 『불교』 제60호, 1948. 8. 1, 37쪽.

〈화엄종주영호당대종사부종수교지비〉, 선운사   〈영호당 부도〉, 내장사

저지시켜 종단을 지켜 내셨고, 구암사에서 강의를 시작한 이래 개운사 불교전문강원에 이르기까지 여러 강원과 중앙학림·불교전수학교·중앙불교전문학교에서 수많은 제자와 뛰어난 인재를 길러내셨다.

석전은 무상(無常)의 환신(幻身)을 나투시어 비환(非幻)의 도(道)를 설하시고 해가 지듯 큰 빛이 홀연히 졌다.

아, 세상의 도리가 무상한데, 석전 큰스님은 지금도 무한대한 어느 우주에서 조국의 민초는 물론이려니와 인류와 행성 지구의 평화를 염원하며 보살도를 행하고 계시리라.

석전 박한영 대종사 연보

1세. 1870년 • 전북 완주군 초포면 조사리(현 완주군 삼례읍 하리
　　　　　　　조사 마을)에서 부(父) 박성용(朴聖埔)·모(母) 진주
　　　　　　　강씨의 장남으로 1870년 9월 14일(음 8. 18) 출생

8세. 1877년 • 완주 용전(龍田) 마을 서당에서 천자문과 통사(通
　　　　　　　史: 자치통감·史書)·사서삼경 공부

19세. 1888년 • 완주 위봉사에서 법문을 듣고 산내 암자 태조암
　　　　　　　에서 금산대영(錦山大營)에게 출가

20세. 1889년 • 완주군 구이면 모악산 수왕암(무랭이절)에서 사미
　　　　　　　과 수학

21세. 1890년 • 봄 백양사 운문강원 환응탄영에게 강원 사교과
　　　　　　　수학

　　　　　　• 가을, 선암사 대승강원 경운원기에게 대교과 수학

23세. 1892년 • 여름, 선암사 강원 대교과 졸업

　　　　　　• 7. 30, 선암사에서 대선(大選) 법계 품수

　　　　　　• 가을, 은사 금산을 따라 금강산에 감

24세. 1893년 • 은사 금산, 안변 석왕사에서 입적, 석전은 금강산

신계사로 감

- 벽하 조주승에게 서예 사사

25세. 1894년 • 신계사 · 건봉사 등지에서 수선 · 경학 연찬

- 8월, 선암사로 내려옴

26세. 1895년 • 봄, 순창 구암사 설유처명(雪乳處明)에게 선(禪) · 율(律) · 화엄경 · 선문염송 수학

- 8. 15, 선암사에서 중덕(中德) 법계 품수

- 가을, 설유에게 염향사법(拈香嗣法)하고 '영호(映湖)' 법호와 추사 김정희가 내린 아호 석전(石顚)을 받음. 구암사에서 개강

27세. 1896년 • 구암사에서 강의

- 1896. 8. 1. 백양사에서 대덕(大德) 법계 품수

29세. 1898년

30세. 1899년 • 산청 대원사 · 백양사 · 대흥사 · 해인사 · 화엄사 · 석왕사 · 범어사 · 함양 영원사 등지에서 5년간 삼장 강설함

34세. 1903년 • 12. 26(음), 법사 설유, 구암사에서 입적

35세. 1904년 • 2월, 설유의 다비식 후 안변 석왕사 내원암에서 수선 안거

39세. 1908년 • 3. 6, 원종(圓宗), 고등 강사, 원흥사에서 명진학교 학인 지도

- 가을, 서울에서 만해 · 금파 스님과 불교 개혁과

유신 토론

40세. 1909년 • 백양사 광성강숙 측량강습소 소장·광성의숙 숙
　　　　　　　장으로 후학 지도

41세. 1910년 • 가을, 한용운·진진응·김종래 등을 구암사로 불
　　　　　　　러 이회광의 매종행위 저지 결의. 석전·만해
　　　　　　　등 언설로 매종 행위 비판, 11. 6 광주 증심사
　　　　　　　규탄대회 무산

42세. 1911년 • 1. 15, 송광사에 임제종 임시종무원 설치
　　　　　　 • 2. 6, 증심사, 임제종 임시총회 개최
　　　　　　 • 10월, 통도사·해인사·송광사를 임제종 본산으로
　　　　　　　신청 범어사에 임시 임제종 종무원 설치

43세. 1912년 • 2. 7, 구암사·정읍 내장사·순창 연대암과 만일사
　　　　　　　겸무 주지로 임명됨
　　　　　　 • 8. 20, 구암사, 임제종 전주 포교당 설립
　　　　　　 • 10. 25, 『조선불교월보』9호(1912. 10)에 「불교 강사
　　　　　　　와 정문금침」 발표
　　　　　　 • 11월, 30본사주지회의소, 고등불교강숙 강사 취임

44세. 1913년 • 10월, 『조선불교월보』 인수, 『해동불보』로 제호 변
　　　　　　　경, 발행인 겸 사장이 됨
　　　　　　 • 11. 20, 『해동불보』 제1호 발간(제8호, 1914. 6. 20.
　　　　　　　종간)

45세. 1914년 • 4. 6, 해동불보사에서 『정선치문집설』 간행

- 4. 21, 북한산, 태고사 보우국사 다례제 봉행, 장기림 등 15명과 동행함

46세. 1915년
- 마명 정우홍(鄭宇洪), 구암사에서 석전에게 『대승기신론』 수학
- 3. 20, 구암사·연대암·만일사 주지 재임 인가 받음
- 4월, 변산반도·고창 선운사 여행
- 7. 15, 백양사, '대교과' 법계 품수
- 10월, 중앙학림, 불학(佛學) 강사로 청빙됨

47세. 1916년
- 중앙학림에서 『선문염송설화』·『경덕전등록』 등을 강의함.
- 7. 16, 중국 빈가장판 『대장경』 40함 416책 8,416권, 구암사에 봉안.
- 11. 15, 선암사 주지 금봉 장기림 추도식 거행, 석전이 제문을 지어 읽음.
- 『인명입정리론회석』 교재로 편찬

48세. 1917년
- 3. 26, 중앙학림 제3회 졸업식 참석
- 봄, 한용운, 『정선강의 채근담』 「서언」 써줌

49세. 1918년
- 3. 19, 연대암·만일사 겸무 주지 사임
- 11. 5, 중앙학림 3회 창립기념식에서 '역사보고'를 하다.

50세. 1919년
- 3. 7, 중앙학림 전임 학장으로 선출됨

- 4. 16, 한성임시정부, 전북대표로 서명
- 6. 13, 구암사 주지로 재인가
- 이종욱·송세호 등과 대동단 참여

51세. 1920년
- 2. 17, 조선불교회 발기인으로 참여
- 『동아일보』(4. 1) 창간 축사 기고
- 6월, 이회광의 조선 불교와 일본 임제종 합병 추진을 저지함

52세. 1921년
- 9월, 「한국인민치태평양회의서」 홍보룡 스님과 불교계 대표로 서명함

53세. 1922년
- 1. 6, 조선불교도 총회, 의장에 선출됨
- 4. 19, 총독부 제출 불교유신건백서에 대표로 참여함
- 5. 29, 중앙학림 휴교, 학장 사임

54세. 1923년
- 3. 30, 조선민립대학 기성회 발기인 참여
- 7. 24~8. 8, 이광수·이병기·박현환 등과 금강산 여행

55세. 1924년
- 3. 5~5월, 최남선과 모악산·내장산·변산반도·무등산·지리산 여행. 최남선 『심춘순례』 간행
- 6월, 조선불교회, 조선불서간행회의 대교사(大敎師)로 위촉함
- 7월, 『불일』 편집 동인으로 참여
- 여름, 산벽시사(珊碧詩社) 동인 16명의 기명시(記

名詩) 16편 지음

- 8월, 이병기·권덕규와 제주도 여행
- 10월, 최남선과 금강산 여행
- 10월 말, 묘향산·경주 여행
- 11월, 김천·거창·함양·화엄사 여행

56세. 1925년
- 1. 29, 최남선 일람각, 석전 시회 주관
- 5월, 산벽시사 시회 참석
- 10월, 묘향산 여행.

57세. 1926년
- 7월, 백두산 등정
- 10. 26, 개운사 불교전문강원 강주
- 강의교재『계학약전』편찬

59세. 1928년
- 4. 30, 불교전수학교 개교, 5월부터 『선문염송』
  강의
- 9월, 태안사 「동리산기실(桐裏山紀實)」 씀
- 11. 2, 대원암 강원 강당 신축 낙성

60세. 1929년
- 1. 5, 조선불교승려대회, 교정 7인 중 1인으로 추
  대됨, 1. 22 교정 추대식
- 2. 2, 봉선사 금강계단 수계사로 비구계·보살계
  수여
- 10. 22, 개운사 강원 제2회 졸업식
- 11월, 조선어사전편찬회 발기인 참여

61세. 1930년
- 10. 23~11. 9, 중앙불교전문학교 졸업수학여행

에 동반 중국 여행

- 『불교사람요(佛敎史攬要)』 중앙불교전문학교 교재 편찬
- 고쓰스베 고쿠게덴(忽滑谷快天), 석전의 구술로 『조선선교사(朝鮮禪敎史)』 저술 출간

62세. 1931년
- 『대승백법·팔식규구』 교재 편찬
- 5월, 『정주사산비명』 완성
- 남곡 윤명, 석전을 은사로 출가

63세. 1932년
- 1. 1, 오대산 석존정골사리탑묘찬앙회 발기인
- 3. 15, 운기성원, 석전에게 건당, 전법게 받음
- 3월, 『삼천리』, 박한영을 불교계 주요 지도자 중 한 분으로 소개
- 4. 20, 대은 등과 태고보우 국사 제향 봉행.
- 7월, 최남선과 두 번째 제주도 여행
- 11. 1, 중앙불교전문학교 교장 인가
- 『정선염송설화』(대원난야, 등사판) 편찬 발간

64세. 1933년
- 2. 18, 이화여전 찬조회원 참여
- 3. 16, 중앙불교전문학교교우회 회장 추대
- 4. 29 천장절 경축식 "아, 그란디……오늘이 일본 천황 생일이래여. 그러니 잘들 쉬어." 10초 만의 경축사 후 하단함.
- 7월, 정인보 · 이건방과 금강산 여행

- 11. 2, 중앙불교전문학교 학생과 개성 유적지 답사
- 겨울, 서정주, 석전에게 출가, 강원 수학

65세. 1934년
- 1. 1, 『동아일보』에 「원지방품행」 신년사 발표
- 5월, 진단학회 설립, 찬조회원 참여
- 7. 15~8. 15, 민세 안재홍 등과 화양동·속리산·내장산·화엄사 등지 여행

66세. 1935년
- 1. 19, 조선불교사 박한영 초청 불교강좌 개설
- 4월, 불탄 축하 준비위원회 회장 추대
- 5월, 일본 승려 소마 쇼에이(相馬勝英) 개운사 강원에서 수학
- 9. 7, 금강산불교회 고문 추대
- 『조선공로자명감』(민중시론사, 1935)에 박한영, 높은 식견과 덕망의 인물로 소개.
- 김제 만경 조앙사 지장탱화 증명법사

67세. 1936년
- 9. 3, 금산사 미륵존상 응모작 심사위원, 점안식 증명법사
- 9. 16, 중앙불교전문학교 도서관 건축기성회 위원
- 11월, 스승 경운 입적·조문
- 『정주사산비명』 발간

68세. 1937년
- 5월, 북한산 경국사 삼성보전 탱화 점안식 증명법사

- 8월, 「석림초자초서(石林草自鈔敍)」 씀
- 12. 15, 개운사 강원 학인, 사미과 3명, 사교과 16명, 수의과 7명

69세. 1938년
- 6. 9, 교무원, 중앙불교전문학교 교장 사임 언명
- 7. 10~7. 20, 중앙불교전문학교 근로보국대 근로 동원. 교장 박한영 밤에 불교 강화(講話)
- 11. 24, 일제에 반대, 중앙불교전문학교 교장 사임

70세. 1939년
- 4. 17, 개운사 수계식, 전계아사리로 참석
- 8월, 설두 대사 비문 찬(불갑사 부도전)
- 선암사 광주포교당(현 광주 원각사) 상량문 찬

71세. 1940년
- 7월, 혜화전문학교 명예교수 사임
- 9월, 최남선이 석전 고희기념으로 한시집 「석전시초」 간행 증정

72세. 1941년
- 2. 28~3. 13, 선학원 고승유교법회 회주
- 『범망경』·『유교경』 강의

73세. 1942년
- 강재운·이운성·양청우와 도담삼봉 여행
- 정우홍 저술 『한국불교사화』 서문 씀

74세. 1943년
- 6. 5, '석림수필' 21편 탈고
- 백내장으로 경성병원 수술 한쪽 눈 실명

75세. 1944년
- 2. 15, 청우경운에게 전법게를 줌
- 일제의 징용·징병으로 대원강원 폐쇄

- 운허·운기·운성에게 전강
- 내장사 벽련암에서 만년을 보냄

76세. 1945년
- 8. 15, 일본 패전 조국광복을 맞이함
- 9. 22~23, 전국승려대회, 광복 후 초대 교정으로 추대됨
- 10. 3, 총무원 교무부장 유엽, 내장사 방문, 석전에게 교정 추대장 봉정
- 12. 31, 신탁통치 반대 국민총동원위원회 중앙위원으로 추대됨
- 내장사 역경원 설립

77세. 1946년
- 1. 29, 기미독립선언기념 전국대회준비위원회 부회장에 선임됨
- 3월, 교정 박한영 제1회 전국교무회의에 유시 「중앙교무회에 보내는 말」 발표
- 10월, 해인사 가야총림 설치, 효봉 선사에게 가야총림 조실 위촉장 수여

78세. 1947년
- 1월, 「해방 후 제2신춘을 제(際)하야 전국 교도 대중에게 보냄」 발표
- 5월, 서정주, 내장사 석전 방문
- 7월, 「임시중앙교무회의에 제(際)하야」 발표
- 박한영 증의 『불설요의경』 간행

79세. 1948년
- 1월, 생애 마지막 글 「교필존인(승)敎必尊人(僧)」

발표

- 4. 8(음 2. 29), 내장사 벽련암에서 법랍 60년 세수 79세로 입적
- 4. 14, 내장사에서 불교장으로 장례식 봉행. 다비장에 사흘간 서광이 서림
- 5. 25, 내장사에서 49재 봉행, 1,000명 참석
- 6. 9, 서울 태고사에서 추도식 봉행

●

본서는 순창 구암사(주지 지공 스님)와 군산 동국사(주지 종걸 스님)의 다대한 협조로 발간되었으므로 심심한 사의를 표합니다.

문사철의 석학, 근대 지성의 멘토

석전 박한영

초판 1쇄 인쇄 | 2020년 2월 10일
초판 1쇄 발행 | 2020년 2월 20일

지은이 | 임혜봉

펴낸이 | 윤재승
펴낸곳 | 민족사

주간 | 사기순
기획편집팀 | 사기순, 최윤영
영업관리팀 | 김세정

출판등록 | 1980년 5월 9일 제1-149호
주소 | 서울 종로구 삼봉로 81 두산위브파빌리온 1131호
전화 | 02)732-2403, 2404 팩스 | 02)739-7565
홈페이지 | www.minjoksa.org
페이스북 | www.facebook.com/minjoksa
이메일 | minjoksabook@naver.com

ISBN 979-11-89269-44-9 03220